外国语言文学 与文化论丛

18

主编 王 欣

四川大学外国语学院

四川大学出版社

SICHUAN UNIVERSITY PRESS

图书在版编目（CIP）数据

外国语言文学与文化论丛 . 18 / 王欣主编 . -- 成都 ：
四川大学出版社，2024. 10. -- ISBN 978-7-5690-7382
-9

Ⅰ . C53

中国国家版本馆 CIP 数据核字第 2024WG8087 号

书　　名：外国语言文学与文化论丛 18
　　　　　Waiguo Yuyan Wenxue yu Wenhua Luncong 18
主　　编：王　欣

选题策划：余　芳
责任编辑：余　芳
责任校对：于　俊
装帧设计：墨创文化
责任印制：李金兰

出版发行：四川大学出版社有限责任公司
　　　　　地址：成都市一环路南一段 24 号（610065）
　　　　　电话：（028）85408311（发行部）、85400276（总编室）
　　　　　电子邮箱：scupress@vip.163.com
　　　　　网址：https://press.scu.edu.cn
印前制作：四川胜翔数码印务设计有限公司
印刷装订：四川煤田地质制图印务有限责任公司

成品尺寸：165mm×240mm
印　　张：14.5
插　　页：2
字　　数：265 千字

版　　次：2024 年 11 月 第 1 版
印　　次：2024 年 11 月 第 1 次印刷
定　　价：78.00 元

扫码获取数字资源

四川大学出版社
微信公众号

本社图书如有印装质量问题，请联系发行部调换

目　录

翻　译

文学与文化

翻　译

基于中国文化文本外译的汉英笔译训练

刘 佳

（四川大学外国语学院，成都610207）

摘 要：文化外译是一种特殊的翻译类型，是指译者将本国文化文本翻译成外语，以期在他文化的语境中塑造本文化形象，进而形成有利的跨文化传播和影响。在当下，中国文化的对外传播已成为扩大中国国际影响力的国家文化战略之一，文化外译成为国内翻译学界和业界的重要关注领域。在当代翻译人才的培养中，应当注重如何让学生译者认识文化外译和对外传播的重要性，如何在翻译实践训练中突出文化外译意识和能力的特殊要求。本文以汉英笔译教学实训和案例为基础，探讨中国文化文本外译的恰当策略和灵活技巧，以说明这一领域汉英笔译训练的关键因素和步骤。

关键词：中国文化文本；文化外译；笔译训练

文化的对外翻译，简称"文化外译"，是指译者将本民族或国家的文化作品译入其他语言的翻译活动。由于其翻译内容和译出方向的特殊性，从事这种翻译活动的通常是以母语为原语、以外语为目标语的翻译实践者。译者站在传播本文化的立场，以外语为译语表达语，在其他语言的文化环境中再现和传播本文化，塑造本文化的自我形象，使其被外界所认识和了解，以扩大本文化的影响。因此，文化外译是一国进行对外传播的重要手段。中国文化的对外传播日益成为国家软实力建设的重要组成部分，文化外译是当下中国文化"走出去"的重要途径之一，也被视作新时代背景下构建中国特色对外话语体系的重要路径。通过翻译"讲好中国故事"，传播中国优秀传统文化和当代社会风貌，增强中国文化的吸引力是当代中国每一个翻译人的时代责任，也是目前职业翻译训练和翻译人才培养必不可少的主题领域。

1 中国文化外译的现状

中国文化的外译是指中国译者（也包含少数长期在中国从事语言相关工作的外籍人士）将中国的文化作品译成各种外语的翻译活动。中国的文化作品外译历史悠久。早在 18 世纪，《赵氏孤儿》和《好逑传》等文学作品就被译成英语和法语，并引起关注；在新中国成立之后，《中国文学》(*Chinese Literature*) 杂志的开刊也标志着有组织的文化文学外译开始步入正轨；20 世纪八九十年代，中国通过"熊猫丛书""大中华文库"等国家重大出版工程，向世界推介中华文化经典；近年来，更有"中国图书对外推广计划""中国当代文学百部精品对外译介工程""经典中国国际出版工程""中国文化著作翻译出版工程""国家社会科学基金中华学术外译项目"等由政府组织的翻译计划和项目等，展现了国家对文化外译的重视程度和支持力度。但总体来讲，一方面，与数量庞大和领域广泛的译入翻译相比，中国文化文本的译作在西方世界的传播还非常有限；另一方面，虽然国外受众从中对中国文化逐渐有所了解，但从认知度和影响力来讲，文化外译的效果不甚理想，与文化对外传播的预期影响有一定差距。

2　中国文化外译的主要内容

中国文化博大精深，文化文本的题材异常丰富，有不少传统文化和当代价值观相结合的优秀作品。当下中国文化对外传播的目的是全方位地展示中国的历史、文化、价值观和生活方式，其主要内容包括中国古代典籍、重要文学作品以及中国现当代的文学文化作品。外译作品可以是在海外公开出版或由海外媒体发布的作品，也可以是在国际交流活动场景中所使用的文化文本，比如文化题材或涉及文化内容的各类外宣文本等。

3　文化文本外译的汉英笔译能力

译者的翻译能力是翻译活动结果的决定性因素。不管从事哪种语对的翻译，译者都必须具有双语的交际能力（笔译或口译）、相关知识储备，以及借助计算机和互联网技术的能力（包括查询、机器翻译等）等。然而，在文化外译这一特殊的翻译类型里，译者还需要具备一定的文化能力。这里的文化能力包括文化理念和意识、在翻译中运用恰当文化策略的能力，以及采取相应的文化翻译方法的能力。

在文化文本外译的汉英笔译训练中，需要培养学生的跨文化意识，尊重和顺应文化交际和文化传播的特有规律。在外译和文化传播的过程中，译者一方面需要有自觉的文化立场，主动自觉地维护本文化的历史和传统，立足于传播本文化中真实和优秀的内容和内涵，展现本文化对世界和未来的重要价值和现实意义；另一方面又要持有"和而不同""求同存异"的文化融通理念，也就是要充分尊重他文化的独立性和多元性，认识和理解各文化之间交流的重要性。在这样的理念和意识的前提下，译者还需要在面对文化内容的再表达时，考虑受众一端的各种因素，包括目标语读者的阅读习惯和审美喜好、目标语的社会和文化环境特点等。

从事文化外译的译者对翻译活动的理解，需要从语言单位的转换层面转向以有效的文化译介为目的，综合考量语言、文化甚至政治的多重维度，从而合理采用融通式的文化翻译策略，运用灵活有效的各种翻译技巧，达到文化外译和对外传播的最终目的。

4 基于中国文化文本外译的笔译训练

4.1 以充分了解中国文化知识作为基础和引领

首先需要夯实中国文化知识基础，以此为契机，培养学生译者的文化自觉和自信的意识。对于学生译者来讲，虽然汉语是其母语，其所生活的社会文化环境也大多是本土的，但他们对于中国文化的了解却并不一定全面和深入。缺乏对中国文化优秀内容的充分了解，也就无法培养其文化自信和维护文化的自觉意识，文化的译介和传播也就缺乏坚实的基础和价值引领。

因此，在文化外译翻译技能训练中，应以文化知识储备和文化自觉意识培养为先导，了解中国丰富的历史文化和具有当代特色的重要内容。可以通过在课前或课后研读综述性和综合性文本完成这一阶段的训练。例如，选读《中国文化读本》的中文版和英文版的部分内容。此书中文版分"智慧与信仰""创造与交流""艺术与美感""民俗与风情"四大板块，共计 37 章，全面展示中国的灿烂文化和中国人的精神世界，不仅对中国文化的特色内容和亮点给出了简洁生动的介绍，还力求突出中国文化的精神和内在意义，强调中国文化的核心价值，展示中国人的心灵世界、文化性格、生活态度和审美情趣等。英文版缩减为 30 章，并增附"A Brief Chronology of Chinese History""Index of Persons""Index of Major Sights"供英语读者参考。还可选读《中国文学文化读本》，该书从中国文化"天人合一"的基本观念出发，结合"天、地、人为三才"的传统文化理念，精心选取文学作品，以融浑和谐、协调人生的"和"为精神依归和最终指向，包括共计 15 章的文选、泛读和拓展阅读的文学文化篇目，帮助学生加深对文化主题和文化观念的理解。

　　除此之外，国内目前已有多个翻译研究部门和行业部门专门开设了相关的网络平台供翻译研究者和实践者做参考和研究使用。比如，由中国外文局主管的中国翻译研究院网站，主要分享中国翻译和对外话语创新研究的成果，同时，也与"当代中国特色话语外译传播平台""中国关键词多语对外传播平台""中国特色话语对外翻译标准化术语库"等平台互通，提供全方位的语料参考。另外，由外语教学与研究出版社推出的公众号"中华思想文化术语"下设多个术语库板块，如"中华思想文化术语库"，主要收录"中华思想文化术语传播工程"近几年的最重要成果——中华思想文化术语，目前已收录1200条，这些词条包含中文释义、外文释义、中文引例、中文引例释义和外文引例释义等字段，全部词条都提供中文和英文两个语言版本；"典籍译本库"，主要提供中国传统思想文化典籍的经典外译，均为中外对照，目前已包含《论语》《孟子》《老子》《文心雕龙》《黄帝内经》等11部典籍；"典籍译名库"主要收录中华思想文化术语的文化典籍出处，目前已收录2200余条；"博雅双语库"汇集了中国现当代大家如辜鸿铭、汤一介、蒋梦麟、孙中山、陶行知等研究中国的经典著作，覆盖社会学、经济学、历史学、教育学等人文社科诸领域，以英汉双语对照形式呈现。这些电子资源能够为学生译者在开始接触文化外译的时候，树立中国文化关键内容的外译标准和原则，在研读中探索中国文化内容的翻译规律和规范。

4.2　遵循融通中外的文化翻译理念，采取合理灵活的翻译策略和技巧

　　首先，由于文化外译文本的阅读对象发生了变化，学生译者要特别注意外译内容的调适，对原文过分渲染或夸大的内容进行淡化、弱化甚至删减等处理，使译文内容在译语的文化语境中言之有理、令人信服。例如，

　　例1　《论语》一开头就记载着孔子的教导："有朋自远方来，不亦乐乎？"孔子这句话包含了极丰富的意蕴，对于我们今天理解和阐明中国文化的根本精神有重要的价值。"远方"提示着生活方式和思想观念的差异。中国人向来把来自远方的人当作可尊敬的朋友来看待，并且真诚地相信他们身上必有值得学习借鉴的地方。同时，中国人也希望自己的文化在域外人面前能展示一种魅力和吸引力。

（《中国文化读本》，第 105 页）

The Analects（*Lunyu*）begins with the Confucian edit：Is it a pleasure to meet friends from afar？"Afar" implies different ways of life and philosophies. Confucius' attitude shows that the Chinese have always highly respected friends from a long way off and aspired to learn from them. At the same time, there existed the wish to present a good image to outsiders.

(*Insights into Chinese Culture*, p. 57)

例2 观世音菩萨，简称观音菩萨，是仅次于释迦牟尼的一位智者，她以慈悲为怀，救济众生，当人们遭遇灾难危险的时候，只要诵念她的名字，她就会前来拯救。

(《中国文化读本》，第 168 页)

Guanyin or the Goddess of Mercy, known also as the Bodhisattva, is a sage second only to Sakyamuni, the founder of Buddhism. She is popular among the people for her benevolence and readiness to ease those in distress. It is believed that anyone facing a disaster or danger will be saved as long as they chant her name.

(*Insights into Chinese Culture*, p. 106)

例3 处于盛世的大唐帝国，不仅有宽广的胸襟欢迎远方来的朋友和容纳外来的不同文化，而且还主动走出去学习、吸纳不同地区、不同民族的异质文化。

(《中国文化读本》，第 110 页)

Not only did the Tang Empire open its doors to overseas friends and embrace foreign culture, many of its people also went abroad to study local cultures.

(*Insights into Chinese Culture*, p. 60)

例4 有的人说，看中国书法，就像看太极拳，拳手以悠游回环的节奏，在茫茫虚空之中，舞出一条流动的线。

(《中国文化读本》，第 177 页)

Someone once remarked that enjoying Chinese calligraphy is just like enjoying shadow boxing, in which a boxer moves and turns, making rhythmical, coherent dancing lines in midair.

(*Insights into Chinese Culture*, p. 115)

例 5　这就是在 21 世纪的今天，孔子的学说不仅受到中国人的重视，而且受到整个国际社会重视的原因。

（《中国文化读本》，第 3 页）

This is perhaps why Confucian thought in the 21st century still retains the interest of not only the Chinese but also in other parts of the world.

(*Insights into Chinese Culture*, p. 3)

例 6　饮食是中国文化的一大亮点。民以食为天，中国人自古以来就重视饮食。《礼记》上就说："礼之初，始诸饮食。"饮食中凝聚着中国人的风俗习惯、审美趣味、生活态度等丰富的文化内涵。

（《中国文化读本》，第 303 页）

Chinese cuisine is a brilliant facet of Chinese culture, which is proven by the fact that Chinese restaurants are found scattered everywhere throughout the world. Today, the culinary industry is developing even more rapidly than before. A decade ago, Beijing had a few thousand restaurants, while today there are over 100, 000 restaurants of different sizes in the city.

(*Insights into Chinese Culture*, p. 209)

以上各例考虑到外译文本阅读对象的变化，在内容上各有不同程度的调适处理。例 1 里删译了原文中"对于我们今天理解和阐明中国文化的根本精神有重要的价值"这一句。这句话对外译读者来讲十分陌生，他们并不理解这句有深度的价值判断，因此翻译时进行了省略，避免构成外译读者的理解负担；例 2 原文中对观音菩萨的重要地位描述得十分生动，但这对于外译读者来讲也是十分陌生的内容，译文中加上"It is believed that"之后陈述语气稍显淡化，表明这是人们的想法和信念；例 3 中删译了原文里"盛世的""宽广的胸襟"等自我褒扬的词语，以客观描述代替，语气显得谦和得体；例 4 中删译"悠游回环""茫茫虚空"等抽象表达，化虚为实，仅描述实际的动作形态；例 5 中"受到整个国际社会重视"的说法有夸大之嫌，因此，译文换用了"in other parts of the world"的表达，以去除武断的口吻；例 6 在阐释"饮食是中国文化的一大亮点"时，没有沿用中国读者熟悉的典籍内容，而是进行改写，换用西方受众在日常生活里熟知的"国外中餐馆"和北京餐馆数量进行说明。

其次，译文的行文组篇和美学修辞要使用西方读者熟悉认同的方式，比如重组逻辑、调整语篇衔接手段、精心选择主语、删除不必要的修饰语和范畴词等。另外，汉语和英语各有其符合受众预期的美学修辞和比喻形式，翻译时也应做相应调适。

例 7　四合院最令人称道的，是它与自然的融合，四合院中一点一滴都显现出与自然和谐相处的观念。

（《中国文化读本》，第 335 页）

The feature of a *siheyuan* most worthy of admiration is that each and every one of its details manifests the idea of its harmonious existence with nature.

（*Insights into Chinese Culture*，p. 230）

例 8　……几乎全国各地都有自己的拿手菜，各地的菜系又处于大的融合之中。

（《中国文化读本》，第 303 页）

... almost every place has its own local specialties, just as different cuisines have gathered in one place.

（*Insights into Chinese Culture*，p. 209）

例 9　这座祭坛自建造至今，经历了近六百年的风雨，如今它还静卧在北京的南城。

（《中国文化读本》，第 49 页）

Nearly 600 years later, the Temple of Heaven still stands intact in the south of Beijing.

（*Insights into Chinese Culture*，p. 27）

例 10　中国国土面积大，民族多，各地风俗不同，形成了极为丰富的民间建筑形式。各种形态的民居如璀璨的明珠点缀在青山绿水之间，令人眼花缭乱。

（《中国文化读本》，第 331 页）

China is a country of vast territory with many distinctive local customs, leading to the emergence of a rich range of folk architectural styles.

(*Insights into Chinese Culture*, p. 227)

例 7 将原文中的零散句改译成主谓成分明晰的单句，并采用指代替换（its）和省略替换（siheyuan）衔接各成分，使形式符合受众阅读习惯；例 8 添加"just as"显示前后逻辑关系，凸显英语形合特点；例 9 将原文的"静卧"译为英语中常用于描述形态的系表结构"stands still"；例 10 删减了原文中太过渲染的比喻，改用平实自然的语气描述民居形态的丰富性这一事实。

5　结语

在文化外译笔译训练的整个过程中，学生译者要认识到，文化外译不是原文话语的单方面传递，或者仅仅是停留在语言表面的问题，而应当特别关注译文受众的特点。译文受众生活在由完全不同的观念、价值系统、语言系统、修辞传统所组成的另一种文化当中，思维定式或先入之见都可能影响其在接触异国文化时的态度。他们往往会用自己的文化尺度加以衡量，排斥不符合自己预期的话语方式。因此，文化外译需要了解受众的局限和预期，特别是话语方式上的不同习惯，在翻译过程中做必要的调适，通过译文话语的有效运用，让受众不反感、不排斥、感兴趣，进而认同和接受。不从受众角度考虑，一味强调保存原文的所有"异"，把不同的意识形态、价值观、思维习惯和表达方式强加于人，会造成更加尖锐的对立和更多的误解，不利于中国文化的对外传播。因此，译者应该采用受众容易接受的方式，扩大受众视阈，达到双赢。

参考文献：

叶朗，朱良志，2008. 中国文化读本［M］. 北京：外语教学与研究出版社.

YE L, ZHU L Z, 2008. Insights into Chinese culture［M］. ZHANG S Y, CHEN H Y, trans. Beijing：Foreign Language Teaching and Research Press.

Chinese-English Translation Training on Chinese Cultural Texts
Liu Jia

Abstract: In cultural translation, translators translate their own culture into a foreign language in order to shape their own cultural image in the context of other cultures, thus enabling favorable cross-cultural communication and influence. Nowadays, the dissemination of Chinese culture to foreign countries has become one of the national cultural strategies for expanding China's international influence. Therefore, cultural translation has become an important concern for domestic translation academics and industry. At present, in training professional translators, attention should be paid to how to equip student translators with the awareness of the importance of cultural translation, and how to highlight the special requirements of cultural translation awareness and ability in the practical training of translators. Based on practical training and cases of teaching Chinese-English translation, this paper discusses appropriate strategies and flexible techniques for translating Chinese cultural texts, in order to illustrate the key factors and steps of Chinese-English translation training in this field.

Key words: Chinese cultural texts; cultural translation; translation training

专业医疗口译的成本收益分析

胡敏霞

（四川大学外国语学院，成都 610207）

摘　要：语言障碍是移民和少数族裔获得医疗保健服务的主要障碍之一，其不利影响包括增加诊治成本和风险、减弱患者安全感、延迟患者就医等。通过梳理近年来国际上关于专业医疗口译的成本收益、医疗口译使用的促进和阻碍因素以及新兴口译技术等相关文献发现，对口译服务权利和需求的识别、对使用口译服务的积极态度、大量可用的专业医疗口译员、融洽的医译合作及相关培训，可支持准确且富有同理心的口译，帮助患者了解疾病、预后和治疗方案并获取高质量的医疗服务。研究结论可为中国医院建立本土的、系统的、国际化的专业医疗口译制度提供理论和实践参考。

关键词：医疗口译；成本收益；国际经验

1　引言

最新研究显示，美国大约有 2560 万人英语水平有限（limited English proficiency，LEP），而且这个数字还在增加（Ramirez et al.，2023）。英语水平有限患者是指英语不是其主要使用语言且英语读、说、写或理解能力有限的患者（Medrano et al.，2023）。美国政府对英语水平有限患者的官方定义是对"你的英语讲得怎么样？"的回答是"不会/不好/不是很好"的患者（Ramirez et al.，2023）。有大量讲西班牙语的美国患者会因为语言障碍而碰到预约困难（Azua et al.，2023）。同时，语言障碍也阻碍了亚裔美国移民获得艾滋病治疗相关服务，导致抗逆转录病毒治疗的依从性下降和耻辱感增加（Chen et al.，2023）。最后，失聪和聋哑患者在缺乏手语口译员时也比听力正常的患者更有可能遭遇沟通困难（Velarde et al. 2022）。

欧洲地区也存在大量语言能力有限（limited language proficiency，LLP）的移民或难民患者（Brune & Liljas，2023；Gmünder et al.，2024）语言障碍是各国语言能力有限患者获得医疗保健服务的主要障碍之一，负面影响包括增加诊治风险、减弱患者安全感、延迟患者就医等（Vange et al.，2023）。例如，挪威的许多波兰移民不会说或说不好挪威语，尽管移民有权获得免费口译服务，但他们在挪威医疗机构中获得口译服务时还是会遇到障碍，如听不懂来自医生的诊疗信息或者获得口译服务的机会被限制（Czapka et al.，2019）。

当前，尽管来华工作、旅游、投资、生活和学习的外国人越来越多，但国内的医疗口译服务仍然面临认知、设计、实践、管理和培训上的诸多不足。对专业医疗口译员成本/效益的相关文献综述分析表明，只需花费很少的额外费用聘请口译员就能提升医疗质量，改变治疗结果（Brandl et al.，2020）。因此，本研究旨在梳理近年来国际上关于专业医疗口译的成本收益、医疗口译使用的促进和阻碍因素以及新兴口译技术等相关文献，为中国医院建立本土的、系统的、国际化的专业医疗口译制度提供理论和实践参考。

2 口译使用的成本收益

2.1 使用成本

前期研究显示，每次就诊中口译的平均费用仅占就诊总费用的0.5%（Ku & Flores，2005）。对美国加州8家医院使用视频和电话口译的成本分析显示，每次面诊的平均口译成本为24.86美元，平均时长为10.6分钟（Jacobs et al.，2011）。对马萨诸塞州4家医院患者治疗费用的分析显示，英语水平有限患者在使用口译服务后，其治疗费用人均增加了279美元，增加的费用既包括了口译成本，也包括了护理成本，护理质量因口译使用而得到改善（Jacobs et al.，2004）。总体来说，与医疗保健的其他支出相比，专业口译员能以非常有限的成本为患者和医疗系统带来显著收益（Brandl et al.，2020）。

2.2 "忽略"的代价

首先，语言障碍会导致医生无法获得正确病史，进而导致高昂的诊断和治疗费用。例如，前期研究显示，由于父母和医护人员之间存在语言交流障碍，为了诊断病因，婴儿不得不接受了多项侵害性很强的检查（Tate & Kelley，2013）。同时，语言障碍会阻碍院方获得患者的术前知情同意（Lee et al.，2017）。在预约方面，研究者致电全美78家骨科诊所，发现使用西班牙语预约的成功率显著低于使用英语预约，而且预约成功后也仅有一半的时候能获得现场口译服务（Azua et al.，2023）。

对瑞典斯德哥尔摩的急诊医生访谈研究发现，在诊治语言能力有限的老年痴呆症患者时，医生会无法安抚和理解患者，因而需要更多医疗资源辅助诊断，且在手术或干预前难以获得知情同意（Brune & Liljas，2023）。另外，当复杂的医疗信息无法得到充分传递时，患心血管疾病的英语水平有限的老人面临不良事件的风险会显著增加（Medrano et al.，2023）。

对全美超十万人口的调查发现，与英语人群相比，英语水平有限的人群更加缺乏常规护理，且在未接受包括血压、胆固醇检查和结直肠癌筛查在内的预防服务时经常逾期，而提供专业医疗口译等语言服务正是系统干预的核心之一（Ramirez et al.，2023）。在儿科急诊中，医生依赖护理人员收集相关信息来进行诊治，而无法获得相关信息可能会导致对症状的误解以及随后临床治疗决策的错误，研究发现语言障碍会阻碍护理人员在儿科院前急救中获取相关信息（Müller et al.，2023）。英语组比英语水平有限组的病历更完整，既往病史和院前事件记录更加完整（Müller et al.，2023）。与英语患者相比，英语水平有限的患者从防止住院患者临床恶化的快速响应（RR）系统中也获益更少（Raff et al.，2024）。缺乏专业的口译服务极大延长了患者的住院时间，患者因无法向医护人员传达自己的需求而感到困惑、忧虑和愤怒，而错误的药物处方和错误的诊断对患者的影响尤为严重（Villanueva，2023）。

2.3　临时口译员

不同场景的口译使用也存在差异：在躯体护理中，通常会由双语医护人员和家庭成员担任临时口译；在精神护理中，通常会使用现场专业口译员；在救护车上，家人和朋友则经常充当临时口译员（Lundin et al.，2018）。无法获取口译服务导致家庭成员不得不临时担任口译员（Tam et al.，2022）。一方面，朋友、亲戚或双语医护人员等临时口译员提供的服务常常低于专业水准，影响医疗质量，并可能危及患者生命安全（Czapka et al.，2019）。同时，非专业口译员由于缺乏职业伦理意识，更容易侵犯病人隐私，或是导致患者不愿意提供敏感的疾病相关信息（Flores et al.，2012）。另一方面，各种各样的语言协助者（包括家庭成员、朋友、口译员）都能辅助沟通，促进医患互动，降低患者耻辱感，加快患者的文化适应，增强患者与医疗保健系统的联系，并影响患者做出积极的医疗决策（Chen et al.，2023）。

2.4 口译使用的收益

如果医院能够制定医疗口译员使用指南，建立口译员迅速就位机制，加强医疗人员、译者和患者的专业口译使用意识，增强其跨文化意识，则有助于实现以人为本的医疗公平（Lundin et al.，2018）。在与英语水平有限的患者及其家人进行临终和护理目标对话时，口译员的在场常被视为"黄金标准"（Silva et al.，2022）。专业医疗口译员可以帮助患者了解疾病、预后和治疗方案，提供准确且富有同理心的口译（Rhodes et al.，2021）。

口译员所扮演的角色包括：（1）信息管道（提供逐字翻译）；（2）文化中介（但协助沟通时采取尽量透明的策略）（Tam et al.，2020）。在口头翻译之外，医疗口译员还能减少医生、患者和家属之间由文化差异导致的沟通困难（Silva et al.，2020）。善良、值得信赖、具有医学素养的口译员最受儿童患者家长的信赖；口译员的社交技能和话轮协调能力对于辅助沟通非常重要（Tam et al.，2022）。在以家庭为中心的查房中，家长更喜欢专业口译员而不是双语医护人员（Tam et al.，2022）。理想的口译员是语言能力强、具有专业态度、有机构支持（有匹配的时间、技术和工作环境）的口译服务提供者（Lundin et al.，2018）。

3 口译服务的促进与阻碍因素

3.1 促进因素

影响专业口译员使用的因素主要包括：（1）机构惯例；（2）法律要求；（3）机构和医生对法律要求和口译使用的知识及经验（Lundin et al.，2018）。Choe et al.（2019）召集医生、护士和口译员进行了小组评估，发现口译使用的促进因素包括：（1）医译团队合作融洽；（2）了解文化差异对护理的影响；（3）对患者和家属表现出同理心；（4）采取以家庭为中心的沟通策略。促进口译使用的个人因素包括：（1）有关口译服务的知识；（2）评估何时以及如何使用口译员的能力；（3）对有利结果的信念。在机构层面，促进因素主要是相关预算支持（Feiring & Westdahl，2020）。口译服务便利化措施包括：（1）提供大量可用的译员；（2）增进对患者语言公平和服务权利的认知；（3）对使用口译服务的积极态度；（4）加强正式和非正式的口译员服务（Vange et al.，2023）。

远程视频口译服务的引入有助于消除距离障碍，同时有助于保护患者隐私，但视频口译也具有感知困难和沟通不足等缺陷，因此，远程视频口译服务可以作为现场口译员的有益补充（Feiring & Westdahl, 2020）。

医译合作至关重要。医生执业年限越长，接受的口译使用培训越多，则越能理解医疗口译员的角色和重要性（Silva et al., 2022）。医生是咨询的主导者，医生应该分配足够的时间给口译；最重要的是，除非医生的西班牙语非常流利，否则不要讲西班牙语，而应该使用译员（Tam et al., 2022）。医院管理部门认可并支持护士接受培训和认证成为医疗口译员，有助于减少语言问题所造成的健康护理差异，对患者的医疗保健方案产生积极影响，并通过教育和宣传为患者赋权（Villanueva, 2023）。

3.2　阻碍因素

Choe et al.（2019）发现口译使用的障碍包括：（1）获得口译服务困难；（2）与英语水平有限的家庭沟通的不确定性；（3）口译员角色不明确，且与期待不一致；（4）未满足家庭参与的期望（Choe et al., 2019）。个人层面的限制包括：（1）缺乏医译沟通能力；（2）缺乏说服对方同意使用口译员的能力；（3）对口译服务的专业性缺乏信心（Feiring & Westdahl, 2020）。在机构层面，限制口译员的主要因素是译员的可用性和预算（Brandl et al., 2020；Feiring & Westdahl, 2020）。Tam et al.（2020）发现口译服务的障碍包括：（1）口译所需的时间；（2）对语言技能的过度自信（医生或患者以为自己不需要专业口译）；（3）识别英语水平有限的家庭。Vange et al.（2023）认为，患者和医护人员在获取口译服务时面临的障碍包括：（1）缺乏立即可用的口译服务；（2）口译服务成本的报销；（3）不了解可用的口译资源；（4）对口译服务的态度。影响医护人员对口译员的满意度的因素包括：（1）医疗人员与口译员的关系；（2）患者管理；（3）健康观念的一致性；（4）个人期望；（5）患者的治疗结果（Gmünder et al., 2024）。

虽然信号和技术问题对电话口译员构成了挑战，但将口译员视为"翻译机器"被口译员认为是更大的问题——"译员物化"是医疗人员和译员良好协作和沟通的主要障碍之一（Cho, 2023）。尽管面临各种专业和情感挑战，口译员在翻译临终讨论时仍高度重视口译的准确性，但讨论节奏过快、专业知识缺失和医生缺乏同理心偶尔也会导致翻译的曲解（Rhodes et al., 2021）。没有使用过专业口译的护理人员通常对医患沟通质量的期待较低，也不了解专业口译的可用性，并常常高估自己的语言技能（与客观语言测试分数相比），导致了口译倡导性较低（Gmünder et al.，2024）。

高度情绪化的工作环境会对口译员产生负面情绪影响。研究发现，医疗口译员在传译姑息治疗对话时需承受多种情绪的影响，如压力、不适、孤独等。影响译员情绪反应的因素包括道德文化和角色期待、与患者和家属的互动、译员的经验和年龄。减轻负面情绪影响的建议包括译前通报、译后总结，以及医译协作（Hancox et al.，2023）。

4 干预效果与技术创新

4.1 干预效果

前期美国干预研究发现，在手术住院患者床边安装了口译电话可24小时联系到专业口译员之后，英语水平有限的患者更能达到充分知情同意的标准：能理解手术原因、手术风险，并能回答知情同意书上的所有问题（Lee et al.，2017）。最近，研究者对瑞士伯尔尼三级医院儿科急诊室的181名语言能力有限的护理人员进行了半结构化访谈（其中14名使用过专业口译服务），研究发现使用专业口译服务的护理人员满意度更高（Gmünder et al.，2024）。另外，德国难民在充分预防药物成瘾和获取相关护理方面仍然面临障碍，由21名专家参与的德尔菲研究（Delphi study）构建了39项良好的实践策略，其中就包括口译服务并为其提供充足的资金（Stylianopoulos et al.，2024）。

研究者对奥地利和挪威两家医院的管理人员和医护人员进行焦点小组和个人访谈后发现，改进口译使用的干预措施包括制定口译员使用指南、开展视频技术使用培训，以及对医疗人员、口译员和患者进行沟通技能培训（Feiring & Westdahl，2020）。不同科室需要在多种沟通策略中探索最合适的沟通策略（van Vuuren et al.，2021）。

在有11种官方语言的南非，焦点小组提炼出的促进跨文化沟通的措施包括开设短期语言课程、张贴鼓励交流的海报、使用专业口译员或移动口译技术、雇用多语员工、注重文化敏感性、学习多门外语等（van Vuuren et al.，2021）。

4.2 技术创新

虽然与电话和视频口译相比，现场口译更受青睐，因为译员能够使用肢体语言并建立融洽的人际关系（Tam et al.，2022），但视频远程口译可能更具灵活性和成本优势，不过患者需要大屏幕设备、可靠的网络连接，以及接受过系统医学口译培训的合格口译员（Velarde et al.，2022）。研究者采访了 67 名澳大利亚医疗口译员，发现电话口译的常见问题有缺乏译前沟通、声音效果较差和缺乏视觉提示（Cho，2023）。

在与英语水平有限的患者及其家人进行临终和护理目标对话时，与电话医疗口译员相比，现场医疗口译员获得了医生更高的评价（Silva et al.，2022）。对瑞士日内瓦大学医院初级保健部门的 14 名医生在尝试使用两个机器口译 APP 之后所做的问卷调查发现，82.7% 的医生基本实现了咨询目标，但仅 53.8% 的医生对机器翻译感到满意。不满意的原因包括 APP 使用不便以及难以理解机器译语，而欧洲语言之间的机器翻译体验更佳（Hudelson & Chappuis，2024）。

5　结语

随着全球流动人口的不断增加，医疗口译服务需求急剧上升。解决护理中的语言障碍的首要举措就是重视语言需求识别和使用专业口译服务。医院和医护人员需要深入了解医疗口译员角色，了解阻碍医患沟通和有助于改善医患沟通的做法。译前和译后的医译沟通是提高沟通有效性的重要策略。与电话和视频口译相比，现场口译更受青睐，因为现场口译更准确、高效且气氛融洽。当前医生主要是根据患者健康状况、诊治的紧急程度、口译员的可用性和不同场景来决定是否及如何使用专业译员。在外来人口急剧增加的中国，应该借鉴国际经验，抓紧建立具有系统性、前瞻性和专业性的医疗口译服务体系。在未来，研究者也需要继续探讨使用专业口译员的成本收益，因为目前研究存在数量较少、异质性大、参数差异较大等问题。

参考文献：

AZUA E, FORTIER L M, CARROLL M, MARTIN A, MAYORGA S, ALBINO A, LOPEZ S, CHAHLA J, 2023. Spanish-speaking patients have limited access scheduling outpatient orthopaedic appointments compared with English-speaking patients across the United States ［J/OL］. Arthroscopy, sports medicine, and rehabilitation, 5（2）. https：//doi. org/10. 1016/j. asmr. 2023. 01. 015.

BRANDL E, SCHREITER S, SCHOULER-OCAK M, 2020. Are trained medical interpreters worth the cost? A review of the current literature on cost and cost-effectiveness [J]. Journal of immigrant and minority health, 22 (1): 175 – 181.

BRUNE C, LILJAS A, 2023. "You treat what you have to treat, and you don't care as much if they understand or if they feel good about it": communication barriers and perceptions of moral distress among doctors in emergency departments [J]. Medicine, 102 (50): e36610.

CHEN W T, SUN W, HUANG F, SHIU C S, KIM B, CANDELARIO J, TOMA L, WU G, AH-YUNE J, 2023. Lost in translation: impact of language barriers and facilitators on the health care of Asian Americans living with HIV [J/OL]. Journal of racial and ethnic health disparities. https://doi. org/10. 1007/s40615 – 023 – 01674 – 7.

CHO J, 2023. Interpreters as translation machines: telephone interpreting challenges as awareness problems [J]. Qualitative health research, 33 (12): 1037 – 1048.

CHOE A Y, UNAKA N I, SCHONDELMEYER A C, BIGNALL W J, VILVENS H L, THOMSON J E, 2019. Inpatient communication barriers and drivers when caring for limited English proficiency children [J]. Journal of hospital medicine, 14 (10): 607 – 613.

CZAPKA E A, GERWING J, SAGBAKKEN M, 2019. Invisible rights: barriers and facilitators to access and use of interpreter services in health care settings by Polish migrants in Norway [J]. Scandinavian journal of public health, 47 (7): 755 – 764.

FEIRING E, WESTDAHL S, 2020. Factors influencing the use of video interpretation compared to in-person interpretation in hospitals: a qualitative study [J/OL]. BMC health services research, 20 (1): 856. https://doi. org/10. 1186/s12913 – 020 – 05720 – 6.

FLORES G, ABREU M, BARONE CP, BACHUR R, LIN H, 2012. Errors of medical interpretation and their potential clinical consequences: a comparison of professional versus ad hoc versus no interpreters [J]. Annals of emergency medicine, 60 (5): 545 – 553.

GMÜNDER M, GESSLER N, BUSER S, FEUZ U, FAYYAZ J, JACHMANN A, KEITEL K, BRANDENBERGER J, 2024. Caregivers with limited language proficiency and their satisfaction with paediatric emergency care related to the use of professional interpreters: a mixed methods study [J]. BMJ open, 14 (1): e077716.

HANCOX J A, MCKIERNAN C F, MARTIN A L, TOMAS J, MACARTNEY J I, 2023. The emotional effects on professional interpreters of interpreting palliative care conversations for adult patients: a rapid review [J]. Palliative medicine, 37 (7): 931 – 946.

HUDELSON P, CHAPPUIS F, 2024. Using voice-to-voice machine translation to overcome language barriers in clinical communication: an exploratory study [J/OL]. Journal of general internal medicine. https://doi. org/10. 1007/s11606 – 024 – 08641 – w.

JACOBS E A, LEOS G S, RATHOUZ P J, FU P J, 2011. Shared networks of interpreter services, at relatively low cost, can help providers serve patients with limited English skills [J]. Health affairs, 30 (10): 1930 – 1938.

JACOBS E A, SHEPARD D S, SUAYA J A, STONE E L, 2004. Overcoming language barriers in health care: costs and benefits of interpreter services [J]. American journal of public health, 94 (5): 866 – 869.

KU L, FLORES G, 2005. Pay now or pay later: providing interpreter services in health care [J]. Health affairs, 24 (2): 435 – 444.

LEE J S, PÉREZ-STABLE E J, GREGORICH S E, CRAWFORD M H, GREEN A, LIVAUDAIS-TOMAN J, KARLINER, L S, 2017. Increased access to professional interpreters in the hospital improves informed consent for patients with limited English proficiency [J]. Journal of general internal medicine, 32 (8): 863 – 870.

LUNDIN C, HADZIABDIC E, HJELM K, 2018. Language interpretation conditions and boundaries in multilingual and multicultural emergency healthcare [J]. BMC international health and human rights, 18 (1): 23.

MEDRANO F J, FERNANDEZ A J, SUDORE R L, KIRKPATRICK J N, BENDA N C, CREBER R M, GOYAL P, BEAVERS C, MAURER M S, RICH M W, ALEXANDER K P, KRISHNASWAMI A, 2023. Limited English proficiency in older adults referred to the cardiovascular team [J]. The American journal of medicine, 136 (5): 432 – 437.

MÜLLER F, SCHRÖDER D, SCHÄNING J, SCHMID S, NOACKEM, 2023. Lost in translation? Information quality in pediatric pre-hospital medical emergencies with a language barrier in Germany [J]. BMC pediatrics, 23 (1): 312.

RAFF L, BLANK A G, REGALADO C R, BULIK-SULLIVAN E, PHILLIPS L, MOORE C, MIRANDA G L, RAFF E, 2024. A quality improvement project to reduce rapid response system inequities for patients with limited English proficiency at a quaternary academic medical center [J/OL]. Journal of general internal medicine. https://doi. org/10. 1007/s11606 – 024 – 08678 – x.

RAMIREZ N, SHI K, YABROFF K R, HAN X, FEDEWA S A, NOGUEIRA L M, 2023. Access to care among adults with limited English proficiency [J]. Journal of general internal medicine, 38 (3): 592 – 599.

RHODES M G, FLETCHER K E, BLUMENFELD-KOUCHNER F, JACOBS E A, 2021. Spanish medical interpreters' management of challenges in end of life discussions [J]. Patient education and counseling, 104 (8): 1978 – 1984.

SILVA M D, ADELMAN R D, SINGH V, GUPTA R, MOXLEY J, SOBOTA R M, TSAI S, ABEL B T, REID M C, 2022. Healthcare provider perspectives regarding use of medical interpreters during end-of-life conversations with limited English proficient patients [J]. American journal of hospice and palliative medicine, 39 (2): 220 – 227.

SILVA M D, TSAI S, SOBOTA R M, ABEL B T, REID M C, ADELMAN R D, 2020. Missed opportunities when communicating with limited English-proficient patients during end-of-life conversations: insights from Spanish-speaking and Chinese-speaking medical interpreters [J]. Journal of pain and symptom management, 59 (3): 694 – 701.

STYLIANOPOULOS P, HERTNER L, HEINZ A, KLUGE U, SCHÄFER I, PENKA S, 2024. Good practice in reaching and treating refugees in addiction care in Germany— a delphi study [J]. BMC public health, 24 (1): 30.

TAM I, GIST L, PATEL A, FISHER E, RHEE K E, 2022. The parent's perspective: a focus group study on Spanish interpreter services for hospitalized children [J]. Academic pediatrics, 22 (1): 98 – 106.

TAM I, HUANG M Z, PATEL A, RHEE K E, FISHER E, 2020. Spanish interpreter services for the hospitalized pediatric patient: provider and interpreter perceptions [J]. Academic pediatrics, 20 (2): 216 – 224.

TATE R C, KELLEY M C, 2013. Triage in the Tower of Babel: interpreter services for children in the prehospital setting [J]. Pediatric emergency care, 29 (12): 1280 – 1282.

VAN VUUREN C J, VAN DYK B, MOKOENA P L, 2021. Overcoming communication barriers in a multicultural radiography setting [J/OL]. Health SA Gesondheid, 26. https://doi. org/10. 4102/hsag. v26i0. 1568.

VANGE S S, NIELSEN M R, MICHAËLIS C, JERVELUND S S, 2023. Interpreter services for immigrants in European healthcare systems: a systematic review of access barriers and facilitators [J/OL]. Scandinavian journal of public health. https://doi. org/10. 1177/14034948231179279.

VELARDE M R, JAGOE C, CUCULICK J, 2022. Video relay interpretation and overcoming barriersin health care for deaf users: scoping review [J]. Journal of medical Internet research, 24 (6): e32439.

VILLANUEVA L, 2023. Dual-role nurse interpreter perceptions of language barriers and Spanish-speaking patients: a qualitative study [J]. Nursing open, 10 (6): 3973 – 3981.

Cost and Benefit of the Professional Medical Interpreting Service: International Experience

Hu Minxia

Abstract: Language barrier is one of the main obstacles for immigrants and ethnic minorities to acquire equitable and quality health care services. The adverse effects include increased cost and risk of diagnosis and treatment, patients' impaired sense of security, and delayed medical appointments and treatment. Through a review of international literature in recent years on the cost-benefit of the professional medical interpreting service, factors promoting and hindering the use of medical interpreting, and emerging interpreting technologies, the study found that 1) the identification of patient rights and needs for interpretation services, 2) a positive attitude and understanding of the use of interpretation services, 3) a large number of available professional medical interpreters, and 4) a harmonious provider-interpreter partnership and related training can support accurate and empathetic interpretation. It will help patients understand their disease, prognosis, and treatment options and obtain high-quality care. The research concludes that the international evidence can provide a theoretical and practical reference for Chinese hospitals to establish their own professional medical interpreting services.

Key words: medical interpreting; cost-benefit; international experience

文字翻译之应用探赜
——以贝尔曼《七个疯子》法译为例①

胡陈尧　任　乐

（四川大学外国语学院，成都610207）

摘　要：为解决翻译伦理的忠实对象与实现方式问题，贝尔曼提出"文字翻译"策略，倡导译者着眼作品整体，通过围绕意指过程展开的再创作灵活再现原作异质性。本文以《七个疯子》法译本为考察对象，探析贝尔曼对作品语言并置现象的处理和"偏离常态"部分的再现，以期在理论与实践相结合的基础上把握文字翻译的内涵及其应用。

关键词：文字翻译；安托瓦纳·贝尔曼；《七个疯子》

1　引言

文字翻译（traduction de la lettre）是法国翻译理论家安托瓦纳·贝尔曼（Antoine Berman）提出的一项翻译策略，其目标是于传统的直译与意译之间寻找一种再现语言与文化他异性的可行途径。文字翻译关注作品动态的意指过程而非静态的意指结果，倡导译者在尊重他异性的伦理观照下积极发挥主观能动性，通过适度的再创作实现原作意指过程在译语中的再语境化，使译文既能表现出对原作的尊重，又能被译入语读者认可和接受。这一翻译策略"为尊重他异的伦理关系的建立提供了必要途径，也给予译者主体的创造活动以合法性和广阔空间"（胡陈尧，2022：168）。贝尔曼理论视域中的"文字"区别于经验层面的语词，是一个具有总括性的概念，指向"语词、形象和声音的接合之处"（Berman，2008：179），对这一抽象翻译策略的理解应结合其于翻译实践中的应用。

贝尔曼以翻译理论家的身份闻名学界，但其作为翻译家的实践成果却鲜

---

①　本文系国家社科基金后期资助项目"安托瓦纳·贝尔曼翻译思想研究"（23FYYB037）的阶段性成果。

有得到关注和探究。贝尔曼曾先后翻译了大量拉美文学著作和德国儿童文学作品，代表译著有《七个疯子》《我，至高无上者》《愤怒的玩偶》《奶奶》等；在从事文学翻译的同时，贝尔曼也积极投身社科类翻译，他将弗里德里希·施莱尔马赫（Friedrich Schleiermacher）论述翻译的长文《论翻译的不同方法》译成法文，同时广泛涉足历史、政治、地理等领域的学术论著翻译。贝尔曼（Berman，2001：15－16）曾明确表示自己作为译论者的翻译思想与作为译者的翻译经验之间存在紧密联系："我关于翻译的思考均出自我作为译者的活动"，"正是翻译的经验构成了我与翻译之普遍联系中的重心所在。我之所以是译论者，是因为我首先是一名译者"。基于此，对贝尔曼文字翻译策略的理解应结合其本人的翻译实践经验，探析其具体的翻译选择与翻译价值观之间的关联。综合考量文本的异质性与接受度，本研究以罗伯特·阿尔特（Roberto Arlt）的代表作《七个疯子》的贝尔曼译本为探究对象，深入译者的翻译副文本，并析取具有代表性的文本展开对比评析，以期在更为系统的视域中把握贝尔曼文字翻译的内涵及其于翻译实践中的应用。

2　伦理坚守与主体创造：《七个疯子》法译中的文字性

罗伯特·阿尔特是 20 世纪阿根廷现实主义文学巨擘，拉美现代城市小说先驱。作为 19 世纪末 20 世纪初阿根廷移民热潮的亲历者，阿尔特偏好描写大城市边缘人群的悲剧命运，探讨劳动的意义及人的异化。1929 年出版的小说《七个疯子》（*Los siete locos*）被公认为阿尔特的代表作，小说主人公埃尔多萨因（Erdosain）因盗取公款被揭发，走投无路的他与六个都市社会底层的"疯子"聚集在一起，试图推翻罪恶的社会，创造新的秩序。在译序中，贝尔曼指出原作的语言构成极为复杂："20 世纪 30 年代布宜诺斯艾利斯的方言、阿根廷俚语、伦法尔多语、古典西班牙语、翻译词汇（……）以及所有长篇连载小说和大众刊物上流行的文学语言。作为一名工程技师，阿尔特还借用了科学领域的词汇。"（Arlt，2010：14）上述语言相互并置、杂糅，且时常伴随不符合语法和文体规则的错误，这使作品在语言层面表现出极端的复杂性与丰富性。贝尔曼还注意到，为突出作品疯狂和失常的维度，阿尔特采取了一种偏离常态的写作手法，如对常规文学表达的倒错，对某些词语和句子不厌其烦的反复，以及使用大量连词和从句来打破流畅的节奏。在贝尔曼看来，这些偏离"并非主观的心血来潮，而是有预先考虑的表意系统"（Arlt，2010：16），与人物破碎的精神世界以及纷繁复杂的社会现实形成了巧妙的契合。

阿尔特独特的创作语言和写作手法给翻译制造了巨大困难，对贝尔曼而言，最大的阻碍在于两种语言间固有的差异："文学化的法语还尚未准备好迎接罗伯特·阿尔特的文体'失常'。它对这些失常的容忍门槛即刻便被触及了。"（Arlt，2010：16）以连词和关系代词的使用为例，法语"禁止连词的不断反复或关系从句的混乱增生"（Arlt，2010：15），西班牙语在这一点上则相对包容，在法语中强行保留这些连词和从句将给法语读者造成极大的阅读障碍。面对两种语言间难以调和的矛盾，贝尔曼坦言自己曾试图进行民族中心主义式的翻译，即以译入语的文学和文化价值观改写异语文本，但他很快意识到，"这一类翻译等同于对罗伯特·阿尔特野性、未经驯化的文本的完全摧毁——等同于彻底的背叛"（Arlt，2010：17）。然而，现实问题仍摆在面前："《七个疯子》的翻译需要经过我们审核制度的审核，走入我们的市场与历史。"（Arlt，2010：17）如何在有限的翻译空间中尽可能地彰显他者之"异"，同时获得良好的接受效果，这是亟待译者解决的一大难题。贝尔曼选择采用文字翻译，而"这并不意味着需践行一种粗鲁的文字性，而是寻找另一种文字性"（Arlt，2010：17）。文字翻译不等同于对原作的机械模仿，贝尔曼表示自己旨在为读者提供的是"对异质作品的部分进入和部分阻拦"（Arlt，2010：18）。具体到《七个疯子》的翻译，贝尔曼在译序中表示自己对原作中过于尖锐、粗暴、触及法国读者容忍底线的部分进行了删减或转移，对多门语言的堆砌和大量的词句反复进行了一定程度的限制，使这些"失常"之处在潜移默化中成为原作"惊惶而喘息的节奏"（Arlt，2010：18）。这一过程不是暴力拆解或强行拼接，而是致力寻找法语中的"非规范化结构"，贝尔曼将这一结构喻作一张渔网上最为松散，同时也最为开放的部分，"在那里，这一过分理性的语言能够接受罗伯特·阿尔特式的过激，既不至于背叛自我，也不背叛他者"（Arlt，2010：18）。通过译者主体的适度再创作，原作的文字性得以在另一种语言中整体呈现，这一再现方式及其效果将通过对贝尔曼具体翻译文本的对比分析得到进一步考证。

3 语言并置现象的处理

贝尔曼曾将"语言并置的抹除"列为文本变形倾向的一种，并将小说类作品中的语言并置划分为两类："方言与通用语的并置，以及多种通用语的并置"（Berman，1999：66）。语言并置是文学作品中的常见现象，在西方文学作品中尤为显著。事实上，绝大部分的语言并置都并非无意义的堆砌，而是出于作者的特定考虑，用以表达某种特殊含义或情感，而这同时也是不同语言和文化碰撞、交融的生动体现。阿尔特生长于布宜诺斯艾利斯的移民浪潮中，多语混杂的生活环境使其文学作品成为一个语言"熔炉"。语言并置是阿尔特作品文学性的突出体现，但同时也为译者的翻译活动提出了艰巨挑战：阿尔特作品的译者需要识别作品中复杂的语言成分及其存在意义，并尝试在另一种语言中重建这一语言"巨厦"。

3.1　通用语并置的处理

首先需关注的是《七个疯子》中多门通用语的并置现象。阿尔特在其西班牙语文本中零星穿插了部分英语和法语词句，其背后通常有特定的文化考量。如以下一例：

例 1

原文：

Está encerrada en estas palabras，que me decía llorando una mujercita a quien largó un amigo mío：<u>Encore avec mon cu je peu soutenir un homme.</u>（Arlt，1992：118 - 119）

译文：

Elle est contenue dans ces paroles que me disait en pleurant une petite bonne femme qu'un ami à moi avait lâchée：<u>Encore avec mon cul je peux soutenir un homme</u> ＊.（Arlt，2010：71）

＊En français dans le texte.（译注，意为"原文中为法语"）

例 1 中画线的法语句子意为"至少靠屁股我还能养活一个男人"，说话者是一名被客人抛弃的妓女。法语与妓女在《七个疯子》中的关联并非偶然，在当时阿根廷底层社会流行的俚语和黑话中，许多与性或卖淫相关的词语都源自法语，这一语言现象有其历史渊源。根据法国布宜诺斯艾利斯社区联盟（2020）提供的信息，在 1888 年至 1915 年间，阿根廷女性中共有 16238 人从事色情行业，其中 2274 人是法国移民，其数量仅次于俄罗斯移民和阿根廷本土居民。此外，在阿根廷的妓女中，来自法国的妓女地位最高，其接待的大多是富人或上流社会人士。在这一历史背景下，阿尔特令其笔下的妓女说法语便在情理之中。在将该部分译成法语时，贝尔曼并未顺势取消作品所呈现出的语言并置现象，而是添加译注，说明相关表达在原文中即为法语。这一副文本的添设使译文与原文在表层和深层同时实现了对应，原作的文字性进而得以完整传达。

3.2　伦法尔多语的翻译

　　相较于多门通用语的并置，《七个疯子》中更为突出的是通用语与非通用语的并置。由于小说主要人物均来自社会底层，其话语中势必夹杂大量方言和俚语表达，在这些地方语言中，最具代表性、最能体现阿尔特创作特色的无疑是伦法尔多语（lunfardo）。伦法尔多语是阿根廷的一种西班牙语俚语，是阿根廷"黄金时期"欧洲移民浪潮的产物。伦法尔多语被形象地称为"罪犯的语言"，因为最早一批使用伦法尔多语进行交际的多为盘踞在布宜诺斯艾利斯的黑手党成员以及从事奴隶买卖或色情交易的底层人士，这也造成了伦法尔多语的一个突出特征——保密性。为确保地下活动（如《七个疯子》中的"秘密集团"活动）的顺利进行并在各团体内部形成一定的凝聚力，伦法尔多语中充满大量的行话和暗语，隐喻和借代被广泛运用，回文构词法①也成为常见的新词产出方式。《七个疯子》所叙说的故事正是发生在伦法尔多语于布宜诺斯艾利斯广泛传播并取得流行的历史背景之下，伦法尔多语可谓渗透作品的每一个角落，充分彰显其野性张力。据此，可以认为对伦法尔多语的再现对于《七个疯子》的翻译成败有着至关重要的影响。首先看作品中一个完全由伦法尔多语词汇构成的句子：

　　例2
　　原文：
　　—Rajá, turrito, rajá.（Arlt, 1992：97）
　　译文：
　　—Allez, fous le camp, petite frappe.（Arlt, 2010：40）

　　小说主人公埃尔多萨因在咖啡馆向药剂师埃尔格塔借六百比索以偿还欠

---

① 回文构词法是指打乱原词的字母顺序，并重组为新的词语，例如伦法尔多语中的"feca"（café，咖啡）、"gomía"（amigo，朋友）、"gotán"（tango 探戈）等。

款，埃尔格塔拒绝了他的请求，并当众对他说出这一带有侮辱性的句子。原句中的"rajá"是伦法尔多语词语"rajar"（逃跑）的第二人称单数命令式，是将他人赶走时所使用的表达。值得注意的是，阿尔特在原文中使用了两次"rajá"，贝尔曼则分别将其译为不同的表达，这在很大程度上是因为伦法尔多语的"rajá"在法语中不存在完全对等的词语；若将两个"rajá"皆译为法语的动词命令式"allez"（走开），则无法传达原文的粗鄙色彩；若均采取动词短语"fous le camp"（滚开）的译法，则势必使译文冗赘拖沓。因此，贝尔曼选取了折中的译法，在完整再现原词感情色彩的同时尽可能地保持了表达的简洁。再看"turrito"一词，该词是伦法尔多语"turro"（白痴、流氓）一词的指小词。西班牙语中的指小词是指通过添加后缀（如本例中的"-ito"）缩减词根所表达的意义，起到缓和语气、表达亲密感或传递特定褒贬含义的作用的词语。从这一指小词可以看出，尽管埃尔格塔对埃尔多萨因恶语相向，两人之间仍是较为亲近的关系。法语中并不存在"指小词"的说法，尽管法语中某些后缀也可以起到缩小词义、表达亲昵的作用，但这些后缀通常是与数量极为有限的一些名词构成固定组合，其使用范围和频率远不及西班牙语中的指小词。换言之，"turrito"一词在法语中并不存在语义和情感层面均高度契合的词语，贝尔曼选择将其译为偏正词组"petite frappe"，其中心词"frappe"（无赖、流氓）隶属通俗语，带有强烈的侮辱性，而定语"petite"（小的）则弱化了这一侮辱性，传达出原文指小词的情感色彩，再现了小说人物之间的微妙关系。

除了这一典型案例，贝尔曼对原文其他一些伦法尔多语词语的灵活变通处理也值得称道。如使用解释性译法，将"perrero"（看狗人）译为"employé de la fourrière"，将"leonera"（狮子笼）译为"cage aux lions"；面对"cafishio"（皮条客）经由回文构词法形成的"fioca"一词时，贝尔曼选择了法语中由"marlou"派生而来的"marle"对应译出，巧妙地使用法语中的派生关系取代了无法在译入语中实现的回文构词关系，从而使作品在构词层面的特色以一种新的方式在目的语中自然呈现。贝尔曼的上述译文充分彰显出文字翻译与逐字对译的差异，体现了文字翻译的整体视野及其对译者主观能动性的诉求。

4　"偏离常态"部分的再现

在特定的时间和空间范围内，受到多重主客观因素的影响与制约，不同作者的文学创作可能在诸多层面表现出相似性，这些近似要素在一定程度上构成了所谓的文学"常态"。然而，世界各国的文学史都充分证明，在趋于常态的文学创作中，总有难以被归类、被定性的作品存在。阿尔特的《七个疯子》正是这样一部"偏离常态"的作品，书中部分内容和表达形式对于西班牙语读者来说都尚较陌生，这无疑为作品的翻译以及译文的接受制造了巨大阻碍。基于此，本部分将重点关注贝尔曼对《七个疯子》中的反复和错误现象的处理。

4.1 呓语式反复的处理

反复是《七个疯子》行文中的一项显著特征，在主人公埃尔多萨因的话语中尤为突出。文中常见的反复项既有连词、关系代词等语法标记词，也有某些如呓语般复现的句子以及充斥对话的大量省略号。对在总体上忌讳反复，且拥有大量资源以避免反复的西班牙语而言，阿尔特式的反复无疑是偏离常态的，但这也正是其作品文学性的突出体现。呓语式的各类反复与作品主题以及人物性格紧密契合，充分展现了小说疯狂、失常的维度；此外，反复也是文学作品口语性的体现，使作品在音韵层面尤具张力。首先看下面一例：

例3

原文：

– ¿Matarlo o no matarlo? ¿Qué me importa eso a mí? ¿Me importa matarlo? Seamos sinceros. ¿Me importa matarlo? ¿O es que no me importa nada? ¿Que me da igual que viva? （Arlt, 1992: 154）

译文：

– Le tuer, ou ne pas le tuer? Est-ce que cela m'importe? M'importe-t-il de le tuer? Soyons sincère. M'importe-t-il de le tuer? Ou est-ce que ça ne m'importe pas du tout? Ça m'est égal qu'il vive? （Arlt, 2010: 121）

选段是埃尔多萨因就是否要杀人犯罪而进行的内心斗争，以"matar"（杀死）、"destruir"（摧毁）、"importar"（在乎）等动词为中心的句子反复出现，充分表现出主人公的内心已陷入彻底的狂乱。应注意到的是，阿尔特在反复部分做出了一定的变化，体现在对词形和句式的微调上，从而使被反复言说的内容不至于枯燥乏味，在一定程度上保持了作品语言之于读者的新鲜感。贝尔曼在翻译时充分运用了同义表达替换、疑问句型转换等方法，在法语中灵活再现了原文反复部分所包含的细微差异，避免了作品语言表达上的丰富性在语际转化过程中受到折损。

对于作品中不会在真正意义上阻碍目的语读者阅读和接受的反复项，贝尔曼都尝试给予完整、准确的再现，但原文中的另一些反复在贝尔曼看来是过度失常、触及法语读者容忍门槛的，他在译文中对这部分反复进行了一定的限制。例如下面一例中对连词"y"的处理：

例 4

原文：

Pero ella le ofrecerá una fortuna a Elsa para que se divorcie de mí, y luego nos casaremos, y en su yate nos iremos al Brasil. (Arlt, 1992: 89 - 90)

译文：

Mais elle offrira une fortune à Elsa pour qu'elle divorce, nous nous marierons et nous irons au Brésil sur son yacht. (Arlt, 2010: 30 - 31)

"y"是西班牙语中表示并列关系的连词，在语句中可起连接上下文的作用，在很多语境中都不是必要的。在原文中，阿尔特在两个表示结果的短句前都使用了连词"y"，强行打破了行文的连贯，这样的用法在法语中极为少见。贝尔曼选择取消前一个连词，仅在两个表示结果的句子之间使用连词"et"，同时省去逗号，将句子合并，使译文符合法语读者的阅读习惯。

4.2 对原文中各类错误的处理

在西班牙语文学史上，阿尔特并不是一个"典范"作家，他时常被诟病作品中充斥着语法和文体错误，另有评论家和读者将这些错误视作阿尔特个人创作特色的一部分，认为作品中的各类错误与出身底层、书写罪恶的作家本人巧妙契合，使其文字充溢着独特的野性冲动。关于这一点，可以列举出《七个疯子》中的两个例子：

例 5

原文：Eso y los gases asfixiantes es admirable. （Arlt，1992：236）

译文：Ça et les gaz asphyxiants，c'est admirable！（Arlt，2010：232）

例 6

原文：– Mirá Remo ... yo voy a venir ¿sabés？ y si es cierto lo que decís de la vida... sí，yo vengo... voy a venir. （Arlt，1992：137）

译文：– Écoute Remo... je reviendrai，tu sais？Et si ce que tu dis de la vie est vrai... oui，je viens... je viendrai. （Arlt，2010：97）

例 5 中句子的主语 "Eso y los gases asfixiantes" 为复数，但动词却是第三人称单数的变位，形容词也错用了单数。例 6 则涉及主格人称代词，在西班牙语中，由于句子主语的人称可通过动词变位呈现，主格人称代词在无须特别强调或避免歧义的情况下均应省略，但阿尔特仍然重复使用了第一人称单数主格人称代词 "yo"（我），这种可被判为错误的用法几乎贯穿了整部作品。反观译文，贝尔曼通过增设中性代词对错误的动词变位和性数配合进行了修改，在涉及代词 "yo" 的部分，考虑到法语并无省略主语人称代词的规定，译者选择将主语对应译出，读者因而无法通过译文知晓阿尔特原文中对相应语法规则的背离。如果认同阿尔特笔下的各类错误是其作品文学性的组成部分，那么贝尔曼的译文无疑在文学性上相较于原作有所折损，但这种折损应被理性看待。学界和读者对《七个疯子》中语法和文体错误的评判在很大程度上是基于作者、原作以及原作读者的接受而提出，与作者本人的语言观、文学观以及影响其创作的社会、文化、意识形态等因素密切关联。然而，同样的认识却难以适用于译本及其接受。试想译文中存在大量语法和文体错误，译文读者将很难将这些错误与原作者的创作风格以及作品的文学特性联系在一起，甚至极有可能将其归咎于译者的失职。基于此，在译文中对原文存在的错误进行修正成为绝大部分译者在翻译过程中的选择。然而应特别注意的是，文学作品有一些"错误"实则是作者别出心裁的设计，是推动故事情节、塑造人物形象的重要因素。如《七个疯子》中的一例：

例 7

原文：

－Zi de ezta hecha noz hazemos ricoz ...（Arlt，1992：271）

译文：

－Zi... avec zette roze nous zallons devenir rizes...（Arlt，2010：279）

　　阿尔特在《七个疯子》中塑造了一个颇为特殊的人物——埃米利奥（Emilio），他几乎没有牙齿，说话漏风，发音不准。在对话描写部分，阿尔特故意将部分词语拼写错误，以生动呈现埃米利奥说话的特征，具体方法是将其话语中所有的［s］音转化为［z］音。贝尔曼意识到了作者这一"错误"的特殊用意，因而并未在译文中予以修正。考虑到法语中同样存在［s］和［z］这一组对应的清浊辅音，贝尔曼在译文中进行了类似的处理，即通过字母的变换将相关单词词首和词中的［s］音悉数转化为［z］音。此外，由于西班牙语词尾常见的辅音字母发音，但在法语中词尾的辅音字母不发音，原文中某些音节无法在译文中再现（如"noz、ricoz"），贝尔曼选择遵守法语的读音规则，或创造性地转移音节（如将法语中的"riches"一词改写为"rizes"①），或添加助动词（如"zallons"），从而通过局部的微调使译文既不违背法语的基本发音和语法规则，又能在总体上再现作者的别出心裁。贝尔曼在此处所致力的，正是"在原作之于目的语的抵抗处，去寻找新的可能性"（许钧，2021：93），这一将忠实与再创造有机结合的举措正是文字翻译精神的生动体现。

5　结语

　　翻译实践经验既是翻译理论的重要来源，也是翻译理论的外显与延展，两者互为促进，共同推进翻译的生成和翻译研究的发展。通过分析贝尔曼在《七个疯子》译文中对作品语言并置现象和"偏离常态"部分的处理，其"文字翻译"策略的内涵能够得到更为直观和深入的理解。诚然，面对《七个疯子》这样一部极富个人创作特色、带有显著异质性的作品，贝尔曼的

---

① 在阿尔特的原文中，"ricos"被改写为"ricoz"，词尾的辅音［s］变为［z］；法语中对应的词语为"riches"，由于法语中词尾的辅音字母一般不发音，若参照原文修改词尾辅音字母将无法达到改变读音的目的。因此，贝尔曼选择将词中的［ʃ］音转化为［z］音，对存在"错误"的部分加以转移，从而创造性地保留了原文在整体上的语音特征。

译文在某些层面表现出对目的语接受群体的迎合，以及由此造成的对作品"陌生化"的削减。然而，对一部译作的批评不应仅着眼于细枝末节，从总体上看，贝尔曼在《七个疯子》的翻译中表现出对他者之"异"的充分尊重，为忠实传达原作的文学特征，他选择在"不逾矩"的前提下最大限度地再现其异质性。应认识到，对作品异质性的尊重并不意味着必须对原文亦步亦趋，执意于"字对字""句对句"的复刻只是在表面营构一种平等的伦理关系，但这种关系若要切实产生价值，前提是译作被读者阅读、理解和接受。因此，为使翻译伦理不沦为一种虚弱的理论呼声，翻译需要有所革新，需要一种创造精神，而文字翻译所传达的正是这种基于积极伦理立场的创造精神。据此，可以认为文字翻译的实质是着眼作品整体意蕴，包含客观分析、主观介入与价值重塑的创造性活动，其于翻译实践中的应用有助于译作在忠实性与可读性之间寻求平衡，推动翻译价值的实现。

参考文献：

胡陈尧，2022. 论贝尔曼"文字翻译"策略的诗学维度［J］. 复旦外国语言文学论丛（2）：164 - 168.

许钧，2021. 关于文学翻译的语言问题［J］. 外国语（1）：91 - 98.

ARLT R, 1992. Los siete locos［M］. Madrid：Cátedra.

ARLT R, 2010. Les sept fous［M］. BERMAN I, BERMAN A, trans. Paris：Pierre Belfond.

BERMAN A, 1999. La traduction et la lettre ou L'auberge du lointain［M］. Paris：Seuil.

BERMAN A, 2001. Au début était le traducteur［J］. TTR, 14（2）：15 - 18.

BERMAN A, 2008. L'âge de la traduction - La tâche du traducteur de Walter Benjamin. Un commentaire［M］. Paris：Presses Universitaires de Vincennes.

Union française des quartiers de Buenos Aires. Histoires d'immigration française en Argentine［EB/OL］.（2020 - 09 - 23）［2024 - 02 - 24］. https：//unionfrancaisedesquartiersba. wordpress. com/2020/09/23/histoires - d - immigration/#prostitution1.

Exploration of the Application of Translation of the letter
— Taking Berman's French Translation
of *The Seven Madmen* as an Example

Hu Chenyao　　Ren Le

Abstract: In order to address the issue of faithful objects and implementation approaches in translation ethics, Berman proposed the strategy of "translation of the letter", advocating translators to focus on the overall work and reproduce the heterogeneity of the original work through flexible recreation around the significance. This article takes the French translation of *The Seven Madmen* as the research object, exploring Berman's handling of the phenomenon of language juxtaposition and the reproduction of the parts that deviate from the norm, in order to grasp the connotation and application of translation of the letter on the basis of the combination of theory and practice.

Key words: translation of the letter; Antoine Berman; *The Seven Madmen*

《三国演义》预叙事英译研究

郭天骥

（四川大学外国语学院，成都 610207）

摘　要：预叙事，又称预叙，是《三国演义》中频繁使用的一种叙事方式。预叙事在制造悬念及推动故事情节发展方面扮演着重要角色，因此成为《三国演义》中不可或缺的一种诗学特色。然而，《三国演义》中的预叙事较为隐晦，其预叙功能往往需要依托于中国传统文化、汉语的语言特色，以及作品的上下文环境。因此，在离开了原作的语言和文化土壤之后，预叙事的可译性问题变得尤为显著。本文将结合《三国演义》两个全译本来探索如何在不同的可译性程度下采用多元化的英译策略以再现原文的预叙事特色。

关键词：预叙事；《三国演义》；可译性；英译策略

1　引言

自 1820 年汤姆斯（P. P. Thoms）节译并载于《亚洲杂志》的"The Death of the Celebrated Minister Tung-Cho"算起（王丽娜，1980：48），《三国演义》的英译已有近两百年历史。《三国演义》在海内外的成功一方面与小说本身的历史素材有关；另一方面，作者炉火纯青的艺术创作手法也是小说得以脍炙人口的重要因素。罗贯中将《三国志》《资治通鉴》《三国志平话》等历史典籍和传统民间说书技艺融入了这部经典文学作品，可以说如果没有作者对历史素材的吸收与再创造，三国文化的影响力很难达到今天的程度。而作为一部小说，《三国演义》之所以成为经典，部分上是由其叙事手法的精妙所成就的。毛宗岗曾言："《三国》叙事之佳，直与《史记》仿佛，而其叙事之难则有倍难于《史记》者。"（2006：10）

叙事学中的时序（order）问题在《三国演义》中表现明显，其中大量存在的预叙（prolepses）成为小说的一大亮点。然而，《三国演义》中的预叙却并非单纯的时序调换，它更是一种根植于汉语文化和语言的诗学特色，往往对源语环境具有较强的依赖性。因此，在语际转换的过程中，预叙的可译性限度及译后的效果需要译者重点关注。如何针对原文预叙的可译性限度来制定恰当的翻译策略以再现原文预叙的特点是本文将要研究解决的问题。

2　预叙理论概述

在西方叙事学理论中，预叙属于时序问题中时间倒错（anachronies）的一种情况。"时间倒错是指作品中任何一段早于或晚于事件的自然逻辑顺序而存在的文本。"（Toolan，2001：43）热拉尔·热奈特（Gérard Genette）将这两种时间倒错的情况分别称为倒叙（analepses）（Genette，1980：48）和预叙（prolepses）（Genette，1980：67）。根据《劳特利奇叙事理论百科全书》（*Routledge Encyclopedia of Narrative Theory*），倒叙的定义为"在时间上回到过去，描述一段之前发生的事情"（Herman et al.，2005：14），预叙则为"一种对未来情节的预示，并导致事件不按时间顺序呈现"（Herman et al.，2005：468）。实际上，在热奈特创造"prolepses"一词之前，已经有学者使用"flashforwards""anticipations""foreshadowings"等词来表示预叙的概念，但这些词语往往是从心理学术语或是电影拍摄术语中借用的。为了专门表述文学作品中的预叙现象，热奈特创造了"prolepses"一词。该词含有前缀"pro"，表示向前、朝前，以及词根"lepsis"，表示抓住、拿住，照字面意思可以理解为"抓住前面的东西"。虽然预叙是时间倒错问题中的两大子问题之一，但相对于倒叙的使用，热奈特（Genette，1980：67）、雷蒙-凯南（Rimmon-Kenan，2002：50）和图兰（Toolan，2001：46）均在自己的叙事学专著中强调预叙并非西方小说常用的叙事手法。

然而，预叙在中国传统文学中却大量存在。早在殷商时期，龟甲兽骨上的卜辞就已经呈现出了预叙的原型。占卜者通过观察某些奇异的自然现象或人的面相来预示凶吉，以达到警示、劝诫、鼓励等目的。远古时代的史官由于学识广博，在撰史之时，同时就承担了占卜、相面、解梦等工作，故《周官》史官"分在保章、冯相、卜师、筮人、占梦、视祲，而太史之职，实司总之"（魏征，1973：1040）。如此一来，"巫史不分，这造成史传对以预叙形式出现的占卜等神秘文化的大量叙写"（陈才训、时世平，2006：26）。因此，《左传》《史记》等史书中有大量以梦、预言、异象等形式存在的预叙。而"史传是孕育小说的母体，自然古典小说就继承了史传的这种叙述传统，而以这些神秘文化作为预叙方式"（陈才训、时世平，2006：

26）。关于预叙的价值，杨义认为，"预叙的功能，如果处理得好，往往能够给后面展开叙述构设枢纽，埋下命脉，在预而有应中给叙事过程注入价值观、篇章学和命运感。因此，最妙的预叙，是诗，又是哲学"（杨义，2009：160）。中国传统文学中的预叙代表的是一种基于汉语文化和语言的诗学特色，若能在英译本中得以再现，西方读者对中国传统文学作品的形象和孕育作品的整个文化环境会有更为真实和完整的认识。

3 《三国演义》中的预叙

《三国演义》作为典型的历史小说继承了史书善用预叙的结构安排，正如毛宗岗所言，"《三国》一书，有隔年下种、先时伏着之妙。善圃者投种于地，待时而发。善弈者下一闲着于数十着之前，而其应在数十着之后"（罗贯中，2006：8）。

3.1 《三国演义》中的四种预叙形式

《三国演义》中的预叙形式较为多元化，主要包括梦预叙、异象预叙、谶语预叙和相术预叙。梦预叙是通过人物所做之梦来预示未来事件。《三国演义》主要聚焦的是战略策划和战争场面，较少关注人物生活起居上的细节。因此，作者花费笔墨描写人物的梦境多是以梦预事，推动情节发展。如第六十一回曹操梦中"见大江中推出一轮红日，光华射目；仰望天上，又有两轮太阳对照"（罗贯中，1973：507），此梦预示三足鼎立。第一百一十三回孙休"夜梦乘龙上天，回顾不见龙尾"（罗贯中，1973：930），预示孙休能够成为吴国皇帝，但其子却不能继承其皇位。

异象预叙是通过描写反常的自然现象来预示未来，但异象往往是一种艺术夸张。如作者在第一回提到汉高祖斩白蛇而起义后又写道："建宁二年四月望日，帝御温德殿。方升座，殿角狂风骤起。只见一条大青蛇，从梁上飞将下来，蟠于椅上。"（罗贯中，1973：1），青蛇蟠椅预示着东汉政权即将走向衰亡。异象预叙和梦预叙实际上可以看作同一种预叙的外在和内在两种表现方式，其本质是将对未来的预示寄寓在某种文化意象当中。因此，对文化意象的解读成为理解这两类预叙的关键。

相术预叙是指"通过观察人的身形、骨法、相貌、气色、皮纹等以测定人的性格、命运、福寿的方术"（宋会群，1999：299）。《三国演义》中描写人物外貌除了为了塑造人物气质形象凸显性格特征外，有时也涉及对人物命运的预示。如第一回对刘备外貌的描写："生得身长七尺五寸，两耳垂肩，双手过膝，目能自顾其耳，面如冠玉，唇若涂脂"（罗贯中，1973：3-4），预示其日后称帝。

讖语预叙是指事先以某种隐晦的语言形式（如言词、诗词、歌谣、谜语、卜辞等）对未来情势进行的预测。《三国演义》中的讖语预叙多以歌谣的形式出现。如第六十二回，"左龙右凤，飞入西川。雏凤坠地，卧龙升天。一得一失，天数当然"（罗贯中，1973：513），预示庞统在刘备入川时将遭遇不测。

以上四种预叙都需要读者具备一定的预设前提才能进行关联推理以识别隐藏在文字表象下的预示内容。因此，《三国演义》中的预叙总体来讲都较为隐晦，是一种隐性的诗学特征。

3.2　高语境中的暗预叙

与普通的信息性文本一样，文学作品同样涉及信息传递，只不过文学作品在信息传递的形式上更加考究。而语境则在很大程度上影响了信息传递的方式。美国著名人类学家爱德华·霍尔（Edward Hall）曾将语境划分为"高语境"（high context）和"低语境"（low context）（2010：37）。他指出，在高语境中"大多数信息或存在于物质环境中，或内化在人的身上；需要经过编码的、显性的、传输出来的信息却非常之少。低语境交流正与之相反，就是说，大量信息编入了显性的代码之中"（霍尔，2010：82）。从文学作品的角度来看，信息交流在霍尔强调的高语境中更像是一种读者对作者意图的心领神会，但前提是读者经历过他提到的那种"内化"的过程。内化的对象是所在的文化和文学系统中的各种文化和诗学元素。"高语境的文化要求人们彼此进行程序调控的时间比较长；一般地说，只有人对文化系统比较熟悉时，这些系统才承载较大的分量，并因此而比较容易预测"（霍尔，2010：49）。因此高语境的信息交流并非不需要代码，而是交流者已经提前将代码内化，形成了一种文化预设。高语境文化中的作品也因此表现出相应的文化缺省。需要注意的是，霍尔还指出语境的划分并非只有高低两级，而是存在一个"语境阶梯"（context scale）（霍尔，2010：82），从高语境到低语境是一个渐变过程。霍尔对语境的划分以及对信息在不同的语境中传递形式的总结将有助于《三国演义》预叙的定性分析。

与语境的渐变性相似，文学作品中的时间倒错概念也非基于"倒错"与"非倒错"的二元对立。正如图兰曾提出的，"各种各样的时间倒错起到了不同的作用，并且形成了一个统一连续体（continuum）。在连续体的一端是'难以察觉的暗示'，而另一端则是'长篇幅的时间错位'"（Toolan，2001：47）。就预叙而言，这种统一连续的特性表现为预叙程度的可变性，即在预叙与非预叙之间存在着各种"隐晦的预叙"。参考比喻中对明喻与暗喻的区分，我们可以将只需要通过阅读文本本身而无须进行文本外的认知关联就能识别的预叙称为明预叙，而将在阅读文本后仍然需要进行文本外的认知关联才能识别的预叙称为暗预叙。根据隐晦程度的不同，暗预叙还可以细分，形成一个从非预叙到明预叙的统一连续体（见图 1）。

非预叙 ◄—— 暗预叙 ——► 明预叙

图 1　非预叙到明预叙的统一连续体

从上一小节的分析可以看出，《三国演义》中的预叙是一种含沙射影的暗示，属于一种高语境下的暗预叙，读者需要具备相关的预设才能领会字面下的玄机。当这种预叙被移植到英语的文化语境中时，相关条件发生了改变，能否在新的文化语境中再现原文的暗预叙，再现后的效果如何，这是译者必须思考的问题。

4　《三国演义》预叙的可译性及英译策略

翻译首先涉及理解，只有理解了原文暗预叙发生所需要的条件和环境才能分析目标语环境的异同，制定翻译策略。总体来说，《三国演义》中的预叙体现在文化、修辞和上下文环境三个方面。下文将以全译本中影响力较大的两个译本，即邓罗（C. H. Brewitt-Taylor）和罗慕士（Moss Roberts）的两个译本为参考，探讨预叙的可译性问题及英译策略。

4.1　预叙的可译性问题

关于翻译的可译性问题，卡特福德（J. C. Catford）曾在其翻译研究专著《翻译的语言学理论》（*A Linguistic Theory of Translation*）中进行过讨论。他认为文本中的情景特征（situational features）应该分为两种，一种是纯粹语言形式上的特征，另一种是具有功能意义的特征。纯粹语言形式上的特征虽然具有较强的不可译性，但是很多时候也没有翻译的必要。比如有些语言直接通过形式就可以表现出行为实施者的性别，但这只是该语言固有的一种形式特征，并不是出于信息交流的需求，因此目标语中即使不存在相应的语言形式也没有关系（Catford，1965：93－94）。而具有功能意义的情景特征才是译者应该重点关注的对象。"当译者无法将原文情境中与功能相关的特征转换到目标语语境意义中时，翻译便失败了，或者说不可译的问题便出现了。"（Catford，1965：94）。

由于卡特福德是从文化和语言两个层面探讨可译性问题，他所谓的情景特征实际上指向的是文本中体现原文语言特色和文化特色的各种语义标记形式。《三国演义》中的预叙正是借用了与文化、语言以及上下文相关的一系列情景特征来实现其功能。因此，译者的任务就是要将这些具有功能意义的情景特征在目标语中进行再现。但在实际的翻译过程中，与以上三方面相关的情景特征在可译性的程度上并不一致，因此译者需要针对不同的可译性程度来调整翻译策略。需要强调的是，我们在讨论暗预叙的可译性时，关注的是文本的功能意义，所以应该侧重讨论的是暗预叙的预叙功能的可译性问题，而不是单纯考虑承载暗预叙的语言载体的可译性问题。即便语言载体在能指和所指上都可译，如果附着在语言载体上的预叙功能无法在目标语中再现，这种情况仍然属于本文讨论的不可译现象。当然，如果承载暗预叙的语言载体本身就存在不可译性，其预叙功能更会直接受到影响。

4.2　文化因素影响下的预叙英译

《三国演义》虽然常被标记为军事题材的历史小说，但小说本身也称得上是一部中国传统文化的百科全书，包含了军事、宗教、婚丧、天文、饮酒、中医、解梦、服饰等多方面文化元素。《三国演义》中大部分的预叙也正是建立在这些传统文化元素之上，等待着译者进行解码并再现。

（1）光和元年，雌鸡化雄（罗贯中，1973：2）

邓：... hen the reign-title was changed：certain hens suddenly developed male characteristics, a miracle which could only refer to the effeminate eunuchs meddling in affairs of State.（Brewitt-Taylor，2002a：4）

罗：In the first year of Radiant Harmony［Guang He］hens were transformed into roosters.（Roberts，1995：2）

上例源自开篇第一回描述东汉末年汉朝即将走向衰亡之前的种种异象。

"雌鸡化雄"预示将有朝中阉人引起"十常侍之乱"。"雌鸡"代表净身过的宦官，"化雄"预示阉人将干预朝政。邓译将"化雄"译为"suddenly developed male characteristics"，强调变化过程之迅速，罗译"were transformed into roosters"，强调变化结果之彻底。此外，邓译借用厚翻译（thick translation）以同位语对这一异象的预示作用进行了解释，而罗译在注解中也引用毛宗岗的点评"The eunuchs represent male turn into female. Eunuch interference in government represents female turned into male"（Roberts，1995：544）。两位译者在此例中不仅保留了原文预叙事的能指部分，还对所指部分进行了解释，在一定程度上是将原文的暗预叙变为了明预叙。除了采用这种由暗到明的调整外，译者也可以根据文化意象的通约性来决定是否有必要进行解释说明。如本例中的文化意象"雌鸡化雄"与生物特征的变化相关，而生物特征并不局限于某种文化，因此译文读者在未阅读解释的情况下也有可能推理出原文的预叙内容。这样可以减少解释给暗预叙带来的影响。

(2) 忽见一猪，其大如牛，浑身黑色，奔入帐中，径咬云长之足。（罗贯中，1973：607）

邓：he was lying in his tent resting when suddenly there dashed into his tent a huge boar, very large, as big as a bullock and quite black. It bit his foot. （Brewitt-Taylor，2002b：156 - 157）

罗：He dreamed that a black boar the size of a bull charged into the tent and bit his foot. （Roberts，1995：1318）

此梦中的"猪"和"黑色"都和水有关系，黑色是阴阳五行中"水"对应的颜色，猪是十二地支中"亥"所对应的十二生肖。"亥"所属的五行又是"水"，"水"在三国中指江东孙吴，因而预示关羽将被东吴所害。邓译和罗译都保留了"黑猪"这一情景特征，但原文的"黑猪"是具有功能意义的情景特征，而两位译者都没有对这种功能进行说明，普通读者难以识别其中的预叙。由于本例涉及的风水知识相对复杂，不宜使用厚翻译，译者可以根据译本的定位来考虑是否在文外加以注释。罗慕士的译本被学界视为学术性翻译的典范（West，1995：158），译本中有大量的注解，如能再加入某些对梦的注解，以供感兴趣的读者了解梦预叙的奥妙，可谓锦上添花。

（3）生得身长七尺五寸，两耳垂肩，双手过膝，目能自顾其耳，面如冠玉，唇若涂脂……（罗贯中，1973：3－4）

邓：He was tall of stature. His ears were long, the lobes touching his shoulders, and his hands hung down below his knees. His eyes were very prominent, so that he could see backward past his ears. His complexion was clear as jade, and he had rich red lips. (Brewitt-Taylor, 2002a：6)

罗：He stood seven and a half spans tall, with arms that reached below his knees. His ear lobes were elongated, his eyes widely set and able to see his own ears. His face was flawless as jade, and his lips like dabs of rouge. (Roberts, 1995：6)

根据古代相术的观点，"两耳垂肩，贵不可言"（李零，1993：293）。通过重点描写人物某些身体部位的特征甚至采用夸张的手法，作者在人物初登场便预示了其日后称帝的命运。相比于邓译，罗译本忽略了"双耳垂肩"这一重要象征性特征，仅用"elongated"一词代替，没有完全表达出刘备帝王之相的典型特征，预叙效果受到一定影响。正如傅修延所言，"如果不懂得某些身体部位的暗示意味，不清楚世界各民族文化传统中的相关规约，对外貌描写的叙事语义很难有透彻的理解"（傅修延，2015：213）。不过即便按照邓译准确译出相貌的细节，西方读者也未必理解刘备的异相和帝王之相的联系，甚至还会形成一种负面的印象，与全书"拥刘反曹"的感情基调背道而驰。由此可见，即便是普通的相貌描绘，一旦具备字面下的功能意义，其可译性程度便可能降低。因此，译者可以在译出人物外貌后在文内或文外加以说明，并采用暗示的手法以尽量贴近原文暗预叙的风格。例如，译者不用直接解释为"his distinctive appearance foreshadows his rise to emperor"而可以说"his physical appearance reminds people of preceding royals"。

4.3　修辞手法影响下的预叙英译

如果说原语中某些文化意象尚具备一定通约性，那么原语修辞手法的通约性则相对更低，不可译性问题也表现得更为明显。正如卡特福德所指出的，"与语言的不可译性相比，文化的不可译性也不算那么绝对了"（Catford，1965：99）。汉语中有很多修辞技巧都是基于汉字独有的音形特征，在英语中再现的可能性极小。《三国演义》中的一部分预叙正是建立在一些文字游戏之上，这些文字游戏也许本身并不复杂，但缺少了汉字的音形作为依托，在英文中却难以进行保留。

（4）忽一夜梦三马同槽而食……（罗贯中，1973：644）

邓：One night he had a dream of three horses feeding out of the same manger.（Brewitt-Taylor，2002b：205）

罗：One night he dreamed that three horses（*ma*）were feeding from the same trough（*cao*）.（Roberts，1995：1392）

这是小说中著名的"三马同槽"之梦，作者写曹操在不久于人世前梦到三马同槽而食，实际上是对三国鼎立后期的局势变化做出预示。原文主要运用了汉语双关和谐音的修辞技巧，"三马"指司马懿及其二子三人，"槽"音同"曹"，指代曹魏家族。此梦预示曹魏政权日后为司马家族所篡夺的命运。邓译虽然将梦的情景准确译出，但失去了一语双关的效果，而罗译将"马"与"槽"用拼音进行了强调，并在注解中引用了毛宗岗的点评"there is an omen of the Sima clan"（Roberts，1995：1702）进行补充说明，在一定程度上弥补了不可译性造成的预叙缺失。

（5）千里草，何青青！十日上，不得生！（罗贯中，1973：74）

邓："The grass in the meadow looks fresh now and green,

Yet wait but ten days, not a blade will be seen."The song sounded ominous...（Brewitt-Taylor，2002a：95）

罗：A thousand *li* of green, green grass

Beyond the tenth day, one can't last.（Roberts，1995：149）

上例是董卓在前往长安欲篡位途中听到的一首童谣，属于谶语预叙。童谣中使用拆字法将董卓的姓名巧妙地隐藏在"千里草"与"十日上"两句中，预示其即将丧命的下场。拆字法的不可译性极高，因此两位译者都采取了补偿措施。邓译首先在正文中加入了主观评价"ominous"，提示读者童谣的情感基调，并在当页下方附上了解释"The grass in the meadow is an ingenious quip on Tung Cho's surname; as is the 'ten days' on his distinguishing name"（Brewitt-Taylor，2002a：95）。但由于邓译"千里草"一句中未译

"千"与"里"，因此注解中只能笼统地告知读者这是在戏谑董卓的名字，但其中拆字缘由未曾道明。而罗译由于在字面上更为贴近原文，因而在尾注中提供了更加详细的解释："These are visual puns：the Chinese graphs for 'thousand,' ' li ,' and 'grass' make up the graph for Dong, and the graphs for 'divining,' 'ten,' and 'day' make up the graph for Zhuo."（Roberts，1995：558）。由此可见，对于依托于汉语修辞手法，尤其是借助汉字的音形特征而进行的预叙，一般需要进行文外注解才能保留预叙的效果。但原文的暗预叙也在经过注解后变为了明预叙。

4.4　上下文环境影响下的预叙英译

一种文化可以形成自己独有的文化语境，一部作品同样也可以形成自己的作品语境，也就是常说的上下文环境。对于读者来讲，基于上下文环境的预叙比依托于文化语境的预叙更容易理解。前者只要求读者了解整部作品即可，后者则涉及作品所在的文化系统。因此，由于原作和译作拥有大致相同的上下文环境，原文中的情景特征可译性程度较高，只要译者能够对隐藏在琐碎细节下的预叙予以识别，预叙效果大多可以通过直译保留。

（6）甘夫人生刘禅。是夜有白鹤一只，飞来县衙屋上，高鸣四十余声，望西飞去。（罗贯中，1973：289）

邓：Lady Kan gave birth to a son who was named Ch'an. The night of his birth a crane settled on the roof of the house, screeched some forty times and then flew away westward.（Brewitt-Taylor，2002a：391）

罗：Xuande's wife, Lady Gan, bore him a son Liu Shan. On the night of the birth a white crane alighted on the *yamen*, sang some forty notes, and flew into the west.（Roberts，1995：618）

此例中鹤鸣的次数和飞走的方向都有特定含义。西飞预示刘禅将继承刘备的皇位在西川登基，鹤鸣四十余声预示他在位的四十一年。因此，译者需要统观全文后理解作者的用意，才能避免因忽略或改动这些细节而导致预叙缺失。本例中两个译本都注意到了和原文保持一致，准确再现了相关细节。

（7）左龙右凤，飞入西川。雏凤坠地，卧龙升天。一得一失，天数当然。（罗贯中，1973：513）

邓：Supported by dragon and phoenix，So flies he westward．But the Phoenix Fledgling shall fall to the earth，And the Sleeping Dragon shall soar to the sky；There shall be successes and failures，For such is the eternal law．（Brewitt-Taylor，2002b：21）

罗：A dragon left，a phoenix right，he flies into the Riverlands．Young Phoenix drops to earth；Sleeping Dragon soars on high．One gain，one loss，as Heaven's lots dictate．（Roberts，1995：1077）

这是"紫虚上人"对刘备入川的预言，预示了诸葛亮和庞统截然不同的命运。由于"卧龙"和"雏凤"两个称号在此前章节已经出现过，读者明白其所指对象，因此两个译本都直接沿用了称号。而"坠地"和"升天"亦是较为直观的一种对生死的比喻，两位译者都采用了直译法。由此可见，当译文读者面对上下文已知的概念或是在认知上具有较强通约性的概念时，原文预叙能够以最直接的方式在译文中再现。因此，对于长篇小说而言，由于读者关于文本的认知水平随着阅读在不断积累，译者在处理不同章节的预叙时，其再现手段也可以有所调整。

4.5 预叙英译策略总结

《三国演义》中基本上采用的都是暗预叙，通过直译再现暗预叙是最为理想的情况。但如果一概而论地采取直译，又有可能只译出了暗预叙的语言载体的能指与所指，而使文字失去了预叙功能。因此，译者首先可以按照上述三种类型对预叙进行分类，进而采取不同的处理方法。总体来说，原文的暗预叙经过译者的处理后会有三种结果。一是暗预叙消失，二是暗预叙保留，三是暗预叙变为明预叙。其中，第三种结果在实际情况中出现得最多，是译者通常考虑使用的方法。第一种结果在某些追求译本的流畅性和普及性的版本尤其是节译本和缩译本中时有出现。第二种结果则是原文和译文在预叙层面上实现对等的最佳情况，因为保留暗预叙能够较为真实地再现原文读者的阅读感受，但实际操作难度较大。在条件允许的情况下，第二种结果应该是全译本努力追求的目标。

对于建立在文化因素之上的暗预叙，译者可以根据文本情景特征的可译性程度，具体情况具体分析。如果直译能够再现预叙的功能则采取直译，否则便应根据情景特征的复杂性来判断是采用文内的增译（厚翻译）还是文外的注解。在增译和注解时还要考虑能否采用一种暗示性的方式，以降低解释对暗预叙造成的明示。对于依靠汉字音形特征的暗预叙，由于其可译性较低，因此大部分情况下需要通过注解将暗预叙变为明预叙。而依托于上下文的暗预叙则最有可能在译文中得以保留，译者只需要注意作者设置的一些细节，并通过直译进行再现即可。为直观起见，现将暗预叙在三种情况下的翻译转换结果用表 1 呈现。

表 1　暗预叙经由不同影响因素在译文中的转换结果

影响因素	译文预叙类型
文化	明预叙或暗预叙
修辞	明预叙
上下文	暗预叙

5　结语

《三国演义》中的预叙作为一种高语境下的隐性诗学特征被作者有意地隐藏在文化意象、修辞手法及上下文环境之中，等待着读者去体悟发掘。为了让目标语读者更真实地感受原作文学形式上的特色，译者应该根据原文暗预叙的可译性程度，首先考虑在译文中也以暗预叙的形式重现原文。在可译性程度较低时应该采用增译或加注的方式将暗预叙变为明预叙以确保预叙的基本功能得到保留。总之，预叙是《三国演义》叙事手法中的显著特征，在推动故事情节发展和构建文本诗学特色上有着重要的作用。全译本译者不应该轻易忽略对原作预叙的翻译。

参考文献：

陈才训，时世平，2006. 古典小说预叙发达的文化解读 [J]. 西华师范大学学报（哲学社会科学版）(2)：26-30.

傅修延，2015. 中国叙事学 [M]. 北京：北京大学出版社.

霍尔，2010. 超越文化 [M]. 何道宽，译. 北京：北京大学出版社.

李零，1993. 中国方术概观·相术卷 [M]. 北京：人民中国出版社.

罗贯中，1973. 三国演义 [M]. 3 版. 北京：人民文学出版社.

罗贯中，2006. 毛宗岗批评本三国演义 [M]. 毛宗岗，批评. 长沙：岳麓书社.

宋会群，1999. 中国术数文化史 [M]. 开封：河南大学出版社.

王丽娜，1982.《三国演义》在国外 [J]. 文献（2）：44-66.

魏徵等, 1973. 隋书·经籍志 [M]. 北京: 中华书局.

杨义, 2009. 中国叙事学 [M]. 图文版. 北京: 人民出版社.

BREWITT-TAYLOR C H, 2002a. Romance of the three kingdoms: vol. 1 [M]. Boston: Tuttle Publishing.

BREWITT-TAYLOR C H, 2002b. Romance of the three kingdoms: vol. 2 [M]. Boston: Tuttle Publishing.

CATFORD J, 1965. A linguistic theory of translation [M]. London: Oxford University Press.

GENETTE G, 1980. Narrative discourse: an essay in method [M]. Ithaca, N. Y: Cornell University Press.

HERMAN D, JAHN M, RYAN M-L, 2005. Routledge encyclopedia of narrative theory [M]. London: Routledge.

RIMMON-KENAN S, 2002. Narrative fiction: contemporary poetics [M]. London: Routledge.

ROBERTS M, 1995. Three kingdoms [M]. Beijing: Foreign Languages Press.

TOOLAN M, 2001. Narrative: a critical linguistic introduction [M]. London: Routledge.

WEST A, 1995. Review: *Three Kingdoms*: a historical novel [J]. Chinese literature: essays, articles, reviews (17): 157 – 159.

On English Translation of Prolepses in *Three Kingdoms*

Guo Tianji

Abstract: Prolepses, a narrative mode frequently used in the novel *Three Kingdoms*, plays an important role in creating suspense and promoting the plot development, and therefore becomes an indispensable feature of poetics in *Three Kingdoms*. However, prolepses in *Three Kingdoms* is a covert feature based on traditional Chinese culture, the linguistic characteristics of Chinese language, and the context of the work. Thus, in the face of a different linguistic and cultural circumstance of the target language, the translatability of prolepses becomes particularly disputable. This paper, with the two unabridged versions of *Three Kingdoms* taken into account, will discuss the use of diversified English translation strategies to preserve the prolepses features of the original text in accordance with the different extent of translatability of various prolepses.

Key words: Prolepses; *Three Kingdoms*; translatability; C – E translation strategies

文学与文化

俄罗斯对中国当代艺术的评介与接受

池济敏

（四川大学外国语学院，成都610207）

摘 要：俄罗斯关于中国当代艺术的评介主要分为对艺术家及其作品的介绍和研究、对中国艺术市场的介绍和研究，以及中俄当代艺术市场对比研究。中俄两国的当代艺术面临一系列共同问题，如文化身份认同、民族文化内核表达、西方市场接受等。中国当代艺术在俄罗斯的传播与接受是一个让俄罗斯进行自我审视的过程，接受情况与俄罗斯的自我意识、俄罗斯当代艺术的发展状况和国际地位密切相关。

关键词：俄罗斯；中国当代艺术；传播与接受

当代艺术作为一种国家文化产品，是展现国家形象和国家软实力的重要载体，也是国家文化传播的重要内容。从 20 世纪 80 年代开始，中国当代艺术作为一支异军突起的力量，逐渐进入西方学者的研究视野。相较于西方而言，俄罗斯对中国当代艺术的研究起步较晚。有限的资料表明，20 世纪 90 年代中期，跻身世界舞台的中国当代艺术已引发俄罗斯评论界关注，但直到进入 21 世纪之后，在俄罗斯才逐渐出现关于中国当代艺术的研究性撰述。

近年来，随着中俄人文交流日益频繁，俄罗斯对中国当代艺术的关注热度有所增强，但研究的深度和广度与西方学者相比，还相去甚远。对近 20 年俄罗斯主要艺术类杂志《艺术杂志》《艺术对话》《艺术》《艺术编年》等，以及俄罗斯最大的学术信息检索平台 eLIBRARY. RU 进行检索，真正聚焦中国当代艺术的论文不足 40 篇。不仅数量极少，发表的刊物级别也不高。中国当代艺术事实上处于俄罗斯艺术界关注的边缘位置。

从收集到的文献资料来看，俄罗斯关于中国当代艺术的研究主要分为对艺术家及其作品的介绍和研究、对中国艺术市场的介绍和研究，以及中俄当代艺术市场对比研究。其中，以"中国当代艺术"这一镜像审视俄罗斯当代艺术的现状和前景是俄罗斯同行最为关注的视角。

1 对艺术家及其作品的介绍和研究

这类文章主要为陈述性的介绍，基本是围绕 20 世纪 70 年代末至 21 世纪初中国当代艺术各流派的发展历程、代表人物及其主要作品展开。介绍的艺术家集中于在俄罗斯多次举办展览的张洹、蔡国强，以及艾未未等人。材料多引自西方报道，各篇文章的内容多有矛盾和不准确之处。

介绍得较为深入准确的是汉学家和对中国有一定了解的学者。如马琳娜·涅格林斯卡娅（Неглинская M.）和奥尔加·梅列金娜（Мерекина O.）等。涅格林斯卡娅是俄罗斯科学院东方学研究所中国处首席研究员，专门从事中国传统艺术与当代艺术研究。梅列金娜出生在海参崴（符拉迪沃斯托克），东方学学士，现居杭州和上海。

涅格林斯卡娅在《中国当代艺术的现状及其研究前景》①中详细介绍了中国当代艺术的产生以及每一个时段中的重要主题、艺术家及其代表作品。作者认为，中国当代艺术不仅借鉴了西方艺术，同时也具有深厚的本土文化土壤。作者强调应从作品本身所具有的艺术性进行分析，应当关注作品中体现的人文精神。梅列金娜的文章《中国当代艺术：从社会主义到资本主义的三十年》②，较为全面地梳理了中国当代艺术的流派及发展历程、全球化背景下的中国当代艺术、中国当代艺术的市场化进程。

俄罗斯国立人文大学教师达利亚·库兹涅佐娃（Кузнецова Д.）的《俄罗斯当代中国艺术作品展：用战后欧洲的艺术语言表达中国社会创伤》③也介绍了中国当代艺术中的重要主题、艺术家及其代表作品。文章的创新之处在于，作者介绍了中国艺术家（张洹、黄永砯、尹秀珍等）在俄罗斯举办的作品展，详细阐述了中国艺术家参与的全球艺术流派，以及他们的作品中展现的思想和创作手法。作者将中国当代艺术放在历史的语境中去考量，并从多角度考察了各种理论话语对艺术家的观念和实践的影响。她认为："中国当代艺术家在其作品中接受了西方的创新，同时保持了中国艺术的诗意和文学基础。""在全球化的影响下，中国当代艺术受到西方艺术的影响。从西方传入中国的艺术形式导致'政治艺术'的出现，艺术家借以表达中国人民的思想、古代思想和政治进程。正是这种政治艺术将许多中国艺术家

---

① Неглинская M. Об актуальных тенденциях современного китайского искусства и перспективах его изучения, Общество и государство в Китае, М: и－т востоковедение РАН, 2010, с. 403－414.

② Мерекина O. Современное китайское искусство: 30－летний путь от социализма к капитализму. https://magazeta.com/contemporary－chinese－art, 访问时间：2023 年 10 月 11 日。

③ Кузнецова Д. Выставки современных китайских художников в России: о травме китайского общества языком послевоенного европейского искусства. Восточный курьер, 2020, № 1－2.

带进了国际艺术界。"

　　艺术评论家、曾任职俄罗斯艾尔米塔什博物馆的安娜·托尔斯托娃（Толстова А.）在《谈俄罗斯博物馆青睐的中国当代艺术》[1] 一文中介绍了张洹和蔡国强，他们分别受邀于 2020 年和 2017 年在俄罗斯两大艺术圣殿——圣彼得堡的艾尔米塔什博物馆和莫斯科普希金造型艺术博物馆举办个展。文章关注到他们与俄罗斯艺术的联系，尤其是张洹的《我的冬宫》系列，引起了俄罗斯观众的共鸣。

　　值得一提的是，与大多数西方媒体不同，俄罗斯评论界最关注的并不是中国当代艺术的政治色彩，而是中国艺术家如何将中国的传统符号与西方创作元素相融合。瓦列里·波多罗嘉（Подорога В.）在文章《虚空与虚无》中将欧洲文明与中国古代文化进行了对比。他认为中国文化"再现了西方文化的外形，同时又从自己的'大自然'中吸收了内涵"[2]。白俄罗斯科学院白俄罗斯文化语言文学研究所的叶莲娜·阿尔焦莫娃（Артемова Е.）认为："中国画家将本国的传统同欧洲及世界的表现手法相结合，在自己文化的框架内对欧洲的概念进行重新思考和再认识，并构建起了独特的绘画理念。"[3] 当代艺术批评家，曾任教于莫斯科国立大学历史系俄罗斯艺术教研室的奥利佳·科兹洛娃（Козлова О.）认为："形成于数千年宗教哲学传统之上的精神特征、崇高的民众意识和艺术的特殊折射——这就是破解 20 世纪东方艺术对西方神秘影响的钥匙。"[4]

　　阿拉·纳杰日金娜（Надеждина А.）在《中国新潮》一文中写道："自我再现是中国造型文化的特点之一。一代代中国画家总是能遵循传统，从经典中获取无穷的力量，在'道'中表现自己。中国文化的特点是寓变化于不变当中。这也是中国文化对世界文化的独特贡献。当代中国经常被指责复制西方文明的成就，违反著作权，忽视'自己的'和'别人的'的界限。准确地说，这是不懂得中国式思维的表现。中国式思维是通过观察和复

---

① Толстова А. Из Китая с любовью – какое современное китайское искусство любят российские музеи, Коммерсантъ Weekend, от 11. 09. 2020.

② Подорога В. Пустота и Ничто, Журнал искусство, 2011, № 6.

③ Артемова Е. Интерпретация европейской школы живописи в работах китайской художница Пань Юйлян, Известия Национальной академии наук Беларуси. Серия гуманитарных наук, 2016, № 1.

④ Козлова О. «Придет ли свет с Востока?», или «Китайский вектор» актуального искусства, удожественный журнал, 2000, № 30 – 31.

制外形的方式来掌握他者的文化。而在模仿中却总是表现出中国创作者自己的特性，甚至是勇气。""中国艺术同西方艺术的关系非常具有代表性。中国对西方艺术的兴趣是对 19 世纪欧洲入侵中国的某种回应。这种兴趣时而减弱时而增强，有过沉迷期也有过完全排斥的时期。这条黄色巨龙无论是在吸收还是在喷发出西方艺术时，都对其进行了难以察觉的改造。在中国，无论是教授传统的西方艺术还是当代西方艺术的机构都有了蓬勃发展。但即使是在这样的背景下，西方文化的价值观仍未被完全接受，中国人仅对其技法进行了精彩再现。"①

2　对中国艺术市场的介绍和研究

中国艺术市场用 20 余年时间完成了欧美市场 100 多年的发展进程，成为全球最大的艺术市场之一。这引起了俄罗斯同行强烈的研究兴趣。俄罗斯对中国当代艺术市场的研究从以下几个角度展开：中国当代艺术市场崛起的原因、西方关于中国当代艺术市场的误解、俄罗斯可以从中国当代艺术市场获得的经验。

就这些问题，媒体专门对被公认为中国当代艺术最大藏家的瑞士收藏家乌里·希克（Uli Sigg）② 和 The Fine Art Fund 基金创始人，多家世界主要银行的艺术顾问菲利普·霍夫曼（Philipp Hofmann）③ 进行了专访。在国际市场拍出天价的中国当代艺术品也被俄罗斯媒体津津乐道。

俄罗斯评论界将中国当代艺术市场成功的原因归纳为中国政府的主导作用、拍卖及画廊机构的壮大、艺术家主动参与国际画展和中国艺术家独特的创作技法。

专注中国文化的网站 https://laowai.ru 转载了彭博新闻社的文章《如何在中国艺术品市场中寻找和占有一席之地：神话与建议》④。文章对西方刻板观念中的中国艺术市场五大谬论做了纠正：中国并非没有真正的收藏家，他们与其他国际藏家一样具有前瞻性；中国艺术市场上的确存在赝品，但是

---

① Надеждина А. Новое китайское, Диалог искусств, 2013, № 1.
② Старицына Ж. Ули Сигг：«Сперва китайское современное искусство меня разочаровало», Журнал искусство, 2011, № 6.
③ Савельева А. Филипп Хоффман：«Ситуация бума может стать опасной», Журнал искусство, 2011, № 6.
④ Как найти и занять нишу на арт - рынке Китая：мифы и советы, https://laowai.ru/kak - najti - i - zanyat - nishu - na - art - rynke - kitaya - mify - i - sovety/，访问时间：2023 年 9 月 5 日。

中国当代艺术家作品的真实性是可考证的；中国的拍卖市场并非混乱无序，它的规范性和透明度正在不断提高；中国藏家不仅在国内活跃度很高，也常常出席国际拍卖会；中国当代艺术作品具有独创性，并且表现的主题并非仅局限于对毛泽东的记忆。

玛利亚·聂娜霍娃（Ненахова M.）的文章《当代摄影艺术概览：中国艺术市场的奇迹》中写道："为什么不是俄罗斯？如果进行比较，您会发现俄罗斯与中国在历史上有很多共同点。但是，俄罗斯收藏家与中国收藏家不同，他们更容易被西方观点左右——主要是因为他们认为投资成熟的西方艺术家更为便捷可靠。俄罗斯藏家现在购买的外国艺术品的数量是俄罗斯艺术品的八倍。在大多数情况下，俄罗斯当代艺术仍未受到他们的关注。显然，从长期来看，我国的收藏家（以及西方收藏家）并未打算为提升国内艺术家的地位而努力。由于没有收藏家，专业艺术品经销商和策展机构也得不到应有的发展。除了少数几个名字，俄罗斯艺术家在国外几乎无人知晓。国家没有对他们进行广泛的扶持，我们的艺术家本身也没有全面达到世界水平。"[1]

3 中俄当代艺术市场对比研究

当前，当代艺术的话语权仍然把握在西方国家手里。在传统的西方文化圈中，中国和俄罗斯都被看作他者。俄罗斯对中国当代艺术的看法徘徊在两种立场之间。一方面，在有着悠久西方艺术传统的俄罗斯眼中，中国是神秘的东方。这种观点同后殖民理论中的"东方观"类似。另一方面，今天的中国已成为世界经济文化大国，中国当代艺术的国际知名度、艺术品价格远超俄罗斯。这使得中俄的位置发生反转——俄罗斯把中国，包括其当代艺术及艺术市场看作了一个望尘莫及的目标。

俄罗斯的政治波普也曾经历备受西方青睐的高光时刻，但现在早已复归平静。今天国际市场上的中国当代艺术让他们从中看到了自己，但又认为那不是自己。中国当代艺术的前景是会重蹈俄罗斯的覆辙，还是独辟蹊径，这是俄罗斯学者非常关注的问题。有代表性的观点分为两类。一类认为，中国的当代艺术不过是在迎合西方买家的口味，另一类研究者非常关注中国当代艺术的本土化与西方化的问题，他们把中国当代艺术放到西方艺术史与艺术

[1] Ненахова M. Обзор современного фотоискусства: китайское арт - чудо, http://fotoskay.ru.

实践的框架中去分析。

伊戈尔·扎别尔（Забел И.）的文章《我们与他者》① 中指出，当代俄罗斯艺术家被预设了体现俄罗斯与西方关系的功能。在俄罗斯，任何关于"内部"和"外部"的讨论，都不可避免地被归结为是关于俄罗斯与西方之间的对抗。俄罗斯画家常感觉自己处于尴尬境地：在俄罗斯，做一个现代派画家就意味着阐释的是西方文化，而在西方的俄罗斯画家却被认为代表的是俄罗斯。西方总是试图把俄罗斯画家的作品看作俄罗斯（苏联）生活的真相。作者认为，俄罗斯具有政治影响力、特殊的国际地位、艺术和智力潜力，有机会孕育出不同的、替代性的国际文化体系。当然，要实现这样的目标，就需要积聚力量。首先，要拒绝阐释者与自己之间"他者对他者"的博弈。

叶莲娜·索罗金娜（Сорокина Е.）在《俄罗斯国家戏剧》② 一文中提到了 2005 年 9 月至 2006 年 1 月在纽约古根海姆博物馆举办的一场名为"俄罗斯！900 年的伟大藏品"的展览。文中写道："苏联解体后，寻求国民身份成为后苏联时代在西方最受欢迎的话题之一。在新的经济和政治条件下，动荡不安的东欧人急于恢复、实现或重塑自己的民族身份。艺术积极参与了这一过程。在俄罗斯，民族认同处于非常特殊的状态：就经济参数而言，它相对于东欧国家来说是殖民者，与殖民地的关系更加紧密。尽管过渡时期充满了沧桑，但'俄罗斯文化'在西方国家仍然是一个大型且易于辨识的品牌。应当指出，对历史和特定时期的艺术或艺术家之间的关系进行认真且详细的讨论是西方文明的代表们的特权。希望通过古根海姆来建构身份的人们早就意识到，被'全球暴露癖'教育出来的公众并不想理解'他者'，不过是希望用'他者'来取悦自己。"

这种情况与中国当代艺术在西方的处境非常类似。中国评论界对中国当代艺术盲目迎合西方观看方式的现象也不乏批评。"中国当代艺术仍然只是西方的附庸，而缺乏文化上的主动性"（余丁，2007）。俄罗斯评论界对中国的政治波普并不感兴趣。2008 年夏初，在莫斯科中央百货商场举办的一场以政治波普为主的"前卫中国当代艺术作品展"并没有引起俄罗斯当代艺术界的关注。仅有的评论也将其定义为一场为了促销进行的"绝对的商

---

① Забел И. Мы и другие, Художественный журнал, 1998, № 22.

② Сорокина Е. Русский национальный спектакль, Художественный журнал, 2005, № 60.

业展览——并非文化革命，而是经济怪胎"①。

科兹洛娃将中国当代艺术向西方的传播路径与俄罗斯的情况进行了对比："年轻的东方艺术在很大程度上是随着政治火起来的。同样的情形也发生在80年代的莫斯科。西方人坐镇弗尔曼胡同，大量采购莫斯科观念主义和后观念主义的画作。改革时期俄罗斯发生的情形今天在中国或者韩国的'年轻'艺术家身上重现。一方面是看到了新的市场机会的西方策展人急于向西方的文艺躯体里注入新鲜血液。另一方面，画家们用自己的东方原则来迎合西方客户的新口味。但是也并不限于此。他们的确是表现出了对当代艺术原则的独特看法，对西方美学模型做出了自己的阐释。"同时她也指出："现在中国人在欧洲的存在很大程度上是由于策展人和社会政治形势的作用。但人们也的确被他们的能力和特定具象作品的魅力所吸引。在融入国际化语境的过程中，这些艺术家不可避免地处于西方标准和当代艺术原则的主导之下。"②

正如纳杰日金娜所言："中国经验表明，传统不是僵化的东西，而是一种结构。它可以平等地表达大自然的周而复始和西方文明的恶性循环。如果您还记得中国古人是如何吸收来自印度的佛教并将其改造得面目全非，创造出真正中国的禅宗佛教，那么当代中国艺术也许会带来一种全新的现象。当今，年轻的中国艺术明显表现出隐含着民族文化的封闭性。但与此同时，他们一边创造着新的经典——中国当代艺术，一边对西方同行投去嘲讽又执着的目光。"③

涅格林斯卡娅在论述中国当代艺术的定位时，提出了对俄罗斯艺术定位的思考："俄罗斯艺术的定位是什么？"她认为："中国政府已经意识到了国际舞台上的国家形象与文化政治语言相互依存。显然，这种博弈对于任何强大国家的政府都有着诱人的前景。"④ 定位模糊和政府参与度、支持度不够，这显然是作者认为俄罗斯当代艺术没有在国际市场站稳的重要原因。

---

① Неглинская М. Выставка китайских авангардистов 《Китай … Вперед!》, Общество и государство в Китае：XXXIX научная конференция／Ин－т востоковедения РАН. － М.：Вост. лит.，2009. с. 363.

② Козлова О. 《Придет ли свет с Востока?》, или 《Китайский вектор》 актуального искусства, Художественный журнал，2000，№ 30－31.

③ Надеждина А. Китайское новое направление, Диалог искусств，2013，№ 1.

④ Неглинская М. Об актуальных тенденциях современного китайского искусства и перспективах его изучения, Общество и государство в Китае，М：и－т востоковедение РАН，2010.

　　格拉西缅科（Павел Герасименко）的文章分析了中国当代艺术能走进俄罗斯以及世界市场的原因："中国当代艺术并不是第一次出现在俄罗斯两大都市的主要展场。原因很明确：一方面，俄罗斯与西方之间的紧张关系导致市场重新定向，尤其是艺术重新定向；另一方面，展出中国大牌艺术家的作品既体面又安全，他们大多签约欧洲一流美术馆，创作了宏大的艺术作品，诠释与民族传统息息相关的历史事件。"①

4　俄罗斯人接受中国当代艺术的"前意识"

　　相较于英语世界对中国当代艺术的评价，俄罗斯评论界的评价基本都比较正面和温和。中国当代艺术家对俄罗斯艺术传统公开表露出的尊敬也使他们颇为受用。中俄两国的当代艺术面临的一系列共同问题，如文化身份认同、民族文化内核表达、西方市场接受等，也让俄罗斯同行产生了共鸣。

　　中国当代艺术在俄罗斯的传播属于跨文化传播。跨文化传播主要涉及两个重要维度："其一涉及文化编码的差异……另一个涉及个体与另一文化代表所有关系中的心理和认知过程。"（朱振明，2013：186）

　　俄罗斯横跨欧亚大陆，其国徽上那只左顾右盼的双头鹰似乎寓意着在欧亚之间任意翱翔。可是几百年来，俄罗斯一直处于身份认同的困境中。从宗教文化和民族归属看，正如俄罗斯科学院院士、文化学家利哈乔夫所说："俄罗斯从来不是东方。"（利哈乔夫，2003：21）公元 988 年，基辅弗拉基米尔大公从君士坦丁堡接受了东正教，俄罗斯的文明史由此开始。从《往年纪事》到之后各种史书中对古俄罗斯民族起源的发展想象可以看出俄罗斯人的一种潜意识："仿佛皈依东正教就获得了进入文明世界的门票，信仰基督教就使自己获得了同欧洲同胞（同为亚当和夏娃的子孙）同等的生存权利。"（刘亚丁，2018：9）他们把希伯来和希腊视为自己民族的根基。在这样强大的集体无意识心理背景之下，俄罗斯人自然有着属于欧洲文明的文化认同优越感。

　　站在欧洲文化的立场评说中国艺术，俄罗斯人的无意识当中有着不可否认的优越感。可是在真正的西方眼中，俄罗斯也是东方，也接受西方居高临下的审视。在对外文化传播这一重要的软实力领域，泛斯拉夫主义影响着俄

---

① Герасименко П. Выставка продуктов горения, безопасно переосмысливающая прошлое, Диалог искусства, 2020，№ 5.

罗斯的深层意识。他们一方面对当代艺术的西方中心主义表达着不满，可同时也难以摆脱这一占据主导地位的评价标准。

近年来，随着中俄两国国际地位、经济状况，尤其是国力对比的变化，俄罗斯的中国形象也发生了很大变化。各类媒体中对华报道渐趋正面、客观。但是，我们应该清醒地看到，俄罗斯人的中国认知是建立在其自我意识的基础之上。在他们的意识中，俄罗斯是文化底蕴深厚的欧洲大国。这样的文化身份认同使得俄罗斯将中国视为与"西方"相对应的"他者"。中国成为俄罗斯确定自身定位坐标（东方—西方）的参照物。俄罗斯的中国形象将会随着国际地缘政治的变化而变化，随着俄罗斯与西方关系的变化而变化。

纽约大学教授，俄裔艺术评论家鲍里斯·格罗伊斯（Борис Гройс）的观点"俄罗斯是西方的潜意识"（Гройс，1990：52）在俄罗斯得到了较大程度的认同。在此理论基础上，俄罗斯文化部国立艺术学院的赫列诺夫教授又指出，东方是俄罗斯的潜意识（Хренов，2013：124）。俄罗斯不停摆荡于东西方之间，这构成了俄罗斯看待中国，包括中国当代艺术的"前意识"，或者"无意识"。传播学的思想先驱，美国社会学芝加哥学派的代表人物库列（Charles Cooley）提出了"镜中我"理论，把人通过别人认识自我视为人的社会化过程（陈力丹，2007：40）。中国当代艺术在俄罗斯的传播也是一个让俄罗斯进行自我审视的过程。

参考文献：

陈力丹，2007. 传播学是什么［M］. 北京：北京大学出版社.

利哈乔夫，2003. 解读俄罗斯［M］. 吴晓都，等译. 北京：北京大学出版社.

刘亚丁，2018. 龙影朦胧——中国文化在俄罗斯［M］. 北京：北京大学出版社.

余丁，2007. 中国艺术，中国标准［J］. 美术观察（9）：20-21.

朱振明，2013. 理解国际传播：问题、视角和阐释［M］. 北京：中国广播电视出版社.

Гройс Б，1990. Россия как подсознание Запада［J］// Родник（9）：52-56.

Хренов Н，2013. Русская культура на перекрестке Запада и Востока［J］//Перекрестки культур. Аспекты изучения（3-4）：110-148.

Critiques and Acceptance of Chinese Contemporary Art in Russia

Chi Jimin

Abstract: Studies and critiques of contemporary Chinese art in Russia mainly consist of an overview of the studies by artists and their works, an overview of the Chinese art market, and comparative studies between the Chinese and Russian art markets. Contemporary art in both China and Russia faces a series of common issues, such as cultural identity recognition, expression of national cultural core, and their acceptance in Western markets. The dissemination and acceptance of contemporary Chinese art in Russia is a process that inspires self-reflection. Russia's self-awareness, the development of Russia's own contemporary art, and its international standing play a crucial rule in determining the level of acceptance of Chinese contemporary art.

Key words: Russia; Chinese contemporary art; dissemination and acceptance

论文化概念的民族精神性^①

彭玉海

（四川大学外国语学院，成都 610207）

摘　要：文化概念是一个民族文化传统、历史、气韵的沉淀，具有深刻的民族文化精神符号性和民族精神内涵象征性。本文立足于文化概念的民族底蕴、文化精神的实质和精神之于民族的本体性，对文化概念的民族精神性进行探讨。文章一方面将识解和挖掘文化概念的民族心性与民族性，另一方面将深入阐发文化概念蕴藏的意志精神性、情感精神性和伦理道德精神性等方面内容，借此对文化概念的民族精神性展开深度解析。相关分析将深化对文化概念精神内涵和实质的认识，对于透过文化概念深入考察一个民族的民族性格、民族信仰、民族意识、民族情感等具有重要价值，同时十分有助于在观念秩序和精神价值层面审察文化概念的深层内在含义和民族自识性。

关键词：文化概念；意志精神性；情感精神性；伦理道德精神性；民族精神性

1　引言

文化概念是一个民族的历史文化、精神传统、情感意志和思想现实的深刻反映和真实记载，是识解一个民族的密码，包含可称之为民族之魂、民族之根的实质内容，对于民族具有标识性的价值功能和作用，是探索一个民族内在世界的最为基本而适切的意象单位。文化概念价值体现的重要方面是它的精神特质、精神属性，可以认为，民族精神属性是文化概念的内在基核与基本存在方式，是其存在属性在民族价值内涵层面的映射。因此，要探寻和识解一个民族的文化精神特点和文化主体思想意识，就必须深入挖掘文化概念中的民族性与民族精神内核。有鉴于此，本文将立足于文化精神的实质和精神之于民族的本体性，对文化概念的民族精神性进行考察。文章一方面将分析文化概念的民族心性与民族性，另一方面主要通过对文化概念中的意志

---

①　本文系国家社科基金项目"俄语动词概念隐喻的文化认知研究"（19BYY209）的阶段性成果。

精神性、情感精神性和伦理道德精神性的阐释，对文化概念的民族精神性展开深度解析。相关分析将深化对文化概念精神内涵和实质的认识，对于透过文化概念深入探解特定社会文化域（культурный социум）和文化群体的民族性格、民族信仰、民族意识、民族情感等具有显著价值，同时有助于在观念秩序和精神价值层面审察文化概念的深层内在含义和民族自识性。

2 文化概念的民族性与民族心性

"人是文化关系和社会关系的实体，他体验文化并参与文化、构建文化、释放文化。"（彭玉海、彭文钊，2015：65）文化概念（культурные концепты）是"人"在民族文化中的化身①，具有话语方式和话语表达的功能特性，它体现人类文明的价值、思想、秩序和精神实现进程，不仅是呈现一个民族历史文明和传统的标识，更是展示该民族精神的价值符号和载体。与此相关，"文化概念是人意识中的文化凝结物，是文化借以进入人的精神世界的事物，……是人的精神世界中的基本文化单位"（Степанов，2004：43）。在文化生活的现实语境中，文化概念是一个民族社会精神的直观反映，包含民族文化中的社会心理、精神信仰、生活态度、价值追求、情感方式乃至人格特质、生命本性等最为本真性的内容。例如，俄罗斯文化中的"совесть/良知，良心""добро，доброта/善良""дружба/友谊""искренность/诚实""надежда/希望""счастье/幸福""судьба/命运""вера/信仰""человек/人，人类""справедливость/公正，正义"等核心概念都在社会生产生活的方方面面体现出该民族特有的价值取向和精神追求。从内涵上讲，文化概念既是民族传统、历史文明和文化记忆的沉淀，又是民族成员精神反思性的观念活动、经验意识共同作用的结果②。从民族特性上讲，文化概念由精神情操、价值理念等塑造而成，它一方面从一开始就深深地打上了民族烙印，具有铸就于民族根基之上的民族特性，另一方面从人的经验感知、心灵体悟、价值蕴聚等方面讲，它由民族个体的心智觉悟、精神修养、情感意志、价值思考、审美情操等孕育而生，具有典型、突出的

---

① 在文化概念的价值范式中，"人"是以"文化'人'"的形象出现在语言文化之中。正因如此，"'человек/人，人类'本身就是任何文化中的一个核心概念，忽视对其内容的解析将无法展开相应的文化描写"（Розина，1991：52）。

② 文化概念本身即为涵纳独特文化想象的多维语义构造，包孕着一种文化特有的联想、情感、评价、民族意象以及各种丰富的伴随意义。

民族心性。

2.1　文化概念的民族性

　　文化概念所表现的是一个民族的历史传统、生活经验和体悟、社会民风习尚等在文化主体思想中所凝聚和沉淀的观念化、概念化内容，很大程度上维系着一个民族的根脉和经验传承，因而具有十分显赫的民族性。文化概念是一个民族精神滋养和文明赓续、发展的产物，它体现出民族成员的内心归属，具有自然天成的民族底蕴和民族特性。因此，文化概念的民族性是民族社会性、民族关系、民族地位、民族利益、民族追求、民族理想等的集中反映，同时也是民族文化自识性的积极体现，是一个民族基于共同的地域条件、生活环境、语言文化、宗教信仰、道德传统等所产生的相同的民族心理、思想意识和精神价值，蕴含着民族这一"独特人类共同体"在性格、情趣、爱好、习俗、审美、情感、伦理等方面的典型认同感和价值趋同特征。文化概念的民族性折射出社会民众对自身民族身份和角色属性的自觉心理体悟和认可。

　　从其内涵特质上讲，由于文化概念本身是在民族的社会文化土壤与价值根基上形成，与一个民族的文明道统、思想传承、精神习尚和精神教化等密不可分，民族意识、民族经验、民族性格等构成其基本内容。因此，民族性同文化概念往往相伴而生。这使得它与民族文化心理、民族文化自我认同和文化归属感等民族整体特性几乎融为一个价值共生体，一个民族的文化意识、文化统觉、文化养成、文化接受、文化思考方式等方面特征都以高度抽象的形式渗透文化概念。透过文化概念的民族性，往往可以洞悉民众对本民族生活传统、语言文化、习俗等的尊崇和特殊亲近感与依附心理，并且这种情感-心理体验和自觉心理接受（文化自觉、文化情结）会在一个民族中延绵不绝、代代相传，同时将一个民族紧紧凝聚在一起，汇集成巨大的民族向心力。由此不难看出，文化概念是民族心理的集中反映，对于促进一个民族的精神融合，稳固本民族成员关系具有突出作用，并且在国运兴衰、民族沉浮的历程中发挥重要作用。从本质上讲，文化概念的民族性是文化传统、文化智识、文化概念化的观念内容在本民族认同意识即民族认同性之中的高度体现。

2.2　文化概念的民族心性

　　文化概念不仅是具有突出民族性的文化语义单位，更是体现民族心性的一个思想精神构造和精神文化单元。文化概念的"民族心性"是指文化概念在其价值内涵上体现出来的民族意识的人文化属性、人文个性和人文心理，反映一个民族围绕文化概念（对象事物）形成的心灵感知和思想、情感脉动，是文化概念在文化的精神、情感领悟上透射出来的民族属性和民族心智的"人化"特性——通过民族成员（包括个体和群体）的修养内化而来的人格化民族品格。"人者，天地之心也，五行之端也"，文化概念的民族心性是一种充满人性关怀、人性理想和人性之光的一种文化生命力焕发①，代表着"人类中心论"（антропоцентризм）思想在民族观念中的人性化彰显和精神实现，它昭示着民族生命的本性，透过民族成员之间的心灵交汇和碰撞展现一个民族的人心、人性和生命价值信念，记录民族成员由内而外的心灵释放和人性生命旅程。从民族命运及其同社会文化成员之间的关系来看，文化概念的民族心性代表的是一个民族在历史、文化发展进程中逐渐形成并反映在民族文化特点上的民众心理空间、心理状态以及对民族忧患、民族愿景、民族命运的一种共同心理反馈，本质上是民族的自我认知、自我认同和自我思考与反省的写照，即用心去聆听和感受民族的脉搏，用心去领悟生命在民族命运和民族进程中的价值意义。因此，文化概念的民族心性又是人的生命活动、生命体验在民族心智中的本真化、智识化体现，可将其概括为独特的"民族人"（человек-нация）生命形象。

　　"民族心性、意识活动都是文化概念价值性的积极载体。"（彭玉海，2015：8）许多时候，文化概念的民族心性表现为一个民族的生命共同体认识和民族基本观念意识。俄罗斯民族文化传统中，"心性"是其文化根脉和民众生活、行为所依循的精神价值核心，俄罗斯文化中的"добро，доброта/善，善良""сердце/心，心灵""душа/灵魂""совесть/良知""преданность/忠诚，忠贞""верность/忠实，忠信""честность/诚信"等文化核心概念从"善""心""魂""知""忠""信"等观念意识上诠释出俄罗斯族的民族心性和精神道德规范与传统，更是俄罗斯文化中基本伦理道德精神特性以及社会人文道统的重要代名词，其民族心性所传递的社会伦理凝聚成该民族独特的文化精神向心力。进而言之，文化本身是对人类心灵真实的呼应与回望，文化概念是从人性的主观意义世界和民族心性视角对心灵

---

① 应当看到，"人性"本身是人类文化心理机制的重要构成因素，"'人性'作为一种普遍的人类心理活动机制，……使得人类的社会性互动成为可能"（徐东舜、应奇，2020：170）。

真实的观照，文化概念的民族心性则是一种文化由灵魂深处所展现出来的民族品格、民族生命、民族精神气质。因此，民族心性映照着一个民族特有的心灵世界，与民族精神息息相关，它直接反映在民族精神气节之中并融入民族精神，成为民族精神的实质内涵和重要特征。

3　文化概念的民族精神性

一个民族本身就是其特有精神文化表现的"内化体"和精神蕴聚结构体，承载着"人化"的精神内涵实质和文化特性。由个体、家庭、社会、国家构建而成的民族只有具有意志、情感、价值、伦理道德等方面的精神属性，才具有生命力与人文道统上的价值。即是说，"精神性"成为一个民族的价值意志、价值秩序的依存条件。反映在文化中，表现为它同文化概念及其所蕴藉的民族心性之间的深层联结和映照。文化概念是民族心性的体现，更是民族精神性的自然展现，它以自身对社会生活的观察反映并代表一个民族的精神方向、精神形象和精神现实。文化概念的民族精神是一个民族的文化、历史发展不断累积和心智、情感、思想、意志等不断升华、凝合而成的精神内核和精神形态，它是一个民族的生活环境、生活形态以及民族意识、行为哲学等淬炼、传达出来的文化精神生命，是刻录于文化概念之中的一种民族精神修为和存养。进而文化概念的民族精神性是指文化概念的意识化形成、内涵释放以及它对民族灵魂、意志、情感等的表征所反映出来的深藏于一个民族文化意识中的精神特质、精神内涵、精神传统和精神思想属性，是文化概念对民族意识、民族心理的一种精神性映现和照应。从意涵所指上讲，文化概念民族精神性包括文化主体在民族信仰、民族性格、民族思维、民族追求、民族情感等方面所表现出来的共性特征。透过一个个概念单位（如"уверенность/信念""надежда/希望""мечта/理想""счастье/幸福""мир/和平""дружба/友谊""судьба/命运""миссия/使命""семья/家园""совесть/良知""душа/心灵""справедливость/公道，正义""обязанность/责任""долг/义务""темперамент/性格，性情""дорога/道路""любовь/爱""ненависть/恨""доброта/善""зло/恶"等），一个民族的价值观念、价值认同、价值传统得以维系、传承和发扬光大。它们以精神思想的方式塑造一个民族的观念和价值，引领、推动一个民族不断迈向进步和昌荣。因此，文化概念蕴含的民族意识成为民族成员凝结共识、强化民族认同和思想根基的重要精神纽带。文化概念的民族精神性在文化意象层面上彰显着一个民族的生命意志、生命活力，成为一个民族精神诉求、精神沟通和精神传递的重要单元。从文化思想与民族发展的关系来讲，文化概念的民族精神性是一个民族的生存、发展和壮大的重要支撑，是一个民族的生命之魂和生命力量的象征。正是从这一意义上讲，一个民族的社会文化行为形态和心智模式，许多时候就是文化概念民族精神性的展现和精神内核的外化。

此外，文化概念在一个民族的精神成长和精神价值理想规划中扮演重要角色，是对民族道统和文明本真的一种精神性反映，有了文化概念的依托，民族精神才能走出单一哲学形态的束缚，完成从哲学抽象走向历史具体的蜕变，并且成为人们价值规约、价值追求上的一种精神向导。文化概念民族精神性主要通过一个民族的意志精神性、情感精神性和伦理道德精神性表现出来，它们都是文化概念所蕴含的民族生命共同体的重要精神元素。人类文明历史潮流中的每个民族都是意志、情感、伦理道德的精神文化实体。下面分别对这三个方面展开讨论。

3.1　意志精神性

意志、意志力是人的一种精神（力量）体现，是人类精神秩序、精神道德的一种内在形态。意志精神性是指文化概念所包含的一个民族在生活态度、生命认识、生命实践、价值追求、价值实现等方面体现出来的精神意志力、意志品质，它会投射于一个民族的生活追求与社会期盼，转换、具化为民族成员的社会行动，背后可能潜藏着一个民族的全部精神生活和精神行为，并且这种精神生活、精神行为塑造着民族成员的精神品质，引导着人们的行为范式、行为方向与精神向往，在民族成员在面对困难打击和生活挫折时，发挥支配、调节和引领的巨大精神作用，显示出民族信念、民族态度和民族决心。深植于民族记忆、民族意识中的文化概念意志精神性是民族生命之树的养料，也是民族生命力和创造力的重要基础和来源。

从精神内涵来讲，意志精神性是一个民族在社会文明进程中所塑造的带有鲜明精神气质的民族意志品性，它使一个民族在面对共同的生存处境，处理共同的生存、发展问题时能够表现出本民族特有的精神观念、精神意志和精神力量。例如，俄罗斯民族文化概念"воля/意志，意志力""мужество/勇敢""храбрость/英勇""доблесть/无畏""упорность/顽强，坚韧""убеждение/信念""дух/气魄""борьба/拼搏，奋斗""стремление/志向，追求""терпение/忍耐，克制""закалка/磨砺"等都是俄罗斯民族意志自觉、精神自觉的浓缩和体现，很好地诠释了其文化概念意志精神性的内涵特质。从文化与人的精神意志作用关系上讲，意志精神性可表现为民族成员在为生存发展而奋斗、追逐精神理想、实现人生目标的过程中所展现出来的自信、自制、自律、自省以及在个人生活或民族困厄中所表现出来的顽强毅力、坚定信念以及迎难而上的精神品质，显示出民族自我激励和鞭策、自我坚守的决心。从这一意义上讲，意志精神性是一个民族自我完善、自我（价值）实现的重要一环，对于一个民族的绵延存续和发展进步具有不可估量的作用和价值。正因其特殊的意志精神性，可以认为文化概念的民族精神性是一个民族的独特人格和意志品质在文化概念中的映现。相对物质而言，文化概念的民族精神性是抽象的，但从社会属性上看，它又是最为实在、有力的，有了意志精神性的强大支撑，一个民族便难以撼动。正因如此，文化概念的民族意志精神性会转化为融入文化主体的一种精神潜能和文化能力，在一个民族的社会文化语境中发挥重要的精神鼓舞和价值凝聚作用。

文化概念蕴含着民族文化（基因）的某种精神本能和精神特性，它本身就是一个民族的精神表达和象征，其意志精神帮助建立和实现民族自信。以发展的眼光看，在岁月的荡涤与历史洪流的冲击下，文化概念会将一个民族的意志品质概念化为一种精神理念和精神形象，并使之成为民族进步、民族成长的重要精神依存。

3.2 情感精神性

情感是对人的情志同意识、心理、知觉、思忆、审美等之间复杂动态作用过程的抽象，因此本身就是精神体验的产物。情感精神性是民族成员对人、对事的总体感受、情绪反应等精神印记，它在人的经验结构中形成情绪心理规约性，本质上属于一个民族的情感体验、情绪态度等经验意识在文化概念中的精神性记载，情感、精神上的坚韧性、自持性和意向性等都构成情感精神性的内涵。情感本身是精神的一部分，或者说情感与精神相融、相通，它是人与外部世界和自身（外在、内在客体）交流互动过程中受外界、内在因素激发而产生的反应和心理体验。在民族文化语境中，民族成员的情感体会、情感态度、情感关系会形成一种精神性的内容，沉淀于文化概念之中，并成为民族精神的重要方面，而这往往表现为一种民族情感在文化主体身上的精神性实现和释放。以典型的文化概念"любовь/爱""ненависть/恨"为例，基于本民族的历史发展和社会进程特点，俄罗斯文化中的爱和恨具有典型的民族情感精神性，其中包含俄罗斯民族深厚、凝重的"爱"

和面对外来入侵、同仇敌忾的"恨"，而这种打上深刻民族烙印的情感所表现出来的就是该民族成员的特殊情感精神性，成为该民族的情感精神基核，"爱""恨"等核心文化概念成为相应文化语境之下民众寄托情感、寻求精神鼓励的重要手段。这种民族性的爱憎形式和情绪表现使俄罗斯民众具有鲜明的自觉维护民族荣誉的精神和誓死抵御外辱、矢志捍卫民族生存和民族统一的高昂斗志，成为该民族牢固的纽带。

从情感内容与文化精神的关系来看，情感精神性包含一个民族的情感内涵（思绪、感受）、情感关系、情感认识、情感对待、情感表现等透射出来的精神特质，它通过民族心理和人的社会对待（言行举止）、社会态度、社会接受等方面的情绪反应展现出来。值得一提的是，特定时期的人和物如民族英雄、社会历史事件有时会变成一个民族的特殊情感依赖（情感偶像、情感依托），这背后起作用的其实也是民族精神性和民族心理特性，其中既有客观的精神现实，也有主观的自我体验、感受和自我选择。因此，文化概念中的民族精神一定意义上是民族成员自身的情感状态和情感世界构建而成的一种特殊文化精神。俄罗斯民族核心情感文化概念（如"радость/快乐""тоска/忧愁""сочувствие/同情""жалость/怜爱、怜悯""горе/痛苦""печаль/悲哀""стыд/耻辱""позор/羞愧""гордость/骄傲""высокомерие/傲慢""ревность/嫉妒""зависть/羡慕，妒羡""негодование/愤怒"）包含的精神内容会成为该民族成员检视自身情绪行为与社会关系的重要文化心理依据。

此外，文化概念的民族精神性同民族成员的情感、体悟和价值定位密切相关，是人们围绕文化概念对象事物形成的精神习得，反映一个民族在特定时代和民族关系状态下的心理品质，它帮助民族成员建立起自己的正向情绪诉求和情感精神力量。情感力量与精神动力存在彼此助力、相互加持的作用关系，达成该民族精神与情感上一种文化自觉的反思以及情感精神的文化自冶，一个民族的情感精神正向能量也由此不断增强和向外辐射。

3.3　伦理道德精神性

文化概念的伦理道德意涵是一个民族文化精神价值的核心。"伦理道德与生活世界的辩证互动，构成现实的人的精神世界。"（樊浩，2016：28）伦理道德是一个人、一个民族的精神世界和精神价值的重要体现，"是民族、社会的文化精神柱石和基本心智表达"（彭玉海、王朔，2016：161）。伦理道德精神性是主观与客观的高度统一，也是现实世界及其文化秩序与主观精神操守的统一。伦理道德精神性是指文化概念所包含的一个民族的伦理道德意识、伦理道德规范和伦理道德实践等反映出来的精神特质，它在民族思想意识、价值主张、行为模式和思维定式等方面得以体现。从表现方式上看，伦理道德精神性是一个民族的伦理道德精神哲学规律、形态的一种外化，也是伦理道德觉悟在文化概念中的民族精神价值实现形式。它既包含一个民族的社会伦常，也包括民族成员不同个体的文化经验结构、道德意识和德行操守所体现出的内在精神，在民族文化认知的价值体系中达成客观的人伦关系（秩序）与作为人伦主体（角色）的个人的主观精神的协调和统一，建构起伦理普遍性和角色特殊性的协同作用机制。非常重要的是，文化概念的伦理道德精神性在民族文化、民族意识层面反映出伦理与道德不可分离的精神同一性。比如，俄罗斯文化概念"истина/真理""правда/真实""совесть/良知，良心""обязанность/责任""искренность/诚实""равенство/平等""честность/诚信""справедливость/公道、正义"等是俄罗斯文化传统和文化基因在伦理道德精神性中的体现。在俄罗斯民族的伦理道德意识中，基于本民族特有的伦理观念和价值秩序，建构反映民族道统的伦理道德精神成为其实现民族意志和道德理想的重要目标。通过探讨文化概念的民族精神性，可以"在人的伦理道德与生活世界的辩证互动中把握伦理道德发展的规律和人的精神世界建构的规律"（樊浩，2016：19）。正是在这一意义上，伦理道德精神性实际上是一个民族的价值体现并构成其价值体系中的重要一环，而文化概念之间的相互作用关系则可以反映出真实的民族伦理道德精神逻辑。

伦理道德精神性能够真实反映和记录社会进程中民族成员的伦理道德养成，折射出一个民族的伦理道德心灵归宿，并会在一个民族的伦理规范确立和道德观念推广、运作之中发挥重要作用。很大程度上，一个民族正是基于自己特有的伦理道德和"精神向心力"（духовная центростремительная сила），才能够屹立于世界文明之林。这表明伦理道德是民族文化概念精神理念的重要传播手段和力量，文化概念伦理道德精神性是一个民族的精神世界不可或缺的重要元素，借助伦理道德精神性的累积、发散和渗透，一个民族的人文义理得以构建、文明气派得以成就和彰显，其修养得以不断完善和提升，从而真正营造出一个精神共享的民族大环境，形成文化概念中"伦理道德—精神世界—民族精神"的互释互动（樊浩，2016：28）。

需要指出的是，民族的伦理道德水平和伦理道德信念是民族认同、民族

精神构建在文化概念之中的反映。借由特殊的文化自涌性，包蕴于文化概念
之中的伦理道德精神性往往会激发出强大精神统摄力，能够使本民族成员和
文化主体在情感、意识和观念上产生共鸣，从而完成其由精神导引向精神实
现的价值转化。

4　结语

　　综上所述，文化概念是来自一个民族文化意识深处并具有特殊精神蕴义
和精神价值意象的文化单位实体，蕴蓄着深厚的民族气韵、民族精神修养和
民族精神内涵，反映一个民族的精神气质，展现一个民族的精神价值，实现
一个民族的精神理想，具有鲜明的民族精神性，成为"约定俗成的民族精
神的基本单位"（参见彭文钊，2011：15）。本文对文化概念的民族性、民
族心性进行了阐释，并着重从意志精神性、情感精神性和伦理道德精神性三
个方面对文化概念的民族精神性展开了分析和讨论。分析表明，文化概念的
语义内涵和实质都与其民族性、民族特质密不可分，并且都是从不同层面对
民族心性的一种观念化阐释；文化概念借助民族心性与民族精神实现观念化
沟通与思想融合，其中民族的价值追求和精神期许反映出文化概念的意志精
神性，民族的人际模式、情志心理、情绪态式和情感定式等反映出文化概念
的情感精神性，而民族的自我认知、自我修为和社会伦常、文化道统、文明
义理及观念秩序等反映出文化概念的伦理道德精神性。意志、情感和伦理道
德水准的提升是一个民族精神发展的内在要求，文化概念所蕴含的民族精神
价值和民族精神性也正是文化对象实体在一种民族语言文化中的概念化表现
方式和思想价值归宿。

参考文献：

樊浩，2016. 伦理道德，因何期待"精神哲学"［J］. 江海学刊（1）：19－28.

彭文钊，2011. 语言文化学研究的基本单位问题［J］. 外语与外语教学（5）：14－18.

彭玉海，2015. 论文化概念的价值性［J］. 外语学刊（6）：6－10.

彭玉海，彭文钊，2015. 试析文化概念的生成与语义特性［J］. 外国语文（1）：
　64－70.

彭玉海，王朔，2016. 俄罗斯民族道德伦理文化概念分析［J］. 外语学刊（6）：
　161－165.

徐东舜，应奇，2020. 论社会科学哲学中的规律、规则与规范——整合自然主义与规范

主义的视角 [J]. 社会科学研究 (5)：164 – 170.

Степанов Ю С, Константы, 2004. Словарь русской культуры [M]. М.：Академический проект.

Розина Р И, 1991. Человека и личность в языке [G] // Арутюнова Н Д, Логический анализ языка. Культурные концепты. М.：Наука, 1991：52 – 56.

Concerning the National Spirituality of Cultural Concept

Peng Yuhai

Abstract：Cultural concept is the precipitation of a nation's cultural tradition, history and charm. It has profound symbolism of national cultural spirit and connotation of national spirit. Based on the essence of cultural spirit and spirit's ontology to nation, this article will discuss the national spirituality of cultural concept in depth. On the one hand, we will construe and excavate the national mentality and nationality of cultural concept; on the other hand, will deeply interpret the spiritual nature of will, emotion and ethics contained in cultural concepts, so as to carry out an in-depth analysis of the national spirituality of cultural concept. Relevant analysis will deepen the understanding of the spiritual connotation and essence of cultural concept, and has obvious value to deeply observe the national character, faith, consciousness, emotion, etc. through cultural concept. At the same time, it is helpful to examine the deep meaning and national self-awareness of cultural concept at the level of ideological order and spiritual value.

Key words：cultural concept; will spirituality; emotional spirituality; ethics spirituality; national spirituality

童话内外
——评奥斯卡·王尔德的《夜莺与玫瑰》

邱惠林

（四川大学外国语学院，成都610207）

摘　要：奥斯卡·王尔德的《夜莺与玫瑰》是童话的杰作，也是他"为艺术而艺术"的唯美主义思想的具体体现。《夜莺与玫瑰》汇集了童话的所有特点，但又超越了童话本身。它完美呈现了故事的五要素，是记叙－描写类写作的经典；它语言优美，是一场英语修辞的盛宴；它的结局发人深省，可以从批判阅读的眼光来诠释其寓意，是一篇不可多得的优秀英语教学范文。

关键词：童话；奥斯卡·王尔德；《夜莺与玫瑰》

奥斯卡·王尔德（Oscar Wilde，1854 年 10 月 16 日—1900 年 11 月 30 日）出生于爱尔兰都柏林，病逝于法国巴黎，是 19 世纪英国维多利亚时代最伟大的作家与艺术家之一。1871 年王尔德就读于都柏林三一学院（Trinity College，Dublin），攻读古典文学，毕业后获得全额文学奖学金于 1874 年赴牛津大学莫德林学院（Magdalen College，Oxford）深造。他有过人的自信和天赋，有其名言"除了我的天才，我没什么好申报的"（I have nothing to declare except my genius）可佐证；他创作题材丰富，涉猎面广，才情满溢，著述甚丰。代表作有童话集《快乐王子和其他故事》（*The Happy Prince and Other Tales*，1888），小说《道林·格雷的画像》（*The Picture of Dorian Gray*，1891），诗歌《斯芬克斯》（*The Sphinx*，1894），戏剧《温德米尔夫人的扇子》（*Lady Windermere's Fan*，1892）、《莎乐美》（*Salomé*，1893）和《认真的重要性》（*The Importance of Being Earnest*，1895）等，此外还有散文集、书信集、随笔集和短篇故事集出版。王尔德是"为艺术而艺术"（Art for Art's Sake）的唯美主义灵魂人物，是 19 世纪与萧伯纳齐名的英国才子，他的艺术成就使他成为世界著名的艺术家，在文学史上有着极其重要的地位。

　　王尔德的童话作品可与安徒生童话和格林童话相媲美，被誉为"世界上最美丽的童话"和"世界上最感人的童话"。在他的每部作品中，几乎都有一个因为"至爱"而变得"至美"的形象。《夜莺与玫瑰》收录于王尔德1888年出版的第一本童话集《快乐王子和其他故事》中，是王尔德童话的杰作；与此同时，它还超越了童话的范围，在故事呈现、语言艺术和寓意解读上均有特别的意义。

1 《夜莺与玫瑰》：作为童话

王尔德的《夜莺与玫瑰》全文共62个自然段，约2400个单词。它讲述了一个关于爱情的故事，以一只夜莺被大学生的爱情感动，并为他培育红玫瑰为主线。一个年轻的学生要献上一朵红玫瑰，才能与他心仪的姑娘即教授的女儿共舞。然而在寒冷的冬季，红玫瑰无处可觅。当夜莺听到他因没有一朵红玫瑰而悲泣时，以为这个学生正是她一直歌唱和寻找的真爱人。为了帮助学生达成爱情的愿望，夜莺毅然决定用自己的生命之血培育一朵红玫瑰。在那个寒冷寂寥的月夜，夜莺将胸口紧紧顶住一根红玫瑰树的尖刺，让尖刺深深插入自己的心脏，并在月色中彻夜歌唱。夜莺鲜红的血液慢慢注入红玫瑰树干枯的经脉，带血的玫瑰终于在寒冬里怒放，但夜莺却跌落在草丛中，怀着对爱情的希望死去。教授的女儿见到学生送的红玫瑰，还是嫌他太穷，远不及大臣的侄子富有，断然拒绝了他的求爱。愤怒之下，学生把夜莺用生命换来的血色玫瑰扔到大街上，玫瑰掉进阴沟里，一只车轮从它身上碾压过去。学生回到房中，重拾大部头书开始阅读。《夜莺与玫瑰》是一个经典的童话作品，符合童话的各种特征。

童话的第一个特征是基于现实生活中幼儿特殊的心理、特殊的情感和思维方式，融进幼儿心理特点的艺术幻想。童话中一切均有可能发生，不能用逻辑或唯物主义来评判和理论。《夜莺与玫瑰》中，在严冬里让一棵几近干枯的红玫瑰树恢复生机，快速孕育花苞并绽放，达成学生将玫瑰赠佳人的心愿，这件事本身就充满了艺术想象力。在第26段中，红玫瑰树说，它对夜莺需要一朵红玫瑰的请求无能为力。"'我的玫瑰是红色的，'它回答说，'红得就像鸽子的脚，红得超过在海洋洞穴中漂动的珊瑚大扇。但是冬天已经冻僵了我的血管，霜雪已经摧残了我的花蕾，风暴已经吹折了我的枝叶，今年我不会再有玫瑰花了。'"（"My roses are red," it answered, "as red as the feet of the dove, and redder than the great fans of coral that wave and wave in the ocean-cavern. But the winter has chilled my veins, and the frost has nipped my buds, and the storm has broken my branches, and I shall have no roses at all this year. ") 在夜莺的一再恳求下，第 30 段，红玫瑰树提出："'如果你想要一朵红玫瑰，'树儿说，'你就必须借助月光用音乐来造就它，并且要用你胸中的鲜血来染红它。你一定要用你的胸膛顶住我的一根刺来唱歌。你要为我唱上整整一夜，那根刺一定要穿透你的胸膛，你的鲜血一定要流进我的血管，并变成我的血。'" ("If you want a red rose," said the Tree, "you must build it out of music by moonlight, and stain it with your own heart's blood. You must sing to me with your breast against a thorn. All night long you must sing to me, and the thorn must pierce your heart, and your life-blood must flow into my veins, and become mine. ") 这个在严冬之夜快速造就出一朵红玫瑰的计划充满了奇幻色彩。

童话的第二个特征是艺术形象的主体是拟人形象。童话中拟人的范围十分广泛，各种动物、植物以及生活中种种事物均可人格化，日月星辰、风霜雨雪、山谷河流，甚至一些观念、概念、品质等，不论有形无形，都可以赋予它们人的思想情感和行为语言。在《夜莺与玫瑰》中，只有大学生和教授的女儿是真人形象，其他拟人的形象按出场顺序包括夜莺（the Nightingale）、绿色的小蜥蜴（a little Green Lizard）、蝴蝶（a Butterfly）、雏菊（a Daisy）、爱情（Love）、树儿（the Tree）、玫瑰树（the Rose-tree）、生命（Life）、太阳（the Sun）、月亮（the Moon）、哲学（Philosophy）、权力（Power）、橡树（the Oak-tree）、白天（the Day）、死亡（Death）、逻辑（Logic）和玄学（Metaphysics）。

童话的第三个特征是叙事方式简单明快。《夜莺与玫瑰》采用了三段式的叙述方式，将性质相同而具体内容相异的三个事物或事件连贯在一起。三段式的叙述方法使故事中的人物性格和主题思想得到完整鲜明的表现，给人留下深刻的印象。由于这些事件同中有异，异中有同，因而并不使人感到单调，反而具有一种有规律性的、符合读者"事不过三"预期的特殊情趣。当学生扑倒在草地上，双手捂着脸放声大哭时，花园里有三个旁观者次第发问"为什么"，分别是绿色的小蜥蜴（a little Green Lizard）、蝴蝶（a Butterfly）和雏菊（a Daisy）。为了帮学生找到一朵红玫瑰，夜莺造访了白、黄和红三色玫瑰树。夜莺用心血浇灌红玫瑰树并彻夜歌唱来造就玫瑰的过程也分成三个阶段：她一开始唱起少男少女的心中萌发的爱情（She sang first of the birth of love in the heart of a boy and a girl）；然后她歌唱着一对成年男女心中诞生的激情（... she sang of the birth of passion in the soul of a man and

a maid）；最后她歌唱着由死亡完成的爱情，歌唱着在坟墓中也不朽的爱情
（... she sang of the Love that is perfected by Death, of the Love that dies not in
the tomb）。三段式的叙述方法令童话故事读起来流畅又不失韵律，故事的
发展层层递进且合情合理。

2　《夜莺与玫瑰》：故事叙述

《夜莺与玫瑰》作为记叙－描写类写作的经典，完美呈现了故事的五
要素。

B（背景，Background）包含在第 1－13 自然段中。在第 1 段，学生自
言自语："'她说过只要我送给她一些红玫瑰，她就愿意与我跳舞，'一位年
轻的学生大声说道，'可是在我的花园里，连一朵红玫瑰也没有。'"（"She
said that she would dance with me if I brought her red roses," cried the young
Student; "but in all my garden there is no red rose."）在第 2 段，他的苦恼恰
好被夜莺听见："这番话给在圣栎树上自己巢中的夜莺听见了，她从绿叶丛
中探出头来，四处张望着，纳闷着。"（From her nest in the holm oak tree the
Nightingale heard him, and she looked out through the leaves, and wondered.）
在第 3 段中，学生为一朵红玫瑰的缺失而痛不欲生："'我的花园里哪儿都
找不到红玫瑰，'他哭着说，一双美丽的眼睛充满了泪水。'唉，难道幸福
竟依赖于这么细小的东西！我读过智者们写的所有文章，哲学的一切奥秘也
都装在我的头脑中，然而就因缺少一朵红玫瑰我却要过痛苦的生活。'"
（"No red rose in all my garden!" he cried, and his beautiful eyes filled with
tears. "Ah, on what little things does happiness depend! I have read all that the
wise men have written, and all the secrets of philosophy are mine, yet for want of
a red rose is my life made wretched."）第 5 段："'王子明天晚上要开舞会，'
年轻学生喃喃自语地说，'我所爱的人将要前往。假如我送她一朵红玫瑰，
她就会同我跳舞到天明；假如我送她一朵红玫瑰，我就能搂着她的腰，她也
会把头靠在我的肩上，她的手将捏在我的手心里。可是我的花园里却没有红
玫瑰，我只能孤零零地坐在那边，看着她从身旁经过。她不会注意到我，我
的心会碎的。'"（"The Prince gives a ball tomorrow night," murmured the young
Student, "and my love will be of the company. If I bring her a red rose she will
dance with me till dawn. If I bring her a red rose, I shall hold her in my arms,
and she will lean her head upon my shoulder, and her hand will be clasped in

mine. But there is no red rose in my garden, so I shall sit lonely, and she will pass me by. She will have no heed of me, and my heart will break.") 第 4 段里，夜莺听到学生的自言自语，视他为一个真正的爱人：" '这儿总算有一位真正的爱人了，'夜莺对自己说。"（"Here at last is a true lover," said the Nightingale.）第 6 段："'这的确是位真正的爱人，'夜莺说。"（"Here indeed is the true lover," said the Nightingale.）

A（事件，Activity）包含在第 14 - 27 段。在了解到学生忧伤的原因后，夜莺决定助他一臂之力，帮他得到一朵红玫瑰。她便先后去找了白色、黄色和红色的玫瑰树。并在第 16、20 和 24 段里许诺："'给我一朵红玫瑰，'她大声说，'我会为你唱我最甜美的歌。'"（"Give me a red rose," she cried, "and I will sing you my sweetest song."）然而，希望渺茫。白色和黄色玫瑰树颜色不合，而在第 26 段，红色玫瑰树则坦言："'我的玫瑰是红色的，'它回答说，'红得就像鸽子的脚，红得超过在海洋洞穴中漂动的珊瑚大扇。但是冬天已经冻僵了我的血管，霜雪已经摧残了我的花蕾，风暴已经吹折了我的枝叶，今年我不会再有玫瑰花了。'"（"My roses are red," it answered, "as red as the feet of the dove, and redder than the great fans of coral that wave and wave in the ocean-cavern. But the winter has chilled my veins, and the frost has nipped my buds, and the storm has broken my branches, and I shall have no roses at all this year."）

D（发展，Development）分为两个阶段。第一阶段在第 28 - 40 段。夜莺决意要帮助学生得到一朵红玫瑰，在第 30 段，红玫瑰树把可怕的方法告诉了夜莺："'如果你想要一朵红玫瑰，'树儿说，'你就必须借助月光用音乐来造就它，并且要用你胸中的鲜血来染红它。你一定要用你的胸膛顶住我的一根刺来唱歌。你要为我唱上整整一夜，那根刺一定要穿透你的胸膛，你的鲜血一定要流进我的血管，并变成我的血。'"（"If you want a red rose," said the Tree, "you must build it out of music by moonlight, and stain it with your own heart's blood. You must sing to me with your breast against a thorn. All night long you must sing to me, and the thorn must pierce your heart, and your life-blood must flow into my veins, and become mine."）第 31 段中，夜莺承认"拿死亡来换一朵玫瑰，这代价实在很高……"（"Death is a great price to pay for a red rose"），但是仍然坚定认为"……然而爱情胜过生命，再说鸟的心怎么比得过人的心呢?"（"... Yet Love is better than Life, and what is the heart of a bird compared to the heart of a man?"）。夜莺决意牺牲自己的生命，成全学生的爱情。第二阶段在第 41 - 48 段。在寒冷的月夜，夜莺把胸口越来越紧地顶在玫瑰花刺上，让自己的血液注入红玫瑰树的经脉，彻夜歌唱。最终红玫瑰成功生成，见第 48 段："最后这朵非凡的玫瑰变成了深红色，就像东方天际的红霞，花瓣的外环是深红色的，花心更红得好似一块红宝石。"（And the marvelous rose became crimson, like the rose of the eastern sky. Crimson was the girdle of petals, and crimson as a ruby was the heart.）

C（高潮，Climax）出现在 49 - 51 段。夜莺牺牲自己的生命，为学生换来一朵红玫瑰，作为学生爱情的信物，见第 51 段："'快看，快看!'树叫了起来，'玫瑰已长好了。'可是夜莺没有回答，因为她已经躺在高高的草丛中死去了，心口上还扎着那根刺。"（"look, look!" cried the Tree, "the rose is finished now"; but the Nightingale made no answer, for she was lying dead in the long grass, with the thorn in her heart.）

E（结局，End）在第 52 - 62 段。第 53 段中，中午时分，学生推开窗户，竟意外发现窗下的绝色红玫瑰，以为自己老天眷顾，运气爆棚："'啊，多好的运气呀!'他大声嚷道，'这儿竟有一朵红玫瑰! 这样的玫瑰我一生也不曾见过。它太美了，我敢说它有一个好长的拉丁名字。'"（"Why, what a wonderful piece of luck!" he cried; "here is a red rose! I have never seen any rose like it in all my life. It is so beautiful that I am sure it has a long Latin name."）当他手捧这朵红玫瑰向教授的女儿示爱，却被对方拒绝。在第 59 段："一气之下，他把玫瑰扔到了大街上，玫瑰落入阴沟里，一辆马车从它身上碾了过去。"（... he threw the rose into the street, where it fell into the gutter, and a cartwheel went over it.）以生命为代价换来的红玫瑰，最终零落成泥碾作尘。

3 《夜莺与玫瑰》：语言盛宴

奥斯卡·王尔德被誉为莎士比亚之后英国最伟大的语言大师。王尔德瑰丽的语言让丘吉尔感叹："来生愿意与王尔德倾心长谈。"而博尔赫斯也曾这样评价王尔德："数千年的文学产生了远比王尔德更复杂或更有想象力的作者，但没有一个人比他更有魅力。"《夜莺与玫瑰》不仅是一篇脍炙人口、充满想象的童话故事，更像是一篇内涵深邃的散文。华丽的辞藻，优雅的文体，无不散发着美的气息。大量修辞手法的使用，使《夜莺与玫瑰》成为一场语言的盛宴。

拟人（Personification）：在《夜莺与玫瑰》中，动物如夜莺（the Nightingale）、绿色的小蜥蜴（a little Green Lizard）、蝴蝶（a Butterfly），植物如雏菊（a Daisy）、树儿（the Tree）、玫瑰树（the Rose-tree）、橡树（the Oak-tree），自然现象如太阳（the Sun）、月亮（the Moon）、白天（the Day），抽象概念如爱情（Love）、生命（Life）、哲学（Philosophy）、权力（Power）、死亡（Death）、逻辑（Logic）和玄学（Metaphysics），都被赋予人格，是有思想有语言，如人一般的生动的存在。在第 34 段中，王尔德用拟人的手法，把爱情、哲理和权力三方进行了比较："因为哲理虽智，爱却比他更慧；权力虽雄，爱却比他更伟。"（... for Love is wiser than Philosophy, though she is wise, and mightier than Power, though he is mighty.）

明喻（Simile）：第 4 段："他的头发黑得像风信子花，他的嘴唇就像他想要的玫瑰那样红；但是感情的折磨使他脸色苍白如象牙，忧伤的印迹也爬上了他的眉梢。"（His hair is dark as the hyacinth blossom, and his lips are red as the rose of his desire; but passion has made his face like pale ivory, and sorrow has set her seal upon his brow.）第 14 段："她像个影子似的飞过了小树林，又像个影子似的飞越了花园。"（She passed through the grove like a shadow, and like a shadow she sailed across the garden.）第 18 段："白得就像大海的浪花沫，白得超过山顶上的积雪。"（... as white as the foam of the sea, and whiter than the snow upon the mountain.）第 22 段："黄得就像坐在琥珀宝座上的美人鱼的头发，黄得超过拿着镰刀的割草人来之前在草地上盛开的黄水仙花。"（... as yellow as the hair of the mermaiden who sits upon an amber throne, and yellower than the daffodil that blooms in the meadow before the mower comes with his scythe.）第 38 段："于是夜莺给橡树唱起了歌，她的声音就像是银罐子里沸腾的水声。"（So the Nightingale sang to the Oak-tree, and her voice was like water bubbling from a silver jar.）

排比（Parallel）：在第 16、20、24 段，夜莺先后请求三棵玫瑰树给她一朵红玫瑰："'给我一朵红玫瑰，'她大声说，'我会为你唱我最甜美的歌。'"（"Give me a red rose," she cried, "and I will sing you my sweetest song."）在第 17、21、25 段，夜莺得到三个相同的身体语言答复："可是树儿摇了摇头。"（But the Tree shook its head.）在第 18、22、26 段，她得到三句不同的语言答复："我的玫瑰是白色的"（My roses are white）；"我的玫瑰是黄色的"（My roses are yellow）；"我的玫瑰是红色的"（My roses are red）。

夸张（Hyperbole）：第 7 段学生在想象心仪的姑娘在舞会上的轻盈舞姿："她的舞姿是如此的优美，莲步轻移，脚不沾尘。"（She will dance so lightly that her feet will not touch the floor）

象征（Symbolism）：红玫瑰是爱情的象征。夜莺是至善至美的化身，为了成全学生的爱情，甘愿牺牲自己的生命。学生是实用主义的象征。而教授的女儿则是庸俗的拜金主义的象征。

反差（Contrast）：学生从一开始对心仪女孩的无限赞美，到最后的恶语相向；用生命换来的血红玫瑰，最终结局却是被无情抛弃，掉落阴沟，被车轮碾压成泥。巨大的反差令人扼腕叹息，沉思良久，不忍掩卷。

4 《夜莺与玫瑰》：深刻寓意

王尔德第一个提出成人童话的概念，他认为"童话不是为儿童而写，是为十八到八十岁之间孩童般的人所写。"在王尔德生活的 19 世纪维多利亚时代，工业革命在英国如火如荼地进行。整个社会发生了前所未有的剧变，物欲横流，金钱至上，唯利是图之风盛行。人们的世界观、价值观发生了很大的变化。面对当时社会上的拜金主义风气、市侩哲学和虚伪的道德，王尔德在童话《夜莺与玫瑰》中描绘了一个虚构的故事，揭示了英国资本主义社会中人与人之间赤裸裸的金钱关系和由此产生的种种丑恶现象。他通过追求心灵的唯美世界，以艺术之美来对抗庸俗的社会现实。在《夜莺与玫瑰》中，王尔德不再重复传统童话故事中王子与公主从此永远幸福地生活在一起（They lived happily ever after...）的完美大团圆的陈词滥调结局，也不表达善有善报、恶有恶报的美好愿望，只用一种淡然超脱的口吻来讲述悲剧，表达生命里的美丽与哀愁——平凡生活里的爱，精神世界中的美，以及这两者的毁灭给人的心灵带来的巨大痛苦。从这个意义上来说，《夜莺与玫瑰》是一个反童话作品（anti-fairy tale）或者暗黑系的童话。爱有多重解读：夜莺的爱是牺牲与成全；学生的爱是盲目与痴迷；而女孩的爱则是傲慢与奢侈。作为唯美主义在世间行走的代言人，王尔德以不完美的童话反复叩问生活中处处存在的矛盾与悖论，影射现实社会的困顿与复杂，以曲折的方式展现他对艺术、爱情及人生完美而纯粹的追求。

仔细阅读和体会《夜莺与玫瑰》这篇童话作品，还可以从人生哲学的角度，透视作者表达的三种不同迥然不同的人生观。第一种是作者极力赞美的夜莺所代表的理想主义的人生观。追求所有美好的东西，为了理想，不惜付出生命的代价；对死亡并不惧怕，因为死是实现人生理想和价值的必要途径。第二种是学生所代表的人生观。一方面渴望实现美好的理想，也追求美的东西；另一方面，却沉溺于幻想，不思进取，把理想的实现寄望于幸运之神；一旦理想与现实发生冲突，就怨天尤人，逃避矛盾，最终要么寄情于书本，要么自甘堕落，浪迹浊世。第三种则是教授的女儿所代表的随波逐流、爱慕虚荣的庸俗人生观。教授的女儿徒有外在美貌，腹内空无一物，美貌只不过是追求奢华生活的跳板。拥有这种人生观者庸俗市侩，醉心于权力、名誉和物质享受，毫无同情心，是世俗世界中丑恶的代表。

5　结语

奥斯卡·王尔德的童话《夜莺与玫瑰》赞扬了爱情的可贵，鞭挞了世间的拜金主义，生动诠释了他"为艺术而艺术"的唯美主义思想。他的唯美主义追求可以用他自己的一句话来总结："我们都在阴沟里，但仍有人仰望星空。"（We are all in the gutter, but some of us are looking at the stars.）《夜莺与玫瑰》全面体现了童话的三个特征，同时又超越了童话自身。故事文字唯美浪漫、清澈干净，融入了作者对世事和人性的评价。阅读之余，在感受文字之美的同时，更能感受到作者的世界观和人生观所带来的震撼，感觉到在心灵净化的过程中，苦难总是如影随形。而这种诗意尽显又略带忧伤的悲剧情调，正是王尔德独树一帜的美学风格。作为英国继莎士比亚之后最伟大的语言大师，王尔德用优美的文字、流畅的叙事和精妙的修辞，使《夜莺与玫瑰》成为一篇不可多得的优秀英语教学范文。

参考文献：

王尔德，2020. 夜莺与玫瑰［M］. 南京：译林出版社.

王尔德，2024. 夜莺与玫瑰［EB/OL］. ［2024－01－30］. https://baike. baidu. com/item/% E5% A4% 9C% E8% 8E% BA% E4% B8% 8E% E7% 8E% AB% E7% 91% B0/1057668.

In and Out of a Fairy Tale
——On Oscar Wilde's "The Nightingale and the Rose"

Qiu Huilin

Abstract: Oscar Wilde's "The Nightingale and the Rose" is a masterpiece of fairy tales, and fully expresses his aesthetic thought of Art for Art's Sake. It gives a full play of the features of fairy tales. Meanwhile, it goes beyond fairy tales. It perfectly demonstrates the five elements in story-telling and is a classic of narration-description; it is a fiesta of figures of speech with beautiful language; the end is thought-provoking and gives rise to critical interpretations. It is an excellent sample for English teaching.

Key words: fairy tale; Oscar Wilde; "The Nightingale and the Rose"

培根《新大西岛》中的中国元素探究①

汤　平

（四川大学外国语学院，成都 610207）

摘　要： 弗朗西斯·培根是英国文艺复兴时期著名政治家、大法官、散文家、唯物主义哲学家、实验科学和近代归纳法的创始人。他于 1623 年创作的《新大西岛》凸显了其一生核心的政治实践、哲学思想和科学追求。本文对《新大西岛》中长期被国内外学者忽视的中国元素进行深入分析，结合早期全球贸易、中国近代先进的造船技术和中国明朝对外政策，旨在阐明培根通过现实与想象错综交织的乌托邦旅行叙事，倡导 17 世纪英国对内发展科学技术、对外加强航海扩张的政治理念。

关键词： 培根；《新大西岛》；中国元素

　　弗朗西斯·培根（Francis Bacon）是英国文艺复兴时期著名政治家、大法官、散文家、唯物主义哲学家、实验科学和近代归纳法的创始人，被马克思称为"英国唯物主义和整个现代实验科学的真正始祖"。培根的代表作《新工具》《论学术的发展和价值》《伟大的复兴》等彰显了"知识就是力量"、发展科学技术的重要理念。乔·奥·赫茨勒（Joyce Oramel Hertzler）指出："在 16 世纪英国的知识界中，培根无疑仅次于他的同时代人莎士比亚。在思想上，培根是欧州（洲）文艺复兴运动的典型产物。他对学术的兴趣涉及到当时的每一个论题，而他的著作也触及几乎所有的学科。他同时是历史学家、散文家、法学作家、逻辑学家、哲学探讨者和论述几乎每一门学科的作家。他对每一门学科都抱有同样热切的好奇心和有效的洞察力。"（赫茨勒，1990：143）

　　创作于 1623 年的《新大西岛》（*New Atlantis*）是培根晚年的一部力作，故事短小精悍，内容深邃，凝练与升华了他的政治思想和哲学思想，是他一生政治实践和科学追求的结晶（刘德林，2016：87）。本杰明·法灵顿

---

①　本文系教育部人文社科项目"英国文艺复兴时期文学中的中国形象研究"（项目号：20XJC752001）阶段性成果。

（Benjamin Farrington）认为，"《新大西岛》描绘了他所梦想的人道主义的和科学的理想社会，所以它是对于研究培根的思想与精神的必读之书"（法灵顿，2000：400）。基于柏拉图的亚特兰蒂斯神话，培根把科学技术发达、社会秩序井然的"新亚特兰蒂斯"设置在茫茫大海中一座叫"本色列"（Bensalem）的岛上。故事叙述者"我"和同伴在从秘鲁前往东方的航行中迷失了方向。他们在粮食耗尽、深感绝望时幸运地发现了这座位于南海的与世隔绝的神秘小岛。上岸后他们受到岛上居民的热情款待，并通过与"外邦人宾馆"馆长、一位犹太商人和"所罗门之宫"元老的深入交流，了解到本色列岛的历史文化、社会习俗、生活方式、伦理道德和科学技术。本色列充分展现了一个超级技术社会对本地公民和科学精英的强大吸引力，对这群外来的欧洲航行者产生了难以抵挡的诱惑（Minkov，2010：112）。培根在《新大西岛》中"借鉴、混合、改造了一系列尤其是乌托邦幻想和旅行叙事的文学类型"（Price，2002：2），使其成为与托马斯·莫尔（Thomas More）的《乌托邦》、托马斯·康帕内拉（Tommaso Campanella）的《太阳城》齐名的西方早期"乌托邦"代表作。

西方学界关于《新大西岛》的研究历史悠久，学术成果以论文为主，大多聚焦作品中的乌托邦思想、科学技术、宗教神学、政治思想、语言修辞等。2002 年布朗文·普莱斯（Bronwen Price）主编的《培根的〈新大西岛〉：跨学科论文集》可谓研究这部小说的里程碑式成果。学者们从叙事语境、修辞游说、伦理政治、自然知识、奇迹、殖民主义与犹太性、性别差异、知识机构等跨学科视角深入探究了《新大西岛》。2013 年金伯利·H.哈勒（Kimberly H. Hale）的专著《现代政治思想奠基中的〈新大西岛〉》系统梳理了培根与柏拉图、马基雅维利和霍布斯之间的关联，把《新大西岛》置于培根政治科学著作整体中加以考察，揭示了这部作品在西方现代政治思想形成中的重要地位。

国内学界关于《新大西岛》的研究成果相对较少。1987 年学者余丽嫦出版的《培根及其哲学》中对培根的哲学思想进行了系统梳理，并对培根的近代科学观进行了社会背景考察。2004 年文成伟出版的《欧洲技术哲学前史研究》结合培根所处时代的社会背景与技术形态，详细论述了他的实验科学技术乐观主义。现有学术期刊论文主要围绕这部作品的科技思想（安龙全，2001）、乌托邦主题（余礼信、谢鹏，2013）、法律（胡镓，2011）、宗教（王双洪，2022）、现代性（刘德林，2016）等展开讨论。

　　目前，国内外学界关于培根及其《新大西岛》的研究主要集中于作家及作品的乌托邦主题、科技思想以及政治理念，鲜有学者关注到这部作品中涉及的中国元素。细读小说不难发现，培根提及"中国"（China）四次，分别关涉《新大西岛》的创作背景——早期全球贸易发展、中国近代先进的造船技术和中国明朝时期的对外政策，充分体现了近代早期全球化语境下培根倡导的"取其长、弃其短、趋其利、避其害"[①] 的发展理念。正如培根在《新工具》中所说，"印刷、火药和磁石这三种发明已经在世界范围内把事物的全部面貌和情况都改变了：第一种是在学术方面，第二种是在战事方面，第三种是在航行方面；并由此又引起难以数计的变化来"（培根，1984：103）。本文拟对《新大西岛》中长期被学者忽视的中国元素进行深入分析，旨在阐明培根基于近代中西方贸易交流和大航海时代语境进行文学创作，通过现实与想象错综交织的旅行叙事，倡导17世纪英国对内发展科学技术、对外加强航海扩张的政治理念。

1　"驶往中国和日本"：近代早期全球贸易

　　培根在小说开篇采用常见的旅行叙事为读者交代了故事背景，"我们从秘鲁（在那里我们逗留了一整年）带上十二个月的粮食开航，经南海驶往中国和日本……而我们的粮食，虽然竭力节省着吃，也差不多吃光了。在这世界上渺无涯际的大海中没有了粮食，使我们感到绝望，看来只有等死了。"（1）作家看似简单提及的地名——"秘鲁""南海""中国和日本"实则把大航海时代的主要航线之一进行了巧妙勾勒，激发了读者对故事人物的真实身份以及航行目的的好奇。"我们"来自哪个或哪些国家？"我们"为什么在"秘鲁"逗留了一整年再开航？"我们"为什么要冒着生命危险，漂洋过海去"中国和日本"？

　　"我们"在茫茫大海中深感绝望之时发现了这座与世隔绝的"本色列"岛，获得岛上居民的热心救济。西班牙语成为"我们"与岛上居民进行畅通无阻交流的语言工具。无论是用"古希伯来文、古希腊文和学院中的正规拉丁文和西班牙文"（2）书写的羊皮纸，还是上岸后这支远东探险队伍使用西班牙语而非英语或荷兰语与岛上居民沟通，说明他们很可能是西班牙

---

① 培根. 新大西岛 [M]. 何新，译. 北京：商务印书馆，2020：19. 本文所选译文皆出自这个版本，随文在括号内标出引文页码，不另加注。

人，而非荷兰人或英国人（Kendrick，2003：1031）。这暗示着大航海时代
欧洲的强国西班牙与乌托邦"本色列"之间存在某种关联。斯蒂芬·高克
罗格（Stephen Gaukroger）认为西班牙语是本色列岛使用的官方语言，再加
上其集中的权力管理机构，表明它代表的是西班牙，而非当时詹姆斯一世时
期的英格兰（Gaukroger，2004：128）。尽管1588年英国海军击败了西班牙
"无敌舰队"，但西班牙在1625年左右仍然是英国海上称霸的最大对手、最
危险的国家之一。培根特意把"我们"这群航海者的身份设计为西班牙人，
"产生一种奇特的不可思议的效果，新大西岛作为他者中的他者，同时被疏
远和放大"（Kendrick，2003：1031）。

　　"我们"这群会讲西班牙语的欧洲人在秘鲁待了一整年，登陆"本色
列"后，发现"这个大西岛上的国家，和秘鲁、墨西哥，都是富强的，有
强大的武力、无数的船舶和大量的财富"（16）。秘鲁在16世纪下半叶是世
界上最富裕的国家之一，一方面得益于波托西银矿的开采，另一方面受益于
大帆船贸易。到16世纪末，波托西银矿白银产量每年达200吨以上。美洲
的白银产量"在整个16世纪约为17000吨，到整个17世纪约为42000吨"
（袁灿兴，2022：284）。秘鲁生产的白银运往菲律宾的马尼拉，在那里换取
中国的生丝和丝织品，其中产生的高额利润足以抵偿海上漫长航程的艰辛。
1573年7月1日，两艘满载着中国丝绸、棉布、瓷器的大帆船由马尼拉出
发，前往美洲。同年11月，两艘大帆船抵达墨西哥阿卡普尔科港，此后中
国商品大量涌入美洲。大帆船贸易带来的巨大利润吸引着无数逐利者。（袁
灿兴，2022：286）中国丝织品大量运往南美，新西班牙总督蒙特雷伊在
1602年这样描述道：在秘鲁的西班牙人过着极其奢华的生活，他们穿着最
精美、最昂贵的丝绸，妇女的节日盛装是如此之多，如此之过分，以至于世
界上再也找不到第二个像这样的国家。大批的丝绸涌入南美，连流浪汉、印
第安人都穿上了丝绸，神气活现地走着。在秘鲁，东方货物充满了利马的商
店，利马人人都穿着精美的丝绸。（袁灿兴，2022：286）《新大西岛》中这
群来自欧洲的航海者在秘鲁逗留了整整一年，因为这里是当时东西方大帆船
贸易的重要中转站。他们见证了秘鲁销售的精美中国丝绸，琳琅满目的东方
货物刺激着他们追求物质财富的强烈欲望，更加坚定了他们前往远东、前往
中国探险的决心。

　　随着15世纪初郑和下西洋，15世纪末克里斯托弗·哥伦布
（Christopher Columbus）发现美洲，达·伽马（Vasco da Gama）发现从西欧

绕过好望角到达亚洲的航路，大航海时代打破了东方和西方以往相对隔绝的状态。当航海大发现将全球连为一体后，荷兰以举国之力扶持东印度公司。此后的英国则将航海作为国策，全力推动全球海洋战略。在此期间，欧洲各国的民间力量也不甘示弱，纷纷以资本、技术、人员等形式参与海洋争霸。（袁灿兴，2022：72－73）"海运所包含的潜力是具有革命性的。和先前的生产方式不同，它是开放式的，它所创造的财富在理论上也是没有限制的……它利用人类独有的互惠性、复杂人际交往和发明创造，使得未来所创造的财富要远远超出自然给予我们的。"（奥康奈尔，2009：121）随着1600年英国东印度公司的成立，英格兰在东印度群岛的贸易开始产生巨额利润。在1627年《新大西岛》问世时，英国已经在新旧大陆之间建立了海外殖民地和贸易网络。（Jardine & Stewart，1998：476）培根在故事开篇揭示，新大西岛是来自欧洲的航行者试图从秘鲁航行到中国和日本时的意外发现。新大西岛神秘的地理位置体现了"虚构的文学故事与现实的生活世界在差异中交互的历史性书写"（马克利，2023：xviii）。

　　大航海时代的世界是早期全球化时代的世界。通过国际贸易建立起来的网络突破了国界的限制，把越来越多的地区关联起来。世界各地的人员和各种生产要素可以在这个网络中实现跨国流动，从而推动各种资源的有利配置，促成经济快速发展。到16世纪，欧洲人从海路到达中国之后，以中国为中心的亚洲东部地区和以欧美为中心的世界其他地区，开始在经济上紧密地联系在一起，从而掀起了真正意义上的经济全球化的大潮。（李伯重，2017：53－57）当代美国著名中国史研究专家、汉学家史景迁（Jonathan D. Spence）指出："1600年的中华帝国仍然是当时世界上所有统一国家中疆域最为广袤，统治经验最为丰富的国家……中国的文化生活却繁荣兴盛，几乎没有国家可以与之相提并论。"（史景迁，2005：6－8）因而，前往中国探险成为早期全球贸易中最重要的活动，吸引着来自葡萄牙、西班牙、英国等欧洲国家和地区的商人和旅行者。培根生活的时代正值英国重商主义思潮兴盛，追求财富成为当时社会的主旋律，"人们正在发财，而不为陛下所知……商人无视其君主的利益，所关心的仅仅是自己的商业利润"（布里格斯，2015：199）。《新大西岛》里故事叙述者并没有明确的国籍身份，但根据他和同伴是会讲西班牙语的欧洲人，可以推断他们很可能是西班牙人，或是会讲西班牙语的英国人或葡萄牙人。他和船上同伴的模糊身份在一定程度上代表了在16世纪末、17世纪初前往中国和日本进行远东探险的欧洲航海者群体形象。

2 "（中国）那时却已经有很多的高大的楼船"：古代海上丝绸之路

"我们"登陆本色列岛后，被这里漂亮的建筑、高级美味的膳食和彬彬有礼的居民所吸引。在"外邦人宾馆"休养期间，宾馆馆长通过片段式回忆向"我们"这群外来者介绍了本色列岛的历史与现状，让"我们"逐渐意识到这座岛屿是集"神圣的奇迹、自然的创造和人工的产品"（11）于一体的理想社会，让"我们"在历史与现实中穿梭。作为来自欧洲的远东探险者，"我们"对这座在航海过程中意外发现的神秘小岛感到十分好奇。"我们在欧洲，虽然在最近这个时代里曾经有过远地的航行和陆地的发现，却从来没有听到过关于这个岛屿的一点消息和影子。这是使我们极感惊奇的。现在的国家由于向外地航行或者外邦人的到达，都已彼此了解……然而关于这个海岛，我们从没听说有谁看见他们的船到过欧洲的任何海岸，或到过东印度或西印度群岛；而且也没有听说过世界上任何其他地方有任何一只船是从他们那里回来的……这里的人却又怎么能知道离他们这么遥远的人们的语言、书籍和事情呢？"（13）馆长接着对"我们"这群外来者提出的疑问做出了详细解答。"那就是大约在三千年以前或者还要更早，世界的航行，特别是远方的航行比现在还要频繁。你们不要认为我并不知道近六十年来你们的航运增加了多少，这在我是很清楚的，但是我还要说那时比现在还要频繁；……在东方，埃及和巴勒斯坦的航务也同样很发达。中国和伟大的大西岛（你们叫作美洲），现在还只有舢板和独木舟，那时却已经有很多的高大的楼船。"（14）

培根借"外邦人宾馆"馆长之口回忆了古代世界航行史以及中国古代先进的造船技术。早在两千年前，罗马地理博物学家普林尼（Gaius Plinius Secundus）指出："遥远的东方丝国在森林中收获丝制品，经过浸泡等程序的加工，出口到罗马，使得罗马开始崇尚丝制衣服。"（转引自李伯重，2017：34）把中国、印度和欧洲连接在一起的海路交通出现得很早，形成于中国古代秦汉时期，这条海路被称为"海上丝绸之路"。大体而言，这条海上丝绸之路把西太平洋海域（中国东海和南海、马六甲以东的东南亚海域）、印度洋海域和地中海海域三大海域联结起来。其中亚洲东部航段和印度洋航段在马六甲海峡相连，但印度洋航段和地中海航段则在苏伊士地峡中断，因而这三大航段所构成的海上丝绸之路实际上并不连贯。海船航行到位于红海北端的苏伊士，商人必须舍船登陆，陆行到达地中海东岸的塞得港，再登船航行。（李伯重，2017：39）

　　培根在《新大西岛》里描绘了本色列岛国参与古代世界航海的经历："许多国家的船只都曾经到过我们这个地方。并且像当时所发生的那样，有许多别的国家的人，并不是水手，也和那些船只一起到我们这里来；如同波斯人、迦勒底人、阿拉伯人等许多强大兴盛的国家都有人到此地聚会。今天在我们这里还有这些民族的后裔。至于我们自己的船只也作过多次的航行，曾经到过你们叫作'赫克士双柱'的那个海峡和大西洋以及地中海各地。也到过东方的白固恩，也就是上都和行在①各地……"（15）这段历史性描绘正好呼应了 13 世纪及此前很长一段时间，在阿拉伯海、印度洋和中国南海形成了三个有连锁关系的海上贸易圈的事实。在中世纪，大多数来自威尼斯、热那亚和比萨的意大利北部商人从事着东亚商品贸易。他们在丝绸之路的终点黎凡特采购东亚货物，将它们运过地中海，销往欧洲大部分地区。古代海上丝绸之路不仅促进了东方与西方的贸易往来，还增进了文化交流。因为文化交流总是与"互通、流动、交流、适应以及社会和经济的互联联系在一起"（Kahlow，2018：15），船舶作为全球贸易转运的承载者，是全球文化交流和互联互通进程的载体和动力。

　　在 15 世纪之前，全球虽然已经有一些以海上贸易为基础的地区性市场网络建立起来，通过海上丝绸之路和苏伊士地峡相互连接，但是这种连接相当松散。中世纪的海船尚不具备大规模、远距离和安全廉价的运输能力，造船技术有待改进。（李伯重，2017：47）培根充分意识到造船技术在航海贸易中的重要性，因为轮船被视为"整合了供应、探险和扩张的重要工具，也是贸易关系萌芽的运输媒介"（Marboe，2009：136）。他在《新大西岛》中称赞了中国古代先进的"高大的楼船"对贸易的积极促进作用。众所周知，中国的航海技术和造船技术到宋代出现了划时代的重大进步。在航行技术方面，最重大的进步是使用罗盘，在造船技术方面发明了水密舱。以往海船在航行中如果撞到礁石，船舱进水，会导致全船沉没，但是有了这种水密舱，一个船舱进水，其他舱不会受到影响，全船人员及大部分货物可保全。

---

① 马可·波罗和中世纪的欧洲人用"上都"指中国元朝都城，地址大致相当于现在的北京，"行在"指中国现在的杭州。

由于这两项重大技术的进步，中国海船成为当时世界上最先进的海船。当时的阿拉伯、波斯、印度商人发现中国海船更好，所以从事远洋贸易时都愿意乘坐中国的海船。自此海上丝绸之路的贸易有了重大进展。（李伯重，2017：44-45）。

培根在《新大西岛》中通过故事叙事者"我"与同伴的航海经历折射出大航海时代欧洲远东航行在很大程度上取决于天气状况、轮船航海能力、船员经验等综合因素。他通过回忆古代海上丝绸之路以及中国先进的造船技术，对比本色列在过去和现在参与的全球航海贸易活动，强调早期现代远洋船舶和驳船上的文化交流体现在造船、航海和军事，以及海上日常生活中的物质文化、营养、服装、医学方面。（Kahlow，2018：19）培根提倡早期现代欧洲应该学习借鉴中国古代先进的造船技术以提升自身的航海能力。

3 "中国人可以随意航行到各处"：对外政策

既然本色列在以前和其他国家一样积极参与早期全球贸易往来，为什么现在变成了无人问津的封闭岛国呢？"外邦人宾馆"馆长给"我们"解释了对外政策变化的来由："约在一千九百年以前，一位国王治理着我们这个岛，我们永远崇拜他的伟大业绩，……他认识到这个国土是可以自给自足而不需要外邦人帮助的……所以，他在这个国家的根本法律之中公布了一些限制外邦人入境的禁令，以免受外来的奇闻异事和殊方异俗的影响。"（18）当然，国王所罗蒙那在"不得许可外邦人入境"的法律基础上"保存了所有的人道主义精神，对所有遭到苦难的外邦人实行照顾和救助"（18-19）。正如同"我们"这群在茫茫大海中迷失方向的外邦人得到本色列岛国的救助一样。

那么本色列岛国自给自足、兴盛繁荣的基础是什么？《新大西岛》为什么被视为早期现代科学乌托邦作品？故事中的伟大国王所罗蒙那创建的"世界上一个最崇高的组织，也是这个国家的指路明灯"——"所罗门之宫"（Salomon's House）是本色列发展的核心。培根通过所罗门之宫的一位元老向叙述者"我"详细介绍了它的机构目的、措施设备、成员工作任务和遵守法令四个方面的真实情况，凸显了"所罗门之宫"的巨大贡献："我们这个机构的目的是探讨事物的本原和它们运行的秘密，并扩大人类的知识领域，以使一切理想的实现成为可能。"（32）这个科学机构成立的初衷突出了培根本人的科学发展观，"一向在技术和科学上所作出来的发明，都是一种可以通过实践、思考、观察、论证而作出来的"（北京大学哲学系外国哲学史教研室，1975：7）。接着，元老介绍了"所罗门之宫"的矿产资源开采设备，呼应了 17 世纪英国采掘业、纺织品生产和金属贸易等行业在不同程度上展现的资本主义特征（默顿，2002：185－188）。

"所罗门之宫"把自然资源与科学技术紧密结合起来，为本色列岛国创造了巨大财富。这里有可以养鱼和水禽的咸水湖和淡水湖，有可以延年益寿的人造井，有进行气象研究和试验的宏伟宽敞建筑，有治疗疾病的疗养院、清洁宽敞的浴池、巨大的果园花园、动物园、带来美味佳肴的酒厂、面包房和厨房、药店，拥有各种各样的制造技术能够制造"纸张、布匹、丝绸、纱绢、美丽而颇富光泽的羽毛制品"，有光学馆、音乐馆、香料室、机器馆，"根据新的配方制造各种火药"，"制造机器人、机器兽、机器鸟、机器鱼、机器蛇"，制造精美几何学和天文学仪器的数学馆，以及演出"各种魔术、幻影、幻法和假象"的幻术室（36－41）。培根在作品中一方面充分肯定了"有名的发明在人类行动中算是最宝贵的一种活动"（培根，1984：114－115），提倡科学技术改变人类生活、为人们服务的理念，另一方面对科学技术的应用展开了大胆丰富的想象。

"所罗门之宫"先进的科学技术是完全依赖研究人员在与世隔绝的本色列岛上自主研究发明吗？虽然岛上执行"限制外邦人入境"的政策，但他们采取向外邦人学习的对外政策，"每十二年要从本国派出两条船，作几次航行；每条船上要有'所罗门之宫'里三位弟兄组成的一个使节团，他们的任务就是研究要去访问的那些国家里的一切事物和情况，特别是全世界的科学、艺术、创造和发明等等，而且还要带回来书籍、器具和各种模型……为了得到世界各个地方所产生的光"（20－21）。"所罗门之宫"外派成员所追寻的世界各地产生的"光"是科学技术之光的隐喻，代表了无穷的知识力量。他们外出观摩学习世界各地的先进科学技术，带回重要的书籍、工具和模型，供岛上"所罗门之宫"研究团队成员认真学习与积极实践。

培根在 1620 年出版的《新工具》中指出："在我们这个时代遥远航行和旅行变得日益频繁。自然界中很多事物已经被发现，新的光芒可能会照耀到哲学上。当然，在我们这个时代，如果物质地球的区域——即地球、海洋和星辰——被广泛展现和揭示，而知识体系还处于狭隘的旧发现封闭中，这是让人感到不光彩的。"（Bacon，2000：69）他在《新大西岛》中同样也认为国家不应该故步自封，应该像"中国人可以随意航行到各处"（19）。在大航海时代，中国明朝郑和船队七下西洋，耗费巨大，但船队所从事的各类贸易获得了巨大回报。在古里国，委托当地人代为买卖，所卖之物主要是瓷器、锦绮等；所买之物则是宝石、珍珠、珊瑚等。郑和七下西洋展示了明廷的国力，开拓了贸易，使海外各国对中国敬畏有加，稳定了朝贡秩序。海上贸易带来的惊人利润，吸引了一批批中国冒险家出没海洋。（袁灿兴，2022：69–71）在明代，中国前往日本的贸易船只平均为298.4吨，而那些前往南亚和西亚的船只则能装载955吨的货物。每年在海外航行的中国官方注册船只有130艘；这些船只返航时携带货物吨位每年达1767120吨。中国与马尼拉之间的贸易也非常频繁，到明代末期已达3200吨，并且以高价值货物为主。（伯格，2019：59）在这样的时代语境下，《新大西岛》作为糅合了航海旅行叙事和科学乌托邦元素的故事成为培根对英国及与之竞争的欧洲列强为了寻求财富占有、拓展科学技术知识而进行对外扩张的重要暗指。（Salzma，2002：33）。

4 结语

在"所罗门之宫"元老为叙述者"我"介绍完这个重要的科学技术机构的主要特色时，培根果断终止了故事的讲述，让读者感到这个故事未完待续，其实作家已经把想讲的故事和盘托出，这正是《新大西岛》的魅力所在。"所罗门之宫"不仅是一个组织有序的科学共同体，也代表了培根的科学乌托邦式梦想，促进了1660年英国皇家学会（The Royal Society）的成立。这个学会完全可以看作是玻义耳和其他人有意实现培根梦想的结果（沃尔夫，1991：65）。它标志着英国皇家学会创始人和后来的百科全书主义者的科学人文主义的诞生，通过科学人文主义启发了一些更进步的欧洲文化形式（Rossi，1968：25）。

培根在《新大西岛》中提及的中国文化元素作为看似次要的故事背景长期以来被国内外学界忽视。细读小说不难发现，培根作为英国文艺复兴时期重要的政治家、哲学家和科学思想家，对古代海上丝绸之路、中国古代造船技术和大航海时代中国参与早期全球贸易的经济活动与对外政策有一定了解。他在文学创作中巧妙地把中国文化元素植入《新大西岛》中，让这部杂糅着现实与想象的经典乌托邦小说具有强烈的时代特色。

参考文献:

奥康奈尔, 2009. 兵器史: 由兵器科技促成的西方历史 [M]. 卿劼, 金马, 译. 海口: 海南出版社.

北京大学哲学系外国哲学史教研室, 1975. 十六—十八世纪西欧各国哲学 [M]. 北京: 商务印书馆.

伯格, 2019. 奢侈与逸乐: 18 世纪英国的物质世界 [M]. 孙超, 译. 北京: 中国工人出版社.

布里格斯, 2015. 英国社会史 [M]. 陈叔平, 等译. 北京: 商务印书馆.

法灵顿, 2000. 培根传 [M]. 梁春生, 译. 北京: 中共中央党校出版社.

赫茨勒, 1990. 乌托邦思想史 [M]. 张兆麟, 等译. 北京: 商务印书馆.

李伯重, 2017. 火枪与账簿: 早期经济全球化时代的中国与东亚世界 [M]. 北京: 生活・读书・新知三联书店.

刘德林, 2016. 《新大西岛》: 迷雾重重的真相 [J]. 社会科学论坛 (12): 87 - 94.

马克利, 2023. 追慕与忧惧: 英国的远东想象: 1600—1730 [M]. 王冬青, 译. 北京: 生活・读书・新知三联书店.

默顿, 2000. 十七世纪英格兰的科学、技术与社会 [M]. 范岱年, 等译. 北京: 商务印书馆.

培根, 1984. 新工具 [M]. 许宝骙, 译. 北京: 商务印书馆.

培根, 2020. 新大西岛 [M]. 何新, 译. 北京: 商务印书馆.

史景迁, 2005. 追寻现代中国: 1600—1912 年的中国历史 [M]. 黄纯艳, 译. 上海: 上海远东出版社.

沃尔夫, 1991. 十六、十七世纪科学、技术和哲学史: 上 [M]. 周昌忠, 等译. 北京: 商务印书馆.

袁灿兴, 2022. 朝贡、战争与贸易: 大航海时代的明朝 [M]. 成都: 天地出版社.

BACON F, 1996. A critical edition of major works [M]. Oxford: Oxford University Press.

BACON F, 2000. The new organon [M]. Cambridge: Cambridge University Press.

GAUKROGERS, 2004. Francis Bacon and the transformation of early-modern philosophy [M]. Cambridge: Cambridge University Press.

HALE H K, 2013. Francis Bacon's *New Atlantis* in the foundation of modern political thought [M]. Plymouth: Lexington Books.

JARDINE L, STEWART A, 1998. Hostage to fortune: the troubled life of Francis Bacon [M]. London: Victor Gollancz.

KAHLOW S, 2018. Transfer between sea and land: maritime vessels for cultural exchanges in the early modern period [M]. Leiden: Sidestone Press.

KENDRICK C, 2003. The imperial laboratory: discovering forms in *The New Atlantis* [J].

ELH (70): 1021 - 1042.

MARBOE A, 2009. Dasschiff als trager der spanischen expansion in Amerika [M] // MARBO A. Seefahrt und fruhe europaische expansion. Wien: Mandelbaum-Verlag.

MINKOV Y S, 2010. Francis Bacon's "inquiry touching human nature" [M]. Plymouth: Lexington Books.

PRICE B, 2002. Francis Bacon's *New Atlantis*: new interdisciplinary essays [M]. Manchester: Manchester University Press.

ROSSI P, 1968. Francis Bacon: from magic to science [M]. RABINOVITCH S, trans. London: Routledge & Kegan Paul.

SALZMA P, 2002. Narrative contexts for Bacon's *New Atlantis* [M] // PRICE B. Francis Bacon's *New Atlantis*: new interdisciplinary essays. Manchester: Manchester University Press.

An Exploration of Chinese Culture in Bacon's *New Atlantis*
Tang Ping

Abstract: Francis Bacon was the distinguished English Renaissance statesman, lawyer, essayist, materialist philosopher, and the founder of experimental science and modern induction. Written in 1623, Bacon's *New Atlantis* highlights his core political practice, philosophical thoughts, and scientific pursuits in his life. This essay provides an in-depth analysis of the Chinese culture in *New Atlantis* ignored by the scholars at home and abroad, and traces back to the early global trade, China's advanced shipbuilding technology, and China's foreign policy in Ming Dynasty. Based on the utopian travel narrative interweaved with the reality and imagination, Bacon stressed his political advocacy of developing science and technology at home, and strengthening British maritime expansion in the 17th century.

Key words: Francis Bacon; *New Atlantis*; Chinese culture

身份认同危机给凯末尔时期
"土耳其模式" 造成的困境①

严天钦　刘赛莲

（四川大学外国语学院，成都610207）

摘　要：凯末尔时期的"土耳其模式"以推行世俗主义和民族主义为核心，在此过程中形成了代表进步、文明的白土耳其人与象征落后、野蛮的黑土耳其人之间的身份对立，以及土耳其主体民族与少数民族之间的身份对立，引发了土耳其内部双重身份认同危机，导致了土耳其境内长期的教俗之争和民族冲突，不仅给"土耳其模式"的世俗化政权带来了挑战，也严重影响了土耳其国内的安全和稳定。

关键词："土耳其模式"；世俗主义；民族主义；身份认同

亚历山大·温特（Alexander Wendt）在其《国际政治的社会理论》（*Social Theory of International Politics*）一书中指出："认同是一个认知过程，在这一过程中，自我—他者的界线变得模糊起来，并在交界处产生完全的超越。"（温特，2014：224）作为建构主义学派的代表，温特认为身份是由人类关系的结构而非物质力量决定的，而这种结构主要是由共有观念（shared ideas）决定（温特，2014：97）。换言之，共有观念是构建身份认同的关键因素，一旦群体的观念无法达成共识，就会出现身份认同危机。国内外学者对于土耳其身份的研究大多同欧洲相联系，分析土耳其处于东西交界处的身份困境。

土耳其作为奥斯曼帝国的继承者，历史上一直被视为欧洲身份构建过程中的"他者"，但其世俗化进程以及入盟的举措又表现出一种对欧洲身份的渴望，这二者的矛盾性导致了土耳其身份认同的困境。张学昆从身份认同的视角出发，探讨了在欧洲观念下土耳其长期的"他者"身份，解释了土耳其入盟的困境所在（张学昆，2006：39）。刘中民和曾卓从超国家、国家和

---

① 本文系国家社科基金项目"土耳其模式的困境研究"（项目编号：19BGJ065）的阶段性研究成果。

次国家层面分析了土耳其身份政治问题，其中在国家层面着重分析了"作为西方盟友的土耳其又难以彻底融入西方，始终面临向东还是向西的战略困境"（刘中民、曾卓，2023：109）。

国外学者格里帕提斯（Leda-Agapi Glyptis）和伊丽莎白·沙克曼·赫德（Elizabeth Shakman Hurd）从土耳其伊斯兰身份出发，审视土耳其入盟困境，以此推导出由土耳其的身份问题引发的欧洲关于其自身身份、世俗化、宗教与政治的反思与挑战（Glyptis，2005：39；Hurd，2010：186）。学界普遍倾向于将土耳其与欧洲的身份认同联系起来，探讨这种关系对土耳其入盟以及对土耳其内政和外交的影响，然而，鲜有学关注土耳其的身份认同危机与"土耳其模式"之间的关系。本文在界定"土耳其模式"和分析土耳其身份认同危机产生的原因的基础上探讨了土耳其身份认同危机给凯末尔时期的"土耳其模式"带来了怎样的困境。

1 凯末尔时期的"土耳其模式"

"土耳其模式"因其以伊斯兰身份同西式民主政治嫁接，走出了一条不同于西方及伊斯兰世界的道路，不仅受到西方的推崇，在学术界也引发了热烈的讨论。早在1991年12月，西方媒体宣称土耳其应该成为中亚和高加索地区各国效仿的榜样（Shlykov，2018：124）。"阿拉伯之春"之后，"土耳其模式"更是被津津乐道，成为西方和阿拉伯世界称赞的模范。

昝涛认为凯末尔时期的"土耳其模式"试图"通过民族主义在一个穆斯林社会建立起世俗的国家"（昝涛，2012：10）。王林聪则将凯末尔时代的"土耳其模式"看作"世俗权威政治的产物，其基本内涵是以现代化为目标的激进世俗主义、民族主义和西方化"（王林聪，2012：82）。从某种意义上说，凯末尔时期的"土耳其模式"指的是凯末尔主义意识形态指导下的西化进程，其核心在于世俗主义和民族主义。在西化进程中，凯末尔领导的精英阶层急于用西方的思想来替代传统的思想，但土耳其的政府宣传机构和教育机构并未向普通民众普及西方的思想，因此未能给普通民众足够的心理准备，这给土耳其民众带来了严重的身份认同危机。

2 土耳其身份认同危机的产生

凯末尔时期的"土耳其模式"以世俗主义和民族主义改革为核心。在此过程中，土耳其共和国精英将积极接受西方化改革的土耳其民众和固守伊斯兰教传统的土耳其民众区分开来，同时土耳其主体民族性的构建又将土耳其民族同其他少数民族区分开来，这种人为构建的"自我"与"他者"在土耳其引起了严重的身份认同危机。

2.1　白土耳其人与黑土耳其人

凯末尔及共和国政治文化精英认为只有世俗化改革才能使新生的土耳其共和国早日加入欧盟"文明国家"的行列。通过立法和教育，凯末尔及共和国政治文化精英试图对伊斯兰民众进行由表及里的重塑，力图打造西化的土耳其人。因此，土耳其社会出现了两个分化的群体：一是接受西化改造的"白土耳其人"（White Turkey），二是坚守伊斯兰传统的"黑土耳其人"（Black Turkey）。

通过制定法案和开展教育，凯末尔试图削弱伊斯兰传统对土耳其国家和公民的影响。首先在政体上，土耳在 1923 年 3 月 3 日通过土耳其大国民会议的投票废除了奥斯曼帝国时期的哈里发苏丹体制，建立了共和制，随之奥斯曼皇室被驱逐（李秉忠，2013：89），政教合一的体制不复存在。其次，宪法中关于伊斯兰为土耳其国教的条款于 1929 年被删除（Heper，1997：34），代表西方民主和文明的瑞士民法（Swiss Civil Code）被引进。此外，宗教法庭被勒令关闭，取而代之是世俗法庭（戴维森，1996：150 - 151），宗教被置于国家的管控之下。

在教育领域，凯末尔于 1920 年 5 月成立教育部（Ministry of Education），并在 1924 年关闭了所有的伊斯兰学校（Medreses），将所有的教育机构置于教育部的管控之下，禁止开展宗教宣传和展览活动。宗教人员的培训则由专门的宗教学校进行。然而，由于缺乏政府的支持，这些学校的入学率持续下降，导致部分学校被迫关闭。但后来这些学校重新开放并调整伊斯兰课程比重后又获得了大量的生源，由此可见，宗教在土耳其民众中依然有很强的影响力。

对于这些改革，土耳其境内出现了两种不同的态度，形成了两个对立的群体，即处于国家权力中心或包括政治精英在内的"白土耳其人"和贫困的、被边缘化的"黑土耳其人"（Yavuz，2000：22）。"白土耳其人"视自身为文明、进步、开放的群体，将自己划为欧洲阵营，而代表社会底层和宗教保守势力的"黑土耳其人"则成为"他者"，被排斥在主流意识形态之外，成为落后、反动的象征。这种身份对立使得土耳其出现第一重身份认同危机。

2.2　土耳其主体民族与少数民族

构建凯末尔时期"土耳其模式"的另一个要素是民族主义。如霍布斯鲍姆所言:"并不是民族创造了国家和民族主义,而是国家和民族主义创造了民族。"(2000:10)土耳其主体民族的构建主要从两个方面进行,一是通过赋予土耳其主体民族光辉历史,从而强化土耳其主体民族的民族意识,二是通过立法对少数民族进行同化。

土耳其政府强化土耳其主体民族意识主要从土耳其历史和语言两方面入手。1930 年 4 月 28 日,凯末尔成立了土耳其历史研究委员会(Turk Ocaklari Turk Tarihi Tetkik Heyeti)。该协会指出土耳其是包括印欧人在内所有短头颅人种的祖先,其在所到之处都创造过文明。此外,土耳其人也是安纳托利亚最早赫梯文明的所有者,且所有安纳托利亚的居民都是土耳其人(Cagaptay,2004:88)。这种篡改的历史不仅将皈依伊斯兰教之前的土耳其民族塑造成一个拥有灿烂文明的种族,还将其视为安纳托利亚其他民族的起源,为同化其他少数民族提供了"科学"依据。

与此同时,土耳其语言研究协会(Turk Dili Tetkik Cemiyeti)推行了"太阳语言理论"(Sun-Language Theory),宣称土耳其语为所有语言的母语。凯末尔政府在推行土耳其语言政策时采取"净化"措施,从土耳其语中剔除奥斯曼帝国时期使用的阿拉伯语和波斯语,并以新的土耳其语取而代之(Aytrük,2008:275)。伊尔马兹·乔拉克(Yilmaz Çolak)认为这些语言政策意在打造同一民族语言,从而加强对其他民族的同化,形成土耳其民族共同体(Çolak,2004:67)。凯末尔政府在加强主体民族意识的同时,对少数民族的语言和文化形成了冲击。

针对少数民族的同化政策还体现在 1934 年颁布的《姓氏法》(The Surname Law)中。该法案要求所有的土耳其公民使用土耳其语姓氏,禁止姓氏涉及外国文化、国别、部落和宗教含义。以库尔德人为例,从 1925 年起,对库尔德人的同化措施包括禁止使用库尔德语和库尔德文字,并将库尔德城镇和村庄重新命名(严天钦,2018:45)。这些政策使得土耳其主体民族同其他少数族裔之间形成了"自我"与"他者"的对立,导致了土耳其的第二重身份认同危机。

3　土耳其身份认同危机给"土耳其模式"带来的困境

查尔斯·泰勒(Charles Taylor)在其《承认的政治》("The Politics of

Recognition"）中指出："得不到他人的承认或只是得到扭曲的承认能够对人造成伤害，成为一种压迫形式，它能够把人囚禁在虚假的、被扭曲和被贬损的存在方式之中。"（Taylor，2013）由于得不到承认，以"黑土耳其人"为代表的宗教保守势力和以库尔德人为代表的少数民族必然会反抗，以谋求其身份的正当性和合法性。这种反抗自然会影响凯末尔时期的"土耳其模式"，挑起教俗之争和民族争端。

3.1 伊斯兰宗教保守势力对世俗主义的威胁

凯末尔主义的世俗化进程以压制伊斯兰教为主要手段，其由表及里的世俗化改革造就了"白土耳其人"和"黑土耳其人"的对立。尽管表面上世俗主义占据上风，但伊斯兰宗教保守势力在广大边缘群体中根深蒂固，会不断寻求机会进行反击。

1925 年 2 月，安纳托利亚东部地区爆发了库尔德人叛乱，表现出强烈的保守主义趋势，并呼吁伊斯兰教法的回归（Reed，1957：335）。谢赫·塞义德（Sheikh Said）作为此次反叛的首领，自称哈里发和伊斯兰教代表，号召全体穆斯林以圣战之名向土耳其共和国宣战，力图恢复奥斯曼帝国时代政教合一的体制（李秉忠、赵谦浩，2014：113）。叛军队伍于 3 月 26 日被包围，4 月中旬 30 名叛军首领被处决，9 月 4 日，塞义德同其他 46 名反叛人员于迪亚巴克尔（Diyarbakir）被处以绞刑（McDowall，2007：196）。尽管这次起义以失败告终，但库尔德人以宗教之名反抗土耳其共和国表明宗教在底层民众之间依然具有广泛影响。

土耳其在实行多党选举制以后，党争也凸显了宗教势力对于世俗主义的挑战。尽管凯末尔政府选择了西方化的民主政治道路，但由于共和人民党（Republican People's Party）长期处于一党执政的状态，支持更加自由政策的追随者对一党统治的加强以及施加的政治和经济限制心存疑虑（Karpat，1959：64）。1930 年 8 月，自由共和党（Free Republican Party）作为反对党派在阿里·费特希（Ali Fethi）的领导下成立。该党派一经成立，便吸引了大量持传统主义观念的支持者（Aydin，2004：57－58）。随着自由共和党的民意支持逐渐增强，共和人民党开始担忧其执政地位受到威胁。因此，在市政选举期间，有指控称共和人民党干涉选举结果并恐吓选民。尽管共和人民党在该选举中获胜，但从萨姆松（Samsun）的投票结果来看，在公正投票的情况下，自由共和党获得了 3312 票，而共和人民党仅获得 416 票

（Aydin，2004：58）。这表明，如果政府没有干预选举进程，自由共和党可以赢得更多的选票。可见，宗教势力在普通选民中的影响不容忽视。

1930 年，梅内门（Menemen）事件爆发，再次对凯末尔政府的世俗主义政权造成冲击。梅内门位于土耳其伊兹密尔（Izmir）省的小镇，经济相对发达。12 月 23 日，一支号称哈里发的军队宣称要恢复伊斯兰秩序来抵制土耳其共和国，甚至将一名前来调查的预备官员斩首。（Turan，2015：63）虽然这次叛乱很快被平息，但值得深思的是，与土耳其边缘农村地区不同，梅内门属于经济发展相对不错的城镇，大部分城镇居民理应支持世俗化改革。然而，事实表明，该地区人民表现出强烈的宗教保守倾向。这表明，凯末尔的世俗化改革不仅难以波及广大的农村边缘地区，即便在城市中心地带，也面临强大的伊斯兰保守势力的挑战。

综上，尽管凯末尔政府通过压制伊斯兰教力图实现世俗化，但宗教保守势力的影响并未被消除，而是在社会的边缘和城市中心潜伏，时刻伺机反击。1925 年的库尔德人叛乱以及后来的政治动荡都反映了宗教对土耳其社会的深远影响。尽管土耳其政治在多党制度下发展，但政治伊斯兰势力的崛起也引发了军事政变等动荡。如何在现代化过程中妥善处理教俗之争依然是土耳其政府需要长期考虑的议题。

3.2　库尔德问题对土耳其国家安全的冲击

民族主义改革的推进意味着成为土耳其公民，少数民族要放弃其民族的文化和语言，接受全面土耳其化的改造，这一过程无疑将导致少数民族的特性被抹杀。他们作为土耳其的"他者"，在塑造土耳其主体民族性的同时，也逐渐明确了自身的民族身份，并开始寻求其存在的合理性。这种身份认同的对立促使被边缘化的群体发起反击，其中，库尔德人的反抗最为显著，也最为激烈，对土耳其共和国的国家安定带来了严重威胁。

库尔德人是土耳其境内人口最多的少数民族，在奥斯曼帝国时期享有半自治的地位。土耳其共和国建立后，凯末尔推行的世俗主义和民族主义不仅切断了土、库民族之间共同的宗教纽带，甚至还通过立法要求库尔德民族更名换姓，讲土耳其语，抹杀其民族特性，这迫使一些库尔德人走上谋求独立的道路。1924 年至 1938 年，库尔德人共爆发了 16 次叛乱，这段时期被称为库尔德人的"叛乱年代"（张瑞华，2016：16）。1927 年 10 月，在塞义德起义中被流放的库尔德人成立了独立党（Khoybun），策划开展库尔德解放运动，试图通过组建库尔德军队同土耳其共和国抗衡。然而，由于土耳其军队训练有素、武器先进，库尔德人依靠部落组建的军队最终根本无法与之抗衡。

　　库尔德人最为激烈的反抗发生在库尔德工人党（Kurdish Labor's Party，简称"库工党"）成立之后。1977 年，阿卜杜拉·厄贾兰（Abdullah Öcalan）创立库工党，主张采取暴力手段争取库尔德人的独立。自 20 世纪 80 年代至 1999 年厄贾兰被捕期间，库工党同土耳其军方发生了激烈冲突，几乎将土耳其拖入大规模内战（李秉忠，2013：88），造成了 30000 多人死亡（Walsh，2013：2）。此后，由于双方军事力量悬殊，库工党无法与土耳其军方展开大规模的军事冲突，于是转向采用恐怖主义袭击手段。2016 年 2 月 17 日，库尔德工人党的分支库尔德斯坦自由猎鹰组织（Kurdistan Freedom Falcons）在土耳其首都安卡拉（Ankara）制造了一起汽车炸弹袭击，造成了 30 人死亡，其中多为土耳其国家安全官员①。同年 3 月，该组织再次于安卡拉制造汽车炸弹袭击，造成 37 人身亡②。2022 年 11 月 13 日，伊斯坦布尔市中心一条繁华步行街发生了爆炸，造成至少 6 人死亡，80 人受伤③。恐怖主义分析平台（Terrorism Analysis Platform）的数据显示，从 2015 年 7 月 20 日至 2023 年 12 月 18 日，共有 6875 人因恐怖袭击而丧生④。大量的恐怖袭击使土耳其安全形势恶化，大大削弱了"土耳其模式"对其他伊斯兰国家的示范效应。

　　凯末尔时期"土耳其模式"对土耳其主体民族性的构建，人为地在土耳其内部建构了少数民族"他者"的身份，使得双方从奥斯曼时期并肩作战的盟友沦为刀剑相向的敌人。库尔德民族问题对土耳其共和国的长治久安带来冲击，使"土耳其模式"蒙上阴影。

---

① ISDP："Turkey's Kurdish Conflict：2015 – Present."Institute for Security and Development Policy，[EB/OL]（2016 – 10），[2023 – 10 – 06].https：//isdp. eu/publication/turkeys – kurdish – conflict – 2015 – present/.

② ISDP："Turkey's Kurdish Conflict：2015 – Present."Institute for Security and Development Policy，[EB/OL]（2016 – 10），[2023 – 10 – 06].https：//isdp. eu/publication/turkeys – kurdish – conflict – 2015 – present/.

③ BBC News. Istanbul：Six Dead，Dozens Wounded in Turkey Explosion［EB/OL］.（2022 – 11 – 14）[2023 – 10 – 08].https：//www. bbc. com/news/world – europe – 63615076.

④ International Crisis Group："Turkey's PKK Conflict：A Visual Explainer"［EB/OL］.［2024 – 02 – 27］.https：//www. crisisgroup. org/content/turkeys – pkk – conflict – visual – explainer.

4 小结

凯末尔时期的"土耳其模式"重在推行世俗化改革,并强化土耳其主体民族的民族意识,然而,这些举措人为地在土耳其内部形成了进步、文明的"白土耳其人"和落后、野蛮的"黑土耳其人"之间的身份差异,以及土耳其主体民族和少数民族之间的身份区别。这种人为建构的身份认同使得土耳其内部形成了双重身份危机。

首先,黑、白土耳人之争背后体现的是教俗之争。凯末尔的世俗化改革仅仅辐射到城市中心的精英群体,具有很大局限性,而这也反映了伊斯兰教保守势力在土耳其广大地区依然具有非常强大的影响力。其次,凯末尔时期,土耳其主体民族性建立在牺牲其他民族特性的基础上,引发了不同民族之间的矛盾,为土耳其民族内部团结以及国家长治久安埋下了苦果。库尔德民族问题现已成为土耳其国内最为棘手的问题之一,危及土耳其社会的安定团结,使土耳其面临分裂的危险。

"土耳其模式"之所以备受外界称道,是因为在这种模式下,土耳其国内政权稳定,经济发展良好,国际形象与地位都得到很大提升。然而,凯末尔时期"土耳其模式"的世俗化改革和对主体民族的民族意识的强化使得土耳其陷入长期的教俗之争和民族冲突,危害了土耳其的政治稳定和社会团结,极大地削弱了"土耳其模式"的示范效应,使"土耳其模式"陷入困境。

参考文献:

戴维森,1996. 从瓦解到新生——土耳其的现代化历程 [M]. 张增健,刘同舜,译. 上海:学林出版社.

霍布斯鲍姆,2000. 民族与民族主义 [M]. 李金梅,译. 上海:上海人民出版社.

李秉忠,2013. 土耳其民族国家建设与库尔德问题的形成及趋势 [J]. 史学集刊 (4):88 - 97.

李秉忠,赵谦浩,2014. 库尔德民族主义反抗土耳其民族主义:1925 年谢赫塞义德叛乱 [J]. 陕西师范大学学报 (哲学社会科学版),43 (6):110 - 117.

刘义,2015. 伊斯兰教、民族国家及世俗主义——土耳其的意识形态与政治文化 [J]. 世界宗教文化 (1):38 - 46.

刘中民,曾卓,2023. 土耳其政治发展与对外战略中的身份政治困境 [J]. 外交评论 (外交学院学报),40 (1):109 - 133.

王林聪，2012. "土耳其模式"的新变化及其影响［J］. 西亚非洲（2）：82 - 97.

温特，2014. 国际政治的社会理论［M］. 秦亚青，译. 上海：上海人民出版社.

严天钦，2018. "土耳其化政策"与土耳其的民族认同危机［J］. 世界民族（2）：39 - 47.

昝涛，2012. "土耳其模式"：历史与现实［J］. 新疆师范大学学报（哲学社会科学版），33（2）：10 - 22.

张瑞华，2016. 土耳其库尔德人的"民族认同"路径探析［J］. 世界民族（3）：13 - 28.

张学昆，2006. 土耳其的欧洲身份认同与入盟问题［J］. 欧洲研究（4）：39 - 53.

AYDIN E，2004. Peculiarities of Turkish revolutionary ideology in the 1930s：The Ülkü version of Kemalism，1933 - 1936［J］. Middle eastern studies（40）：55 - 82.

AYTÜRK İ，2008. The first episode of language reform in republican Turkey：the language council from 1926 to 1931［J］. Journal of the Royal Asiatic Society（18）：275 - 293.

BBC News. Istanbul：Six dead，dozens wounded in Turkey explosion［EB/OL］.（2022 - 11 - 14）［2023 - 10 - 08］. https：//www. bbc. com/news/world - europe - 63615076.

CAGAPTAY S，2004. Race，assimilation and Kemalism：Turkish nationalism and the minorities in the 1930s［J］. Middle eastern studies（40）：86 - 101.

ÇOLAK Y，2004 Language policy and official ideology in early Republican Turkey［J］. Middle eastern studies（40）：67 - 91.

GLYPTIS L，2005. EU accession or why is Turkey "paying" for Europe's identity crisis？［J］. Insight Turkey（7）：39 - 47.

HEPER M，1997. Islam and democracy in Turkey：toward a reconciliation？［J］. Middle east journal（51）：32 - 45.

HURD E，2010. What is driving the European debate about Turkey［J］. Insight Turkey（12）：185 - 203.

International crisis group：Turkey's PKK conflict：a visual explainer［EB/OL］.［2024 - 02 - 27］. https：//www. crisisgroup. org/content/turkeys - pkk - conflict - visual - explainer.

Institute for Security and Development Policy. Turkey's Kurdish conflict：2015 - present［EB/OL］.（2016 - 10）［2023 - 10 - 06］. https：//isdp. eu/publication/turkeys - kurdish - conflict - 2015 - present/.

KARPAT K H，1959. Turkey's politics：the transition to a multi-party system［M］. New Jersey：Princeton University Press.

MCDOWALL D，2007. A modern history of the Kurds［M］. London：I. B. Tauris.

REED H A，1957. Secularism and Islam in Turkish politics［J］. Current history（32）：333 - 338.

SHLYKOV P V, 2018. The "Turkish model" in historical perspective [J]. Russia in global affairs (16): 121 – 148.

TAYLOR C, 2013. The politics of recognition [EB/OL] [2023 – 10 – 05]. http:// newsocialist. org/wp – content/uploads/2013/03/Politics_ of_ Recognition. pdf.

TURAN S A, 2015. Kemalism in the periphery: anti-veiling campaigns and state-society relations in 1930s Turkey [D]. Leiden: Leiden University.

WALSH D, 2013. Kurdish separatism in Turkey: the PKK's changing strategy [Z]. International Institute for Counter-Terrorism (ICT). 1 – 15.

WENDT A, 1999. Social theory of international politics [M]. Cambridge: Cambridge University Press.

YAVUZ M H, 2000. Cleansing Islam from the public sphere [J]. Journal of international affairs (54): 21 – 42.

The Dilemma of the "Turkish Model" during the Kemalist Era Caused by Identity Crisis

Yan Tianqin   Liu Sailian

Abstract: The "Turkish Model" during the Kemalist era, characterized by the promotion of secularism and nationalism, engendered identity dichotomies between the progressive, civilized White Turks and the symbolically backward, barbaric Black Turks, as well as between the Turkish mainstream and minority ethnic groups. This triggered a dual identity crisis within Turkey, leading to prolonged struggles between secularism and religion, as well as ethnic conflicts. This crisis not only challenged the secular regime of the "Turkish Model" but also significantly impacted Turkey's internal security and stability.

Key words: "Turkish Model"; secularism; nationalism; identity crisis

浅析伦敦作为西方城市重要原型的原因与表征

黄天颖

（四川大学外国语学院，成都610207）

摘　要：伦敦作为全球历史上第一座现代化大都市，其在西方文学中具有举足轻重的地位，许多西方文学作品中描写的城市都能或多或少看到伦敦的影子。对此，本文将结合原型批评理论、史学和部分文学作品，简要说明伦敦作为西方现代大都市形象重要原型的合理性，并展现伦敦文学形象在历史上演变的大致脉络与表现形式。

关键词：伦敦；原型；文学形象

作为拥有几千年历史的城市，伦敦一直是西方城市史研究的重要对象。在文化方面，伦敦作为英国的首都，借助英国文学与文化的传播在全球范围内形成极大文化辐射力，更是享有"文学之都"的美誉。可见，伦敦无论是在历史还是文学文化方面，在西方乃至全球范围都具有独特地位。深究伦敦的独特地位，可以发现伦敦是西方现代大都市形象的重要原型。对此，本文从历史与文学的角度出发，浅要分析伦敦成为西方城市和西方文学重要"原型"的原因和具体表现。

1　城市原型与文学中的"原型"

在展开分析伦敦作为西方城市和文学"原型"前，需要对城市原型和文学中的"原型"概念进行概述，为后续的分析奠定基础。

"原型"（archetype）概念的诞生与心理学、文化人类学、象征哲学等研究的兴起有着极大关联，但最早这一概念可追溯至古希腊学者柏拉图的"eidos"（思想）概念。柏拉图的"思想"指一种最纯粹的精神形式，是人的灵魂在诞生之初就具有的本质特点（卡西尔，2015：76），并且这种本质特点是一类群体所共有的，代表着一种共性。柏拉图对"原型"概念的解释极大影响了现代"原型"研究的一位重要学者的理论——荣格的深层心理学。

在荣格的观点中，"原型"是"原始意象"（primordial images）的指代，即"我们原始祖先经验的反复模式的'心理残余'……'原始意象'在人类的集体无意识中传承下来"（艾布拉姆斯、哈珀姆，2014：35）。显然，荣格的观点与柏拉图"edios"的概念具有相似之处，均认为"原型"代表了一个群体中最原始的本质，并将此观点运用在心理学领域，以解释人类的心理活动。从功能上看，荣格概念中的"原型"是一种解释观察结果的通用意象，并强调这种意象具有先天存在、力比多的集体图式特质（Jung，1949：148-149）。在荣格的归纳中，最为经典的"原型"有四种：阿尼玛/阿尼姆斯、自我、阴影和人格面具。除去这四种原始意象外，荣格还提出了诸如智慧老人、孩子、母亲、少女等意象。荣格对"原型"的解释不仅为这一概念在现代西方文学文化的传播与研究中奠定了重要基础，还使得其他领域也延伸出了对"原型"的不同解释。

在城市史与城市研究方面，"原型"的概念于20世纪50年代末由"小组10"（Team 10）的成员首次引入。该团体由一群建筑师和其他受邀参与者组成，他们于1953年7月在第九届国际现代建筑大会（CIAM）上聚集，并在会议期间挑战教条主义的城市化方法。该团体提出了城市原型的观点以反驳当时盛行的"功能城市"理论（王建国，1990：7）。他们指出，现代建筑设计的发展、变化与理念，在本质上都是对过去原型的不同阐释。而他们希望通过对城市原型的研究，"重新进行合理的，同时又富有人性和社会文化内涵的城市环境建设活动"（王建国，1990：7）。显然，"小组10"提出的城市原型概念在某些层次上借鉴了荣格对"原型"的定义与解释，强调了城市原型是后续各类城市理念的一种内在本质。具体来看，学界对城市原型的讨论存在不同的标准，例如维柯认为，城市原型多指向"林间隙地"的隐喻，即"人类生存的原始空间……当城市诞生时……'复制'了林间隙地的基本属性"（罗建平，2019：81）；而以哲学层次进行划分，又存在"宇宙""机器""有机体"三类城市原型，分别对应着神秘主义、理性主义和自然主义哲学理念。

在文学方面，除了受荣格心理学的影响外，英国学者詹姆斯·G. 弗雷泽（James G. Frazer）在其专著《金枝》（*The Golden Bough*，1890—1915）中对各地、各时期不同的神话与仪式进行研究，指出这些看似毫无联系的神话与仪式系统实际遵循着一套潜在的基本模式（艾布拉姆斯、哈珀姆，2014：35）。《金枝》对同时期的许多创造性文学作品产生了广泛影响。比如威廉·巴特勒·叶芝（William Butler Yeats）在他的诗《航行到拜占庭》中引用了弗雷泽的论文。霍华德·菲利普·洛夫克拉夫特（Howard Phillips Lovecraft）对宗教的理解受到了《金枝》的影响，其还在短篇小说《克苏鲁的呼唤》中提到了这本书。弗雷泽的作品还影响了精神病学家卡尔·荣格（Carl Gustav Jung）和小说家詹姆斯·乔伊斯（James Joyce）、欧内斯特·海明威（Ernest Miller Hemingway）、威廉·加迪斯（William Gaddis）、D. H. 劳伦斯（D. H. Lawrence）等人。在荣格与弗雷泽之后，有诸多学者将"原型"的概念引入和运用在文学批评中，包括莫德·博德金（Maud Bodkin）、罗伯特·格雷夫斯（Robert von Ranke Graves）、理查德·蔡斯（Richard Chase）、诺斯罗普·弗莱（Northrop Frye）等人。

其中，弗莱的《批评的剖析》（*Anatomy of Criticism*，1957）是最具影响力的研究专著之一。弗莱在此书中发展了原型批评的分析方法，他结合布莱克的诗歌与《圣经》中的意象，"从根本上全面修正了传统文学理论和文学批评实践的基础性概念"（艾布拉姆斯、哈珀姆，2014：35）。在此基础上，弗莱归纳并提出了一套适用于文学作品的体系，即"与自然界四季循环运动相对应的四种基本主题（即情节形式，或称之为结构组织原则）具体化为喜剧（春天）、传奇（夏天）、悲剧（秋天）、讽刺（冬天）四种主要文学类型"（艾布拉姆斯、哈珀姆，2014：35）。在这四种文学类型的基础上，演变出了其他类型的文学形式。

结合"原型"概念在城市研究与文学研究中的演变可以看到，无论是城市原型还是原型批评，其核心目的都是探寻一套能够解释现有一切城市或文学作品的体系，以便从根源上对城市与文学进行研究。因此，如果要探讨伦敦为何成为西方现代大都市的重要原型，势必要对伦敦在城市史和文学中的地位进行解释，确保伦敦"原型"地位的合理性。

2　伦敦在西方城市史中的"原型"地位

结合伦敦历史，伦敦在史前时期有着许多人类生活的痕迹，例如考古研究者在其附近的斯旺斯孔布（Swanscombe）发现了旧石器时期的人类化石，在泰晤士河附近挖掘出青铜时代的桥梁遗迹等。从古代伦敦的周边地形来看，伦敦位于泰晤士河两侧，坐落于盆地平原之上，优越的自然条件让伦敦在远古时期具有了成为人类聚集地的条件。

在古罗马入侵后，古罗马人在古伦敦（当时称为伦蒂尼恩）建造了定居点，古伦敦在之后的几十年间成为罗马行省不列颠尼亚的首府。在古罗马统治的四个世纪中，古罗马人将古罗马的城市设计运用在古伦敦的建设上，修建了古罗马风格的城墙、堡垒、塔楼、道路、桥梁、神殿等建筑（阿克罗伊德，2016：22-24），并对伦敦的地区结构进行了最初的设计规划。古罗马人构建出了伦敦城市的雏形，为伦敦后续的发展打下基础。维柯用"林间隙地"的神话来揭示社会的本源，他指出广袤森林中一片意外之地为天火所焚毁，原先为枝叶遮蔽的天空显现出它的变幻莫测，在林木焚毁的地方出现了空地，黑暗森林中游荡的先民发现了这块空地，认为这是神对隙地定居者的嘉惠，便定居于此。林间隙地包含三种规约性功能：与自然空间隔离或区分开，为政治、宗教等仪式活动提供空间；利用神明的"圣火"凝聚民众；林间隙地中的人们受天命感召在此地长期生活（罗建平，2019：81）。这三种规约性功能展现出林间隙地具有的特别属性，即神的眷顾、信徒的感知与虔诚以及适宜的生存空间，中国学者罗建平将其归纳为"天地人三重属性"（罗建平，2019：81）。

综合古伦敦的历史与林间隙地的概念，可以看到古伦敦在古罗马的治理下，其城市空间内部具备了供奉神灵的系统（神殿、广场）、较为稳定的政治生态、对古罗马统治的认同，以及泰晤士河与盆地平原提供的良好生存条件。这些情况均使伦敦符合维柯概念中的"林中隙地"，成为西方城市中历史最为悠久的几座城市之一。这为伦敦成为西方城市的重要"原型"提供了先天的条件。

随着古罗马势力在不列颠群岛的削弱，伦敦随后进入盎格鲁-撒克逊人统治时期。该时期的伦敦先后经历公元 6 世纪的重新发展、维京人入侵以及阿尔弗雷德大帝的"重建"，并于公元 11 世纪成为英格兰地区最大的城镇、外贸中心和政治活动中心。伦敦作为英格兰中心的地位基本确立，城市以威斯敏斯特教堂、伦敦塔分别为宗教和政治中心区域，临近的伦敦城为商业区域稳定发展。值得注意的是，此时的伦敦与传统意义上的欧洲中世纪城市形态具有较大差别：欧洲中世纪城市表现出"神秘主义"的宇宙城市原型，以宗教仪式场所为中心，向四周辐射的道路作为连接不同区域的脉络（芒福德，2005：321）；但伦敦由于旧址倚泰晤士河而建，宗教、政治中心与商业区域被泰晤士河隔开，属于同时期较为少见的城市形态。但这一城市形态却为伦敦后续的发展以及其"原型"地位提供了优势。

18 世纪，工业革命让作为不列颠中心的伦敦发生了结构与形态上的巨大变革。资本主义的发展令伦敦的城市规划也紧随其扩张的需求改变，城市的中心完全转移至商业区域，商业活动成为城市生活的主导，其余的一切都为商业让步。新商业中心不断修建，港口不断开发，相关系统随之建立，城市边界不断扩张。这些改变在让伦敦日益繁荣的同时，也令伦敦的城市空间陷入住宅用地紧张、居民生存条件差、城市内部贫富差距拉大等危机中（钱乘旦，2016：215）。

上述改变均是资本主义与工业革命发生在欧洲其他城市的一个预兆，后来很多西方城市都经历了伦敦式的变化，出现了类似问题。进入 19 世纪后，伦敦的城市建设开始注重解决城市内部问题，修建了下水道、地铁等城市公共系统来改善城市状况，也开始重视城市发展与生态之间的平衡，为后来其他城市的发展与改革提供了可借鉴的经验。

综上可以看出，伦敦在以下两个阶段已成为城市"原型"：在古代，伦敦作为"林间隙地"的代表之一，具备古代西方城市的基本架构，是重要的代表城市；在近现代，伦敦由于经济与政治上的领先，较早地进入城市现代化进程，成为世界上最早的现代化工业城市之一。伦敦近现代的发展历程多少在巴黎、纽约、柏林等西方代表城市重现。尽管后起的许多现代城市将伦敦视为案例，希望尽量避免伦敦的弊端，试图寻找到一条新的城市发展道路，但大多数西方大城市没能完全绕开伦敦式的城市化进程。伦敦在古代与近现代城市史上的地位表明，伦敦既承载了古代西方的城市发展原型理念，又成为近现代西方大城市的一个典型。从这些角度来看，伦敦作为"原型"的地位具有合理性。

3　伦敦在西方城市文学中的"原型"形象

与城市史的情况类似，伦敦在西方城市文学中的"原型"地位也能大致分为古代与近现代两个不同的阶段。其中，古代伦敦在城市文学中的"原型"与宗教和政治有着极大关联；近现代伦敦的城市"原型"则对应着"迷宫""景观"等现代城市神话中的相关意象。

人类对城市第一次进行的想象性书写也许是《圣经》的《创世纪》中所描绘的该隐修建的城市。其后，奥古斯丁（Augustine）的《上帝之城》（*City of God*，413—426）正式将古典城市作为一种宗教意象。在之后多个世纪，西方文学中的城市形象均在"上帝之城"这一意象基础上演变而来。而英国的伦敦作为古代英格兰的中心，城市中修建了多处基督教教堂，包括修建于公元604年的圣保罗大教堂、11世纪建成的威斯敏斯特教堂、萨瑟克大教堂等。伦敦的基督教教堂数量之多，显示出伦敦作为宗教中心的影响力。早期的英国文学也将伦敦看作朝圣之地。杰弗雷·乔叟（Geoffrey Chaucer）的《坎特伯雷故事集》（*The Canterbury Tales*，1387—1400）就借以朝圣为背景，对伦敦的"朝圣之地"形象进行了侧面描写。

除宗教意义上的形象外，因中世纪时期首都的政治地位，在文学作品中的形象也与政治产生诸多关联。这种与政治关联的想象在文艺复兴时期达到高峰，例如托马斯·莫尔（St. Thomas More）在《乌托邦》（*Utopia*）中构想的"理想城市"，就以伦敦作为原型来探讨城市发展的结构、权力关系和城市系统；也出现了以莎士比亚为代表的作家，在戏剧中构建出伦敦"王宫"等代表政治权力中心的具体意象（郭方云，2018：72）。

在进入近现代后，伦敦步入现代城市的发展进程，凭借英国在工业革命以来的全球影响力成为重要的国际性大都市。即便"日不落帝国"解体，伦敦的影响力依旧长期在经济与文化上辐射全球。在近现代西方文学中，伦敦的形象与其经济文化发展历程高度契合。

伦敦作为"迷宫"的形象，以狄更斯、昆西、柏克等人的作品为代表，展现了伦敦在经历工业化与资本主义发展后，传统的城市空间受到工业与资本挤压，成为拥挤、变形、藏污纳垢的"迷宫"。在"迷宫"这一形象的基础上，还诞生出了诸如"阴影之城""雾都"的形象。这些形象也在国际范围内得到传播，出现在法国作家维克多·雨果（Victor Hugo）的《悲惨世界》（*Les Misérables*，1862）、法国作家奥诺雷·德·巴尔扎克（Honoré de Balzac）的《金黄色眼睛的女孩》（*La Fille aux yeux d'or*，1835）等作品中，与巴黎成为一组对照。

在进入20世纪后，作家们描写城市时开始从心理层面进行书写。伦敦的形象也从形态上的"迷宫"，演变成现代文明中的"荒原"（the Waste Land）（赵晶，2016：44）。"荒原"的形象显示了在世纪之交与两次世界大战期间，以伦敦为代表的大都市内部充斥的精神与信仰危机。伍尔夫、艾略特、福斯特、奥威尔等作家，均在各自的作品中探讨城市遭遇的精神创伤，主动或被动地寻找治愈城市精神疾病的方式。

在第二次世界大战之后，随着全球化的发展和世界政治经济格局的变迁，以伦敦为代表的欧洲大城市虽然仍是重要的政治、经济、文化中心，但其影响力渐渐衰弱，被后来居上的纽约、东京、莫斯科等城市所赶超。但在全球化的浪潮之下，伦敦的文学形象也在战后迎来一次转变，作家们除了依旧关注人在现代城市中面临的现代性问题外，还更加关注城市中的多元空间，即"异托邦"化与多元化的伦敦。具体来看，石黑一雄、库雷西等少数族裔作家在书写伦敦的作品中探索少数群体的身份认同困境与境遇；辛克莱尔、塞尔夫、阿克罗伊德等作家则在作品中回忆与再现过去的伦敦，以此审视伦敦现代化的发展现状。

4 结论

本文从伦敦与"原型"之间的关系展开分析讨论，以城市原型和文学原型两个概念的对比作为切入点，证明伦敦在城市史、文学史中具有的"原型"地位和形象。可以发现，伦敦作为西方城市的重要"原型"之一，在西方国家的文学作品中经常出现，并且存在一定的象征意义。这一情况也为诸多现当代作家在其作品中挖掘伦敦的神话特质打下了基础，进一步延续、发展和强化了伦敦作为西方大都市形象的原型地位。

参考文献：

阿克罗伊德，2016. 伦敦传［M］. 翁海贞，杜冬，何泳杉，译. 南京：译林出版社.

艾布拉姆斯，哈珀姆，2014. 文学术语词典［M］. 10 版. 吴松江，路雁，朱金鹏，等编译. 北京：北京大学出版社.

郭方云，2018. 论莎士比亚戏剧的英格兰区域概观图示［J］. 国外文学（4）：70 - 79.

卡西尔，2015. 国家的神话［M］. 范进，杨君游，柯锦华，译. 北京：华夏出版社.

罗建平，2019. 城市原型视角下的城市发展研究——兼论上海城市原型及其发展［J］. 华东理工大学学报（社会科学版）（6）：80 - 87.

芒福德，2005. 城市发展史——起源、演变和前景［M］. 宋俊岭，倪文彦，译. 北京：中国建筑工业出版社.

钱乘旦，2016. 英国通史·第四卷 转型时期——18 世纪英国［M］. 南京：江苏人民出版社.

王建国，1990. 城市原型及其规范理论［J］. 城市规划（1）：7 - 12.

赵晶，2016.《荒原》中地素的符号学研究——以"城市"一词为例［J］. 外国文学研究（7）：42 - 50.

JUNG C G, 1949. Psychology of the unconscious［M］. BEATRICE M, HUNKLE M D, trans. New York：Dodd, Mead and Company.

A Brief Analysis of the Reasons and Representations
of London as an Important Prototype of Western City Image

Huang Tianying

Abstract: London, as the first globally modernized metropolis in history, holds a significant position in Western literature. The shadow of London can be more or less seen in many Western literary works. This article, combining the theory of archetype criticism, historiography, and some literary works, briefly explains the rationality of London as an important prototype of the Western modern metropolis image, and demonstrates the general context and forms of representation of the evolution of London literary images throughout history.

Key words: London; prototype; literary image

语言与语言教学

大学英语直接法教学实践探析①

赵 毅

（四川大学外国语学院，成都610207）

摘 要：直接法教学是比较传统的一种教学方法。本论文旨在探索为非英语专业学生开设的大学英语课堂实践直接法教学的可行性、遇到的具体问题和弥补不足之处的途径。

关键词：大学英语；直接法教学；问题与途径

英语直接法教学是比较传统的一种教学方法，在我国英语教学史上，这种教学法在 20 世纪 20 年代至 30 年代比较流行。虽然如此，在我们今天的大学英语课堂上，直接法教学依然有着一席之地。《韦氏英语大辞典》曾给出了这样的定义：直接法是现代外语的一种教学方法，借助外语本身来开展会话、交谈和阅读，整个教学期间不使用学生的母语，无双语翻译，无语法分析。直接法提出了"learn to speak by speaking""learn to read by reading""learn to swim by swimming"这类有名的口号（高芳卉，2011：90 - 94）。"教无定法"，学生认可接受的教学方法，能够有效提升英语学习的教学模式，自然值得研究和实践。本论文旨在探索为非英语专业学生开设的大学英语课堂实践直接法教学的可行性、遇到的具体问题和弥补不足之处的途径，供方家批评指正。

1 英语直接法教学的基本理念

直接法英语教学与法国古安和英国帕尔默的教学法息息相关。法国语言学家古安（Francois Gouin）著有《语言教授法和学习法》一书。研究显示，古安最早提出外语直接法教学理念——古安序列教学法（the Gouin series）。19 世纪中后期，古安系列教学法在欧洲逐渐流行起来。1902 年，古安系列

---

① 本论文系四川大学外国语学院 2022 年度教改课题"新文科背景下大学英语直接法教学"研究成果。

教学法引入我国苏州东吴大学，这一教学法不久又被广州岭南学院等教会学校广泛采用（高芳卉，2011：90 - 94）。古安外语直接法教学理论，源自发展心理学说，在教学实践运用上参考了儿童语言学习过程中的心理接受情景，即在游戏化的语言学习过程中，加强对语言和文化知识的感悟学习和掌握运用。古安强调语言学习中对关键动词、基本句型的模仿和重复运用。依据笔者掌握的资料，古安直接法教学是较早提出并在二语习得中采纳的教学方法，在学习外语的基础阶段，是一种比较直观和切实可行的办法。

基于索绪尔的语言学理论，英国语言学家帕尔默（Harlod E. Palmer，1877—1949）在英语口语教学法方面进行了创造性的探索。1922 年，帕尔默应邀到日本文部科学省担任英语教学顾问，一直到 1936 年。帕尔默倡导的英语口语教学法的五个基本步骤是：观察、模仿、复述、具象、造句（边家胜、姜巧，2015：105）。第一步是体味英语发音，重在感悟英美人士发音，理解次之。第二步是模仿英语发音，模仿说话人的声音、神态、姿势。第三步是机械重复发音训练，如同婴儿般咿呀学语，反复地听说复述，心领神会。第四步是词义关联，学习者把通过倾听学到的英语单词与其所指的物体或内容逻辑联系起来，融会贯通。第五步是联词缀句，英语学习者要通过举类的办法，熟练运用掌握的英语词汇、短语和句型进行语篇练习，直至进行书面表达（文幼章，1937：i - iii）。

古安和帕尔默的直接法教学理念，曾经先后在朝鲜、中国台湾与四川等地得到过很好的实践。

1895 年，中国清朝政府和日本明治政府签订了丧权辱国的《马关条约》，帝国主义掀起了瓜分中国的狂潮，日本军国主义在朝鲜和中国占领区大肆推行殖民统治和奴化教育。1938 年，日本提出"东亚新秩序"声明，日本占领了朝鲜和中国的台湾，将日语定为国语，推行"皇民化运动"和"创氏改名"等，为其侵华战争服务。（金香兰、徐雄彬，2020：36）在日本政府支持下，山口喜一郎依据古安教学法原理，在中国台湾和朝鲜推行"日语直接法"教学，编制日本语教学大纲和教材。山口喜一郎改造了古安教学法，使其更加符合日语学习者的接受现状，将直接法教学理念贯穿教材编写和教学的全过程。山口喜一郎的教学理论认为，基础教材内容和词汇要符合学习者的接受心理，教学内容尽量形象直观，教学过程重视循序渐进，主张采取问答式的教学方法。这就是独具特色的"山口式直接法"日语教学理念。（边家胜、姜巧，2015：104）

　　如果说山口喜一郎实践的"山口式直接法"日语教学，主要针对学习日语的儿童，大出正笃提倡的"速成式教学法"则主要面向学习日语的成人学生。这一教学法的核心是重视学生课前预习，课堂强调"精讲多练"，教材内容具有思想性，"少而精"，贴进学习者的生活，课文注释和译文多采用汉语，方便学习者自学并提前理解熟悉相关内容，在课堂和课后的更多时间里，教师依据教材涉及的相关词汇和内容，让学生主动进行对话口语训练，提升口头表达能力。（边家胜、姜巧，2015：105）

　　"山口式直接法"日语教学理念在朝鲜和中国台湾等被占领区实施，取得了一定的成效。虽然是日本在中国和太平洋地区发动的法西斯侵略战争的背景下实践的，但从语言教学来看，对这些二语习得教学法，我们今天的大学外语课堂教学可进行批判性的吸收和借鉴。

　　语言学家帕尔默的直接法教学理论在日本军国主义占领区被大力推行的同时，对中国的英语教学也产生了一定的影响。1927年夏，加拿大来华传教士文幼章（Dr. James G. Endicott，1899—1993）前往东京拜访英语教学研究所"英语直接教学法"（The Direct Method）的创始人哈罗德 · E. 帕尔默先生。文幼章回到中国后，热心推广英语直接教学法。他辞去了传教士工作，在重庆开始从事英语教学，受聘到重庆大学英文系从事英语直接法教学。1944年，文幼章应邀到成都华西协合大学教授英语和伦理学，协助四川省教育厅改革英语教学。当时，人们渴望迅速掌握英语，适应日渐开放的社会。一些西方人士也趁势推介短平快的"基本英语"教学法。这些人声称，中国的英语初学者只要"学会八百五十单词、五条简单规则，再听上一张唱片，就能掌握英语"（文忠志，1983：162－163）。文幼章认为，凡是相信短时间内就能学好英语的初学者，很快就会发现自己上当了。"那些对基本英语崇拜得五体投地的学生只会不知不觉地被教成蠢驴"，因为"要兜售五条简单规则是多么容易呵"（文忠志，1983：163－164）。

　　文幼章在当时四川等地实践的英语直接法教学很是成功，这一教学法也在全中国得到宣传和推广。1933年8月18日，《申报》（上海版）第1版刊发了一则广告，就是这样推介文幼章编著的直接法英语教材的：

直接法英语读本
用直接训练口耳眼手的新教学法编辑的

重庆大学英语教授 James G. Endicott 编

翻译式的外国语教学法，效能之薄弱，教者学者用力之不经济，久已为世所公认；但迄今环顾国内，对于外国语之教学，虽迭经教者多方改良，终未能完全免除此项旧方式。重庆大学英语教授文幼章先生（James G. Endicott），本其历年教授经验，采用英国伦敦大学教师现日本文部省专聘日本英语教学研究所所长巴麦尔先生（H. E. Palmer）所创之新直接法，辑为初中英语读本一套，专用问答方式，反复变换句法，从口耳的训练，引到手眼的训练；务使学生熟习变换。自然达到能说能听能写能看的能力。曾在川东各省试用，成绩极佳，今交由本局出版。此书之出，将来国内英语教授者，庶不至无法避免翻译式之束缚，诚为英语教学最新最佳之工具。（王骏，2022：60）

文幼章倡导的英语直接法教学，在我国高校产生过一定的影响。20 世纪 80 年代初期，南京大学尝试实践这一教学方法，英语专业教学主张英语学习以听说为主，"听说领先"。文幼章还应邀前往该校讲学，阐释自己实践的这一套英语直接教学法。

1922 年，我国实行新学制。中小学课程从最初仿效日本和德国的模式，逐渐向英美教育体制看齐，根据政府新出台的《中小学课程标准》编制英语新教材。文幼章编著的《直接法英语读本》和周越然编的《英语模范读本》是我国当时比较流行的英语教科书。

英国语言学家帕尔默的"英语直接教学法"得到推广，除加拿大人文幼章外，热心推广英语直接教学法的还有英语教育家张士一。1907 年，张士一曾受聘到四川省城高等学堂（即今天的四川大学）教授英语，之后在上海南洋公学（即今天的上海交通大学）等高校执教英语。张士一曾负责编制《初高中英语课程标准》和《初中直接法英语教科书》，提倡英语直接法教学，认为直接法是"自然法"和"演进法"的集合，好的英语教学法是"富于理想，而又切于实用"。如同山口喜一郎一样，张士一创造性地吸取了帕尔默"英语直接教学法"理论中比较合理的因素，以适应我国国情和学生学习英语的实际情况。张士一是"我国近代最早系统而完整地提出直接法英语教学的教育家"（王兴佳，1994：70）。

从我国英语教学历史来看，直接法英语教学实践最初主要始于中小学阶段的英语教学，对提高学生的英语运用能力，特别是提高学生的英语口语，具有一定的积极作用。片面武断地否定其对英语教学的积极作用，或者是过分强调夸大其作用，都是不合适的。有中国学者指出，世界上没有一种放之四海而皆准的外语教学法。

事实上，任何一种英语教学方法的推广运用，都受制于时间和空间。换句话说，大学英语教学方法，要与时俱进，因时而异，因地制宜，既要立足于英语学习者的成长需求，也要"从国家战略需求出发"，服务于经济社会发展需要。

2　大学英语直接法教学实践探索

大学英语教学的目的是培养学生的英语应用能力，增强跨文化交际能力，提高综合文化素养（教育部高等学校大学外语教学指导委员会，2020：1）。直接教学法只是大学英语课堂教学法的一个选项，任课教师应根据教学对象和实际需求，设定教学情景，具体问题具体分析，灵活运用，与时俱进。恪守某一种形式的教学法，刻舟求剑，是行不通的。事实上，在大学英语教学的初级阶段，直接教学法是可以部分借鉴和实施的。

2.1　设置相关语境和话题，重视课前预习，提高英语口语练习的有效性

首先，大学英语分级教学是提高学生英语口语能力的有效途径，是采用直接法教学的一个前提条件。从目前来看，基于学生入学前的英语水平，为满足学生不同的个体需求，指导学生尽快适应大学英语教学模式和学习要求，大学英语分级教学是比较符合实际的一种教学实践。

大部分学生对大学英语教学满怀期待，希望第一时间就能提高自己的英语口语能力。对于许多新生来说，英语口语表达是他们在高中英语学习阶段用力费时不多的弱项，那时学生的更多精力投入了书面英语和应试英语的练习实践。此外，学生来自我国不同的地域，各地区中学的英语教学水平存在相当大的差异，这就导致学生入学英语水平参差不齐，英语口头表达能力存在很大的差距。这是大学英语采用分级教学的重要原因。

其次，学生课前预习学习内容和自主学习模仿英语发音至关重要。在大学英语课时有限、课程内容和教学任务有特定要求的情况下，英语基础不同

的学生，很难在同一起跑线上共同进步，口语训练也难以收到事半功倍的效果。从教学实践来看，学生课前预习模仿必不可少，借助教材中的中英文注释，借助相关的听力资料，从头学起，虚心实践，显然是不可或缺的。1962年，陈毅副总理对外语学院的学生说："发音一关先要突破。发音不准确，人家听不懂；结果就搞成中国人听到你讲外文，外国人听到你讲中文。所以一开始就要'别'外国语的调调儿。外语发音不是容易学会的，但 一 定 要'别'出来，'别'出来就不难了。如果克服不了发音这个困难，那一辈子也就过不了关。"（赵毅，2014：60）

重视学生英语听说能力的提高，先要重视单元课文基础练习，这样才能有效培养学生对英语的运用能力，提高学生的跨文化交际能力，有助于学生"树立世界眼光，增强国际意识，增进国际交流，取人之长并弘扬中华文化"（夏国佐、吴晓真，2021：1）。总之，在大学英语基础教学阶段，直接教学法不失为一种现实高效的英语教学法。单纯地模仿英语的发音，固然不失为学习这门语言的途径，但是，科学地、系统地学习这门语言的语音、词法、句法等理论知识，对提高大学英语学习效率的作用是不容置疑的。这如同单纯地模仿别人歌唱可以学会唱歌，如果略知乐理知识，学习唱歌自然更是如虎添翼。

2.2　加强词汇学习，重视重点词汇和句型练习，是提高大学英语书面表达能力的有效途径

词汇是英语造句和作文的基本元素，词汇学习是大学英语学习的重要任务之一。1500 年前，英语从部落方言逐渐演变成了全球通用语。研究资料显示，英语国家和地区在全球达到 73 个，这些国家和地区的人口总计达到21.35 亿，英语语言区的面积超过世界陆地面积的五分之一。英语的使用遍及欧洲、美洲、亚洲、非洲和澳洲，这为英语在全球范围的通行获得了广泛的地理基础。（杨席珍，2012：157）

随着社会的发展、科技的日新月异、人们生活的丰富多彩和交往交流的频繁，英语的新词汇也在不断增加，如同世界上的其他重要语言一样，这是英语词汇发展的总趋势。面对英语语言的飞速发展，新词汇的不断增加，如何有效地学习和掌握这门第二语言，成为我们面临的当务之急。而《大学英语教学指南》和《中国英语能力等级量表》等权威性文件，就是我们有效推进和实施大学英语教学的指南，一本经过实践检验的权威性教材也是必不可少的。笔者目前采用的是上海外语教育出版社的《大学英语综合教

程》，该教材自 20 世纪 80 年代中期问世以来，历经多次修订，课文选题和
练习设置，都非常科学到位，系统全面，遵循"教师为主导，学生为主体"
的编写理念，选文难度循序渐进，学生学习具有针对性，教师教学具有可操
作性，不失为符合我国学生学习需求的大学英语教材。

从该教材的英语词汇教学内容的编写来看，课文正文中涉及的词汇，采
用边注形式，词义采用英汉对照格式，大学英语四六级考试词汇特殊标注，
超纲词汇、重点操练词汇也有特殊标志，这种编著格式有利于学生自学，教
师教学，特别是对于英语基础略差的学生来说，更是方便课前预习。但是，
还是需要学生发挥主观能动性，要领会和掌握特殊的词和短语，还需要多查
阅词典，知其然，也要知其所以然，做到举一反三，融会贯通。"我们在学
习外语的时候要勤翻词典，仔细琢磨一个词的意义，与本族语言相应的词进
行对比，这样才能比较好地学好外语。"（高名凯、石安石，1982：104）

英语直接法教学不是简单地依靠插图、实物教具、大量的对话、肢体动
作和绘画等触及感官的形象材料来调动英语学习者主观能动性，而是强调课
前预习的重要性。英语初学者要借助课文中的注释，尽可能提前熟悉即将学
习的课程内容。课文部分单词和注释，依据需要，用汉语解释，重视学习者
多样化的学习需求，有效满足学生特别是成人学生的学习需求，预习阶段采
用汉英对照的方式，也是重视学生的汉语学习，并不违背直接教学法精神。
不过，在正式的英语课堂上，英语学习者要尽量忘掉母语，最大限度地用英
语思维、用英语表达，逐渐融会贯通，从不熟悉到熟悉，从不太流利到地道
流畅，这或许才是直接法教学追求的目标。初学者自觉自主地学习教材每个
单元的知识点、重点词语和特殊句型，背诵默写相关的章节，不断增强对英
语语言的感性认识，最终步入"自然王国"。词语的学习不是孤立的，教师
和学生应有意识地将词语和句型结合起来，在句型的操练中逐渐体会词语的
含义，通过句子的练习驾驭词语的运用。（边家胜、姜巧，2015：105）

就目前笔者所用大学英语教材来看，在每个单元的练习中，重点词语和
句型的练习占了很大部分。相关的英语词语练习题也具有其特色。每课常用
词语和重点短语在 30 个左右，练习由浅入深，由易到难，词语的练习涉及
词源、构词法、构型法，等等。句子也从简单句逐渐向复句递进，学习者使
用课文常用词和重点词组进行完形填空和翻译练习。这些练习都有助于学生
增强对英语语言的实际运用能力。参考笔者掌握的文幼章当年编著的直接法
英语教材来看，词汇和语法练习也占了相当大的比例，文学类题材课文占的

比例也不小，系统性的练习有助于增强英语学习者的感性认识。总之，大学英语课堂采用直接法教学只是一种尝试，更多时候需要具体问题具体分析，折中主义教学法兴许是值得提倡的，那就是"充分吸取我国在外语教学中长期积累起来的行之有效的经验和方法，学习借鉴国外的教学理论和方法并根据我国的教学需要和具体情况加以消化、糅合、改造、吸收"（夏佐国、吴晓真，2021：1），自行规划设计，找到适合我国大学英语课堂教学的有效方法。

3　大学英语课堂直接法教学面临的主要问题

在大学英语课堂里，直接法教学面临的主要问题就是如何把教学的任务目标和学生的学习期望有机结合起来。具体说来，大学英语学习的基础阶段主要问题有以下两种：

第一种是少数学生对英语学习不感兴趣。这类学生占的比例不大，但很具有典型性。他们对英语学习不感兴趣或者缺少兴趣。少数学生入学时，没有英语基础或者英语基础特别差。等到进入大学，他们发现自己很难跟上英语课程进度，长此以往，逐渐失去了对英语学习的兴趣，对英语课程抱着冷眼旁观的态度，课堂学习仿佛与自己无关，出于迫不得已，勉强应付了事。遇到这类学生，我们只能耐心地予以指导和帮助，协助其摆脱对英语学习的恐惧，转变其冷漠态度，为其每一次微小的进步报之以微笑，给予"点赞"，逐渐消除他们内心深处对英语学习的恐惧思想，端正其学习英语的态度，焕发其学习精神，激发其学习热情，使其更加自信，逐渐"赢得学生的思想和心灵"（苏霍姆林斯基，2021：75）。

第二种是英语学习者对规定的学习任务和指定作业的时间精力投入不够。这种学生通常又分为两类，一类是忙于其他课程的作业或某些社会活动，导致英语学习和作业的时间被挤占或者被挪用，无法按时完成作业，或者马虎地完成以应对检查。另一类是入学时自恃高考成绩不错，或者高中的英语基础很好，进入大学后感觉良好，以致对英语学习掉以轻心，一学期下来，英语学习欠账太多，学习难以形成良性循环，于是开始心浮气躁，加之其他各门课程学习的压力也较大，如果遇到英语学习补考和重修，更是雪上加霜，英语学习效果每况愈下。面对这样的情况，我们要多亲近学生，了解他们最盼、最急、最忧和最怨的问题，调查研究，考察实情，对症下药，对这极少数情况要抓抓住不放，真心实意地和学生交朋友，拉家常，找到英语学习的难点和痛点，制定切实可行的补救方案，发扬钉子精神，把教师的关心落到实处，"一分部署，九分落实"，好的计划必须要真抓实干才有效果，"要抓实、再抓实，不抓实，再好的蓝图只能是一纸空文，再好的目标只能是镜花水月"（中共中央宣传部，2016：293）。

4　结　语

　　大学英语教学以培养学生的英语应用能力、跨文化交流的综合能力为目标。英语直接教学法只是大学英语课堂教学法的一个选项，任课教师应根据教学对象和实际需求，与时俱进，设定教学情景，具体问题具体分析，灵活运用，恪守某一种形式的教学法，刻舟求剑，是行不通的。

参考文献：

边家胜，姜巧，2015. 日语直接法教学在 20 世纪上半叶的发展历程［J］. 通化师范学院学报（自然科学）(6)：103 - 106.

高芳卉，2011. 晚清英语教学法及其对大学英语教学的启示［J］. 陕西理工学院学报（社会科学版）(4)：90 - 94.

高名凯，石安石，1982. 语言学概论［M］. 北京：中华书局.

教育部高等学校大学外语教学指导委员会，2020. 大学英语教学指南［M］. 2020 版. 北京：高等教育出版社.

金香兰，徐雄彬，2020. 日本侵略统治时期的日语"直接法"教学——以中国东北地区朝鲜族小学为例［J］. 日语学习与研究 (4)：28 - 38.

苏霍姆林斯基，2021. 给教师的建议［M］. 周蕖，王义高，刘启娴，等译. 武汉：长江文艺出版社.

王骏，2022. 外语直接教学法在近代中国的传播研究（1902—1949）［D］. 扬州：扬州大学.

王兴佳，1994. 英语教学的先驱［J］. 江苏外语教学研究 (2)：70 - 71.

文幼章，1937. 直接法英语读本：第 1 册［M］. 上海：中华书局.

文忠志，1983. 文幼章传——出自中国的叛逆者［M］. 李国林，周开颁，叶上威，等译. 成都：四川人民出版社.

夏国佐，吴晓真，2021. 全新版大学高阶英语　综合教程学生用书（2）［M］. 上海：上海教育出版社.

杨席珍，2012. 英语全球化：语言与身份危机［J］. 长春工业大学学报（社会科学版），24 (6)：157 - 159.

赵毅，2014. 浅析毛泽东英语学习方法及其对当代大学英语教学的启示［J］. 毛泽东思想研究（1）: 56 - 60.

中共中央宣传部, 2016. 习近平总书记系列重要讲话读本 ［M］. 北京: 人民出版社.

Direct Method for College English Teaching in a Practical Perspective

Zhao Yi

Abstract: Direct method is a traditional teaching method for learners of English. The paper here is to explore the possibilities, problems and solutions in an English class for today's non-English majors in China.

Key words: college English; direct method; problems and solutions

英语专业语音线上线下混合式
教学设计与实践①

蒋红柳　黄　乔　高　红　黄婷钰

（四川大学外国语学院，成都610207）

摘　要：高校英语专业基础语音课程的主要教学目标是培养英语专业复合型、创新型人才，让学生拥有扎实的专业基本功。近年来，我们通过线上线下混合式教学激发学生自主学习意识，在学习语音学和音系学基本理论知识的基础上，帮助学生了解和掌握英语的音系和发音机制，英语重音、节奏和语调在连贯语流中的特征，强调语言的交际功能，整体教学活动很好地贯彻了"激发兴趣－理解内涵－实践应用"的教学设计思路，有效提升了教学成效。

关键词：英语语音；线上线下混合式教学；音位及音位变体；韵律特征

1　与时俱进的英语语音课程建设

自20世纪70年代末以来，四川大学外国语学院英文系在本科英语专业语音教研方面积累了较为丰富的理论和教学实践经验，周考成编著的《英语语音学引论》，张凤桐编著的《英国英语语音学和音系学》，张凤桐主编，林必果、高红、蒋红柳编撰的《现代英语标准发音》等面向高校英语专业的英语语音学教材相继出版，为英语语音教学奠定了厚实的基础。各时期的教材紧跟英语语音自身的发展变化，课程建设与时俱进，不断迭代。为适应新时代英语语音教学的新需求，四川大学外国语学院以提高学生的英语听说基础能力为目标，依据本科生二语习得的学习规律，以"激发兴趣－理解内涵－实践应用"的教学设计思路，在传统英语语音教学模式基础上，将英语语音课程明确分为"英语语音基础"（秋季学期）和"语调与交际"（春季学期）两部分，采用语音与语调并重的课程设计，秋季学期围绕掌握

---

① 本文系四川大学高等教育教学改革工程（第十期）研究项目"英语专业语音课程线上线下混合式教学方法创新与成效评估"（项目号：SCU10230）成果。

英语音位知识和发音技能开展教学，春季学期则以学习掌握英语的超音段特征为核心。两门课程承前启后，各阶段学习目标清晰、循序渐进，解决了传统语音教学重音轻调的问题。教学实践表明，学生英语语音综合水平显著提高。

2019 年，随着我国线上大学慕课的兴起，英语语音教学团队也开始探索利用信息技术，依托网络平台，将课堂教学延伸到网络虚拟空间中，实践线上线下混合教学模式。在线上线下混合教学模式创建初期，教学团队通过引进线上精品慕课，尝试网上异步 SPOC 教学作为线下教学的补充和延伸，在传统课堂教学的基础上，结合网上教学平台的课程资源拓展教学的广度和深度。混合教学模式将传统课堂教学与线上网络教学资源相融合，不仅是教学方法的创新，更符合以学生为中心的教学理念，有利于借助线上课程培养学生自主学习意识和能力，还使得教师在接受新的教学理念的同时，积极主动地适应新的教学模式，转变教师的角色定位，从单纯的知识传授者转换为学生语音学习的引导者和督促者，让教学更具有针对性，提高了教学成效。

实践证明，混合教学模式一经实施，便得到了同学们的积极响应，激发了他们学习英语语音知识的热情和拥有良好准确英语语音的内生动力，主动地投入更多的时间精力进行语音学习和练习。学生通过线上线下课程混合学习模式，结合教学内容加大课后练习强度，实现个性化的学习目标。教师则在进一步培养学生自主学习相关理论知识的基础上，加大对学生线下实践环节的指导，有针对性地解决学生学习中的困惑，提升课堂教学的针对性和有效性。此教学模式进一步推进了英语语音教学的创新，帮助学生通过多维度的学习充分掌握语音学相关知识，有效提升英语发音的准确性，为接下来的语调与交际、听说等课程的学习奠定良好的基础，进而提高学生综合运用英语来表达自己思想情感的能力和跨文化交际能力。

在积累了一定的线上线下混合式教学经验的基础上，按照四川大学外国语学院的统一规划，2021 年语音教学团队结合教学实际，有针对性地编写录制了"实用英语语音"（Practical English Pronunciation）慕课视频及课后练习、期末考试等课程内容，形成了较完整的英语语音慕课体系。"实用英语语音"先后在"中国高校外语慕课平台"（2022 年）与"智慧树网"（2023 年）上线，为系统化开展线上线下混合式英语语音教学打下了更为坚实的基础。

2　明确英语语音教学目标

英语语音作为本科英语专业必修课，通常是以听辨模仿训练为主的"正音"课，教学内容围绕如何正音进行，学生容易对这种较为枯燥的学习方式产生厌倦，难以达到预期的教学效果。此外，传统语音教学还存在"重音轻调"的状况，教学偏重单个音素发音的准确性，却相对忽略了英语重音、节奏、语调、连贯语流中的音变等的习得，使得我们的学生在口语表达上很难做到运用自如和准确达意，再加上汉语母语语音的负迁移影响，更是难以做到自如流利地进行跨文化交际。因此，我国英语教学普遍存在学生的听力和口语表达远落后于阅读能力及总体的英语水平，导致听力障碍或影响口语交流等问题。

鉴于英语专业大一学生英语语音基础普遍薄弱，在充分分析学生学情基础上，我们为英语语音课程设定了三大教学目标：①价值目标：引导学生树立正确的语音观、价值观和跨文化意识，培养学生兼具中国情怀与国际视野，推动我国国际传播能力建设，促进文明交流互鉴。②能力目标：在跨文化交际中能用标准英语语音与母语者交流，在辨识常见英语变体发音基础上理解语音知识背后的意图和文化内涵，增强学生解析问题、深度学习的能力。③知识目标：掌握元音、辅音音位及其变体的发音部位和发音方法，明确舌位图的锚定作用，在了解英汉音位异同基础上建构跨语际语音知识体系。

基于上述目标，英语语音课程不再仅是练习并掌握正确的发音，而是将英语语音训练作为提升学生听说能力的切入口，帮助学生在掌握正确的英语发音的同时，提高听的能力和符合目的语表达习惯的口语交际能力。因此"英语语音基础"课程的重点目标就是帮助学生克服非母语习得的"失语症"和解决母语方言对英语语音的负迁移影响，引导学生在自主学习中获得对新的非母语音系的感知，建构其英语语音知识体系。"语调与交际"课程则针对当前非母语的大学英语专业学生语音习得需求，同时克服传统英语语音教学中"重音轻调、重形式轻功能、重模仿轻理论"等问题，重点讲授英语的重音、节奏、调型结构及其含义，英语调群切分、调核位置与信息焦点的关系，对比分析汉英语调之间的异同等，帮助学生知其然更知其所以然，在理论的指导下进行语调练习，达到事半功倍的学习效果，全面拓展学生的综合语音知识范畴。

3　英语语音线上线下混合教学模式设计与实践

3.1　建立线上慕课体系

在明确了教学目标任务后，教学团队认为只有采用线上线下混合教学模式，才能较好地达成教学目标。而要开展线上线下混合式教学，首先需要创建符合教学目标要求的线上慕课，有针对性地发挥线上教学资源对语音学习的支持作用。教学团队根据我校英语语音课程设置情况，以激发学生进行线上学习的兴趣和主观能动性为出发点，将慕课设计为 8 个教学单元，前 4 个单元对应线下"英语语音基础"课程，后 4 个单元对应线下"语调与交际"课程。各单元根据课程内容在形式上有所变化，既有语音语调的理论知识讲解、发音示范视频，也有学生参与的互动教学视频。除视频教学内容外，还为每个单元设计了课后练习，让学生及时检验学习成效，并可进行反复学习和练习。教学团队还针对慕课人机交互的特点，在慕课平台的技术支持下，实现了单元练习和期末考试形式灵活、内容多变，形成了具有线上特色的测试模式。（见图 1 和图 2）

图 1　"实用英语语音"慕课内容设置样例（一）

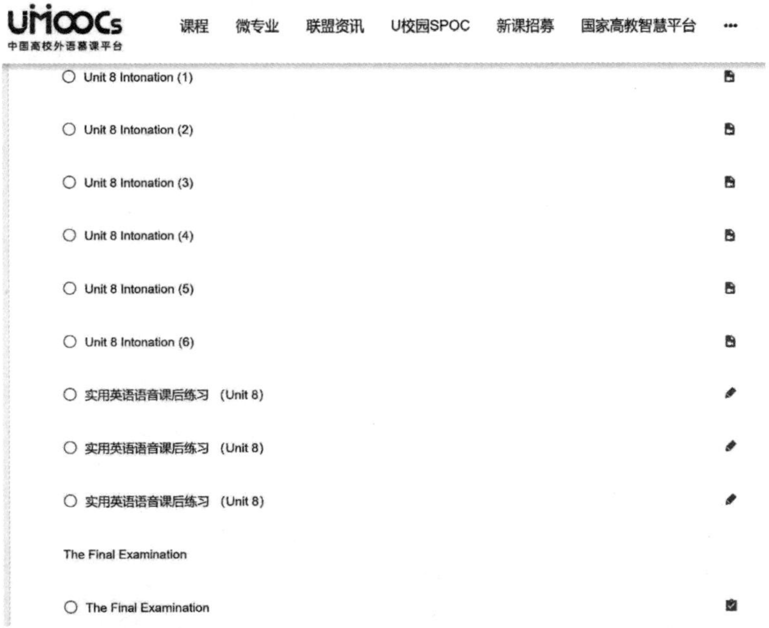

UMOOCs 中国高校外语慕课平台　　课程　微专业　联盟资讯　U校园SPOC　新课招募　国家高教智慧平台　···

○ Unit 8 Intonation (1)

○ Unit 8 Intonation (2)

○ Unit 8 Intonation (3)

○ Unit 8 Intonation (4)

○ Unit 8 Intonation (5)

○ Unit 8 Intonation (6)

○ 实用英语语音课后练习 (Unit 8)

○ 实用英语语音课后练习 (Unit 8)

○ 实用英语语音课后练习 (Unit 8)

The Final Examination

○ The Final Examination

图 2　"实用英语语音"慕课内容设置样例（二）

在完成慕课"实用英语语音"课程内容设计、编写和录制上线后，教学团队充分利用该慕课引导学生开展线上学习，建议学生每周用至少 2 个学时完成线上学习和单元练习等任务。教师即时跟踪线上学习效果，在线交流答疑。同时利用智慧学习平台来组织线上线下混合式学习，获取教学反馈，鼓励学生分享学习成果，引导学生拓宽学习渠道，增加课后学习投入，强化语音学习体验。慕课可视化程度高，其教学模式对学生的语音语调学习具有重要促进作用。线上课程不仅为学生的课前学习和课后复习提供了很好的可视化学习途径，也为有需要的学生提供了反复学习的机会，便利个性化学习，使学生在学习中不再是信息的被动接受者，而是积极的参与者。

3.2　建立适应混合模式的线下课堂教学体系

线下教学着重丰富和更新教学内容、课堂教学形式和学生课后练习方式。采用情景教学法、任务型教学法、产出导向法等以学生为主体的教学方法，用翻转课堂、教师有针对性讲解、情景短剧、小组朗读及讨论等多种形式开展教学，重点解决学生英语语音学习中较难理解的各类问题，培养语音辨析思维。为提高学生的学习兴趣，更好地发现和欣赏语言中的语音美、韵律美，也为了弥补课堂教学缺乏足够时间进行长文语音训练的缺陷，教学团队以教材为线索，适时融入其他阅读材料、影音材料、多媒体课件资源等，引导学生加强模仿母语说话人语音语调的练习。所选学习材料主题内容广泛，语言真实地道，兼具实用性与人文性，为学生提供具有时效性的语言体验。课后练习要求学生在教学周期内模仿一段电影配音，朗读一到三篇短文、诗歌或小说片段，选择的材料为语速较慢的短文和诗歌，要求达到语音基本正确，朗读流畅，能较好模仿原文的重音、节奏和语调。

3.3　课程教学实践

我们于 2019 年秋季学期开始着手实施英语语音课程的线上线下混合式教学，设计通过引进线上精品慕课来延伸和补充线下课堂教学，按照课程教学目标、教学策略来建构教学内容和网络教学支撑平台，为学生营造运用所学知识进行虚拟交际或人机对话的网络学习环境，积极开展自主学习。学生通过在线自主学习英语语音的理论知识和发音方法，为线下课堂教学留出更多的有针对性的讲解和互动交流时间，学生能更好更快地获得对新的非母语语音系统的感知，建构其英语语音知识体系。按照课堂教学与自主学习相结合的教学模式，在教学过程中强化线上资源的利用，学生在课堂学习前和课后根据教师下发的 SPOC 课件和讲义在线自行学习相关内容，充分利用网络音视频资源来促进学生自主开展英语语音学习和课后练习，教师在课堂教学中重点讲解学生在线学习中所遇到的难点，采用沉浸式教学手段，指导学生分组讨论、合作解决学习过程中发现的问题，以互动式练习增加学生在课堂教学中的参与度。

自 2022 年秋季学期始，随着教学团队自编的"实用英语语音"慕课上线，要求学生根据课程教学进度，课前直接观看线上慕课和完成单元练习等来强化线上学习，尽量让学生在线学习时长达到教学时间的 50%，并将线上学习纳入英语语音课程的考核评价体系，使学生认识到线上学习不再仅是线下学习的辅助与补充，而是整个语音教学体系的一部分。教师按照教材的单元模块，将教学过程安排为"线上预习＋练习""课堂讲解＋互动讨论""课后线上复习＋配音、朗读训练"的方式进行。线下课堂教学分为三大教学模块：①教师随机邀请部分学生展示分享线上学习成果并予以点评指导。②教师对主要理论知识点给予强化讲解。③学生分组听辨、讨论。学生的参与互动占课堂教学时长的三分之二，让学生有更多机会通过学习语音来学会交际，通过提升交际能力来进一步强化对英语语音的掌握。在课堂教学结束前，要求学生在下一次课前自主观看线上慕课视频进行预习，完成慕课的单元练习。

学生课后练习主要包括：①电影配音。利用"趣配音"等网络资源进行配音练习。②短文、诗歌模仿录音。秋季学期选择的材料为语速较慢的短文和诗歌，要求达到语音基本正确，朗读流畅，能较好模仿原文的重音、节奏和语调。春季学期则注重连贯语流、重音、节奏和语调的韵律特征的学习训练，了解掌握英语语调的语用功能。③慕课单元练习。此外，鼓励学生将自主学习和同学间的互帮互助学习相结合，让语音较差和较好的同学组成互助小组，通过各种合作练习共同进步。在单元课程教学结束前，教师将线上线下课程资源加以融合总结，引导学生思考语音学习的有效路径，为学生推荐与教学内容相关的视频，在开阔眼界的同时，让学生对单元的核心教学内容有深刻的认知，不断提高自主学习的成效。

课程考核方面，无论是"英语语音基础"还是"语调与交际"课程，均采取平时成绩与期末考试相结合的形成性评价方式，强调学习全过程考核，重点检查学生语音语调知识技能掌握和实际运用情况。学生学期总成绩中线下期末考试成绩与平时成绩各占一半，线下期末考试为口试，重点考查学生对英语语音语调的实际掌握情况。学生线下课堂教学活动参与度、作业完成情况，线上慕课学习互动讨论参与度、单元练习完成情况及线上期末考试成绩均作为平时成绩的一部分纳入课程的总体成绩中。形式多样、内容丰富的线上线下混合教学，让语音课不再是乏味的正音课，激发了学生在真实语言环境下应用语音知识技能的意愿和内生动力，实现了线上自主学习与线下课堂学习的有机融合，同时促进了课堂教学在内容、形式等方面的创新。从近几个学期的学生学习结果看，线上线下混合教学模式较好地实现了教学目标，有效提升了教学效果。

4 持续推进英语语音线上线下混合教学模式建设

线上线下混合教学模式推动了英语语音教学的改革创新。英语语音是高校英语专业重要的基础课程，有效提升学生英语发音的准确性和语调韵律的正确性，减轻汉语母语负迁移影响，是衡量教学成效的主要指标。为此，学生在了解掌握英语元音、辅音的音系特征和超音段特征的基础上，需要进行大量的听辨模仿练习。课堂教学的主要任务便是帮助学生建立英语的语音意识，为课后练习指明方向。为达到这一目的，通过将线上慕课与线下课堂教学有机融合构成混合式教学体系，实现线上课程与线下课程同步开展，引导学生养成自主学习、探索理论知识的良好习惯，线上学习也为线下课堂教学留出更多互动练习的时间，教师在课堂教学过程中采用精讲多练、集体操练与个别辅导相结合的方法，进一步巩固学生的语音知识、强化听辨能力。通过引导和鼓励学生结合线上线下的教学内容加大课后练习强度，培养学生的自主学习能力，实现个性化学习。

自开展线上线下混合教学模式以来，我校的英语语音教学成效提升明显，学生评教数据显示，95%以上的学生对课程内容和教学效果表示满意或非常满意。学生普遍认为，该课程能有效提升自身的英语语音准确性、流利程度和课后进行自主学习的意识。同行和校内外专家也对本课程给予高度评价，认为课程实现了教学目标，课程设置和师资配备能高效满足教学和人才培养目标的要求。在改革成效方面，新的教学内容和方法有效提升了学生的英语语音相关知识水平、运用能力和综合素质。多名学生在国内的英语演讲比赛和辩论赛中取得了优良成绩。

长期的教学实践表明，单纯机械的听辨模仿教学效果欠佳，而引入线上慕课和线下语音实验的教学模式，可在听辨模仿的基础上利用可视化教学让学生通过观察母语音系音位的频谱音图、音高 F_0 曲拱的特征等直观了解母语各音位的音高等发音特征，通过音图观察具体的音高实现方式。为此，我们将持续开展建立具有一定规模的母语及非母语英语语音语料库的工作，通过创建数字化教学资源，形成以声音、图像和文字信息为主要内容的交互式、声像并茂的线上线下混合式语音教学模式，为学生创建更好的学习环境和有效的学习路径。

在不断深化混合式英语语音教学模式的过程中，我们还将不断深入地把"文明互鉴"及"中外比较"的理念融入教学，在帮助学生建构英语语音知识体系的同时，让学生将文化自信与尊重异国文化、培养得体的跨文化交际能力作为学习目标。为此，教学团队将及时配置和更新线上学习内容，加强线上线下教学资源的开发，寻求技术支持和硬件设备的更新；进一步拓宽学生的学习渠道，提升学习体验和学习效果，持续更新教学资源库；规范完善线上和线下相结合的考核评价机制并制定细则，全面考查学生的英语语音语调和口语交际能力。

与此同时，吸纳优秀青年教师加入语音教学团队，通过研修班、讲座、培训等形式，定期组织教师学习新的教育理论和教学理念，研讨线上线下混合式英语语音课程的教学方法和交互式课堂教学活动设计，不断优化混合式英语语音课程的教学内容，把课程思政全面融入教学过程中，不断提升教师的思想政治水平，打造可持续开展混合式教学的一流师资团队，保证教学内容与时俱进，符合新时代中国高校英语专业教学要求和人才培养目标。

5　结语

四川大学外国语学院英语语音教学团队迄今的线上线下混合教学模式探索实践表明，线下以学生为中心的翻转课堂互动模式，加线上慕课及练习的混合式教学，再结合语料库数字资源，以及让学生观察英语语音音位及音高特征的直观可视化教学，能取得良好的教学效果，同时也强化了学生的自主学习意愿和能力。我们坚信，线上线下混合式教学将会是未来高校英语专业语音课程教学的主要模式，该模式在拓展和丰富英语语音教学内容、教学方法和教学形式的同时，将进一步增强学生学习英语语音的兴趣，激发学生学习英语语音的内生动力并提升习得效果，为培养出兼具中国情怀与国际视野的外语人才奠定坚实的基础。在跨文化交际中，只有在提高表达能力和交际能力的前提下，才能实现高水平文明对话，同时良好的英语表达和沟通能力也将有利于我国的对外文化交流，增强我国的文化软实力，推动我国国际传播能力建设，促进文明交流互鉴。

参考文献：

蒋红柳，2023. 英语专业教学与培养学生自主学习能力初探［G］//王欣. 外语教育探索与实践文集（2022）. 成都：四川大学出版社.

罗奇，2000. 英语语音学与音系学实用教程［M］. 北京：外语教学与研究出版社.

张凤桐，2002. 英国英语语音学和音系学［M］. 3 版. 成都：四川大学出版社.

张凤桐，2007. 现代英语标准发音［M］. 2 版. 林必果，高红，蒋红柳，编撰. 成都：四川大学出版社.

周考成，1984. 英语语音学引论［M］. 上海：上海外语教育出版社.

BROWNA，2014. Pronunciation and phonetics：a practical guide for English language teachers［M］. New York：Routledge.

PENNINGTON M C，ROGERSON-REVELL P，2019. English pronunciation teaching and research：contemporary perspectives［M］. London：Palgrave Macmillan.

SMAKMAN D，2020. Clear English pronunciation：an introduction［M］. London：

Routledge.

TENCHP, 2011. Transcribing the sound of English: a phonetics workbook for words and discourse [M]. Cambridge: Cambridge University Press.

WELLS J C, 2006. English intonation: an introduction [M]. Cambridge: Cambridge University Press.

Design and Practice of Online and Offline Phonetics Teaching for English Majors

Jiang Hongliu　Huang Qiao　Gao Hong　Huang Tingyu

Abstract: The major goal of basic phonetics teaching for college English majors is to cultivate interdisciplinary and innovative talents, so that students can have solid professional skills. Recent years, we have aroused students' interests in independent learning through online and offline blended teaching mode. In learning the basic theoretical knowledge of phonetics and phonology, we help students understand and master the phonological system and pronunciation mechanism of English, the characteristics of English stress, rhythm and intonation in coherent speech flow, emphasizing the communicative function of English intonation. The process of teaching has well implemented the teaching design of "motivating interest – understanding connotation – practical application", and effectively improved the teaching efficiency.

Key words: English pronunciation; online and offline blended teaching mode; phonemes and allophones; prosodic features

大学教学中应重视中华文化认同感的培养

左红珊

（四川大学外国语学院，成都 610207）

摘　要：论文首先定义了"中华文化认同感"，然后论述了大学教学中培养中华文化认同感的重要性，最后提出几点措施和建议。培养中华文化的认同感，有助于构建中华命运共同体。

关键词：大学教学；中华文化；认同感；培养

党的二十大报告中对"推进文化自信自强，铸就社会主义文化新辉煌"作出重要部署，强调要"增强中华文明传播力影响力"。中华文化是我们民族的宝贵财富，涵盖许多为人处世的道德规范和生存智慧，是中华民族的共同精神、心理状态、思维方式、价值取向等的总和，是构筑现代精神文明的基础，是社会主义核心价值观的重要源泉，是向社会传播正能量的重要渠道，其精神养分滋养着民族、社会更好地向前发展。

作为外语教师，我们有责任引导学生认同、热爱中华文化。大学生正处于成长阶段，人生观、价值观还未完全确定，面对更加开放宽松的环境和多元化思想价值选择，容易受到外来思想的误导和影响，导致价值选择的偏差和意识形态的模糊。我们应当对大学生进行有效的思想引导，帮助大学生进一步了解中华文明和中华历史，提升文化素养，培养爱国情怀，从而树立正确的人生观、价值观、世界观。

1　文化认同感

认同（identity）本来是一个社会心理学概念，该词最早是由精神分析学派大师弗洛伊德提出的，他认为"认同是个体与他人、群体或被模仿人物在感情上、心理上趋同的过程"（转引自王晓红，2015）。简而言之，认同就是寻求认可感、亲近感和归属感的愿望或行动，它是指"个人或群体在社会交往中，通过辨别和取舍，从精神上、心理上、行为上将自己和他人归属于某一特定客体。地域、语言、风俗习惯、民族文化、职业、身份、国家制度等通常是认同的媒介"（转引自王沛、胡发稳，2011）。

文化认同感（cultural identity）则指人们对于某种价值观念的认同。郑晓云认为，"由于人类存在于不同的文化体系中，因而人类的文化认同也因文化的差异而不同，文化认同也因此表现为对其文化的归属意识"（转引自王晓红，2015）。换句话说，"文化认同，是指人们对于某种相对稳定的文化模式的归属感。它包括社会价值规范认同、宗教信仰认同、风俗习惯认同、语言艺术认同等，其特性比起政治、经济结构更加牢固"（闫顺利、敦鹏，2009）。综上，文化认同感是一个动态概念，它的内容随着认同主体和认同受体的变化而变化。文化认同感是一种自我文化身份的证明，本文论述的文化认同感指人们在一个民族共同体中长期共同生活形成的对本民族文化的肯定性体认，指的是个人对某一个民族文化的归属感。文化认同感是主体以所属的民族文化为基础，以弘扬民族精神为主题，以文化交往与文化交流为途径，寻求理解和尊重，从而为实现自身的和谐发展提供文化底蕴与精神动力。

总之，文化认同感是民族形成、存在与发展的凝聚力的来源。一个民族的产生和发展总是要依托于自己独特的民族文化，并且植根于统一的思想意识和价值观念。同一民族的人，具有文化上的亲近感。正是因为有了文化上的认同感，人们的思想才能达成一致，一个民族才能避免处于散乱的状态，民族的凝聚力才能够大大增强。詹姆逊说："文化的基本特征之一是民族性，这是这一个民族立足于世界民族之林的基石。"（转引自王晓红，2015）一个民族存在就有一种民族文化存在，人类社会有多少民族就有多少种不同的民族文化。文化认同的力量，已经熔铸在民族的生命力、创造力和凝聚力之中。人民的安全和幸福，民族的独立和振兴，国家的强盛和壮大，都需要强大的文化认同感作为支撑。

2　中华文化认同感

所谓"中华文化认同感"，就是以中华文化为介质的文化上的自我认可、自我同一、自我激励和自我凝聚。中华民族之所以是一个具有强大向心力和凝聚力的共同体，在很大程度上来源于中华民族对中华文化的高度认同。中华文化认同感，首先是指各民族成员对自己本民族文化的认同感，因为中华民族不是由单一民族构成，而是一个有着五十六个民族的大家庭，各民族都有其璀璨的民族文化。然后是指各民族对共同精神文化的认同，中国作为一个多民族国家，是一个多元文化共存的国度，各民族在长期共同生活中形成了共同的精神与文化，中华文化认同感便是对这种文化的肯定性体认。

这种肯定性的体认应该是全方位的。从横向角度，中华文化包括三个层面的内容，即中华精神文化、中华制度文化和中华物质文化，三者要统筹兼顾，不可偏废；从纵向角度，中华文化涵盖了三个历史时期的文化，即传统文化、现代文化和当代以马克思主义为指导的中国特色社会主义文化。对中华文化的认同，应该包括对博大精深的优秀传统文化的认同，也应该包括对社会主义核心价值体系的认同，因为它是当今中国社会不同利益群体的共同理想的集中体现（王晓红，2015）。

3 培养中华文化认同感的重要性

文化是一个民族和国家的全部智慧和文明成果的积淀，是一个民族生存和发展的精神根基。如今，我们正在向中华民族伟大复兴的"中国梦"前进，就更需要增强文化自信、提高文化自觉、增强对中华文化的认同感，因为中华民族的伟大复兴首先就是中华文化的复兴。

经济全球化对中国社会的发展而言可谓一把双刃剑，它在帮助我们吸引利用外资，加快工业化进程，促进技术革新的同时，也造成价值观念的渗透，对中华传统价值观念的冲击和挤压。一些西方媒体利用其传播优势对西方文化大肆宣扬，对中国文化采取轻蔑、棒杀和攻击的态度。某些西方国家不承认中华文化在世界文化百花园中的地位，近年来，国际社会讨论得很热烈的中国模式、中国道路或者中国经验，成了他们恶意中伤中华文化的借口。西方国家利用多种手段对我国的政治路线指手画脚，对中国的社会主义核心价值观进行抨击，对中国的政治文化生态进行丑化歪曲，妄图破坏中国和平团结的美好局面。

中华文化认同关系到个人的命运、祖国的前途，甚至民族的存亡。在新的历史环境下，我们要加强社会主义核心价值体系的建设，增强中华文化认同的教育，维护我国的文化安全。未来，任重而道远。

4 提升大学生中华文化认同感的措施

铸牢中华民族共同体意识是新时代民族工作的主线和战略任务，是应对百年未有之大变局、实现中华民族伟大复兴的重要保障。增强中华文化认同是铸牢中华民族共同体意识的重要基础。尽管全球化对中国的公民教育和国家文化认同造成挑战，但是当前，在一定的意义上，是进一步稳固民族国家认同的良好历史时机。事实上，中国人民的国家认同感近年来大幅提升。调查显示，在对国家的发展方向与经济发展前景看好这两项指标上中国都名列榜首，并且远远超过两项都排在第二位的澳大利亚（韩震，2010）。

在新形势下，高校应针对大学生的成长规律和群体特点，弘扬中华民族所独具的思想标识和精神财富，巩固和提升大学生对中华文化的认同度，引领大学生成为中华文化的追随者、传播者、实践者和发展者。

4.1　具体教学

首先，就教学目标而言，实施中华文化认同教育是长期、持续的过程。教师在设计教学目标时，应将中华文化元素融入知识学习和能力训练中，制订切实可行的具体目标。

其次，在教学内容方面，教师要善于发掘教材与中华文化相关的内容，寻找适当的切入点，培养学生对中华文化的认同。教师在教学中要注重教学内容的连续性，通过多种教学方法，持续深化中华文化认同教育。

再次，在教学方法方面，可以借助丰富的教学资源，综合运用多种教学方法，结合声、光、电等多媒体技术辅助教学，引起学生的兴趣，加深印象，实现情感共鸣。

最后，在教学实施过程中，教师应牢记学生不是知识被动的接受者，而是教学活动的主动参与者（王陆正、赵岩，2021）。教师应尽量将学科知识与学生生活融合起来，激发学生学习的热情，让学生学会运用所学知识解决生活中遇到的各种问题。融入体验与感悟，可以激活学生的生活经验和生命感受，促进知识的掌握，同时使学生的思维能力、情感态度等都获得提升。

4.2　将中华文化融入实践育人体系

社会实践是高校培养人才、提高大学生综合素质的重要途径，是最具生命力和活力的教育方式，拥有取之不尽、用之不竭的教育资源，是将自我教育、学校教育和社会教育融为一体的教育形式（程为民、熊建生，2016）。中华文化教育融入高校实践育人体系，要紧扣主题，注重培养学生的理想人格和高尚品格，培养学生的奉献精神和社会责任感，实现人格完善与人文精神提升，引导学生强化对中华文化的认知认同、情感认同、行为认同。一方面，有针对性、有计划性地结合大学生的兴趣爱好，采取分散实践和集中实践相结合的方式深入开展社会实践，组织大学生通过社会调查、实地走访等途径积极参加传统文化社会实践活动，使大学生在体验中华文化的同时，更好地继承和弘扬中华文化。另一方面，在大学生群体中组织开展志愿服务、爱心公益等活动，让大学生在为社会和他人服务的过程中树立责任意识，将奉献精神的培养融入志愿公益实践，通过亲身参与、情境体验的方式强化中华文化实践育人的功能和效果。

4.3　培养大学生形成对中华文化的正确认知

大学生应知晓中华文化的内涵价值，认识和了解中华文化丰富多彩的内容形式和深厚的精神底蕴，自觉接收和吸纳中华文化中的宝贵精神财富和思想资源，不断提升自身人文素养。中华民族传统美德是中国千百年来一直作为文明古国、礼仪之邦的精神支撑，是中华民族的宝贵精神财富。大学生应积极汲取中华文化的精髓，强化自身道德约束。

增强大学生对中华文化的自觉与自信，自觉利用中华文化中的努力进取、积极向上的精神武装自己，提升自己，促进自身人格完善，并将中华文化与自身拥有的科学知识相结合，适应国家、社会的发展需求，由个人修养递及社会责任、家国情怀，以文化自觉与自信促进个人价值的发挥，并最终实现自身社会价值。

4.4　强化大学生的责任意识和使命担当

强化大学生的责任意识和使命担当，要增强大学生的国家、社会和民族观念意识，增强自信和自尊。世界各国均对公民的国家意识教育非常重视，新加坡就特别制定了"国家至上，社会为先"的价值标准，并要求全社会以此为准绳对青少年进行责任意识教育。正如习近平总书记所言："明天的中国，希望寄予青年。青年兴则国家兴，中国发展要靠广大青年挺膺担当。年轻充满朝气，青春孕育希望。广大青年要厚植家国情怀、涵养进取品格，以奋斗姿态激扬青春，不负时代，不负华年。"（习近平，2023）作为中华文化的核心精髓，家国情怀体现了中华民族强烈的责任意识。

大学生群体应从根本上明确自身的历史使命，不断从传统文化中汲取力量，扎实掌握报国技能，时刻准备为国家、社会和民族做出奉献。大学生还应心怀理想、矢志奋斗，不断提升自身综合素质。大学生要将个人理想融入社会理想，将个人的成长成才与国家的发展需要紧密结合起来，将对个人梦想的追求融入中国梦的伟大实践中。秉持刚健有为、自强不息的进取态度，树立迎难而上的进取意识，在日常生活、学习和工作中泰然面对困难和挫折，在实现个人价值的同时勇于担当国家和社会的重任。与此同时，大学生要主动加强对"仁、信、智、勇、严、忠、义、孝""不学礼无以立""富贵不能淫，威武不能屈，贫贱不能移"等优秀传统美德的学习和践行，积极参加生产劳动、公益志愿服务等活动，增强团队协作意识和奉献精神。

5　结语

对于中华文化的认同与传承，党和国家素来是很重视的。毛泽东同志曾经指出："我们是马克思主义的历史主义者，我们不应当割断历史。从孔夫子到孙中山，我们应当给以总结，承继这一份珍贵的遗产。"（转引自王晓红，2015）历史无法被割断，中华文化在历经无数磨难后，仍然有着超越历史时空和社会形态的普遍价值。2014 年 9 月 9 日，习近平总书记亲临北京师范大学，与师生共庆第三十个教师节。他强调，今天的学生就是未来实现中华民族伟大复兴中国梦的主力军，广大教师就是打造这支中华民族"梦之队"的筑梦人。无论是站在文化继承的角度，还是站在文化保护的维度，或者是站在塑造学生文化品格的立场，学习中华文化，培养学生对中华文化的认同感，都是大学教学中不可或缺的。

参考文献：

程为民，熊建生，2016. 当代大学生中华优秀传统文化认同状况分析——基于国内十余所高校 700 名大学生的问卷调查 [J]. 教育研究与实验（4）：68 - 71 + 87.

韩震，2010. 全球化时代的公民教育与国家认同及文化认同 [J]. 社会科学战线（5）：221 - 228.

民族文化基因是中国梦的魂与根 [N]. 光明日报，2014 - 09 - 24.

王陆正，赵岩，2021. 统编小学语文教材中的"中华文化认同"：内容呈现与教学路径 [J]. 民族教育研究（2）：34 - 43.

王沛，胡发稳，2011. 民族文化认同：内涵与结构 [J]. 上海师范大学学报（哲学社会科学版），102（1）：101 - 107.

王晓红，2015. 论高中语文课对学生中华文化认同感的培养研究 [D]. 齐齐哈尔：齐齐哈尔大学.

习近平 2023 年新年贺词 [EB/OL]. [2024 - 02 - 15]. https://www.ccps.gov.cn/xxsxk/zyls/202301/.

习近平：高举中国特色社会主义伟大旗帜　为全面建设社会主义现代化国家而团结奋

斗——在中国共产党第二十次全国代表大会上的报告［EB/OL］．［2024 - 02 - 15］．
https：//www. gov. cn/xinwen/2022 - 10/25/content_ 5721685. htm.

习近平的尊师重教观：教师是打造中华民族"梦之队"的筑梦人［EB/OL］．［2024 -
02 - 15］． https：//news. 12371. cn/2014/12/17/ARTI1418783201205833. shtml.

习近平在中共中央政治局第十三次集体学习时强调：把培育和弘扬社会主义核心价值观
作为凝魂聚气强基固本的基础工程［N］．光明日报，2014 - 02 - 26.

闫顺利，敦鹏，2009. 中华民族文化认同的哲学反思［J］．阴山学刊（1）：87 - 90.

郑晓云，1992. 文化认同论［M］．北京：中国社会科学出版社.

The Importance of Cultivating Chinese
Cultural Identity at the Tertiary Level

Zuo Hongshan

Abstract：This paper first defines "Chinese cultural identity", and then discusses the importance of cultivating Chinese cultural identity at the tertiary level. Finally, the paper puts forward some measures and suggestions of how to cultivate Chinese cultural identity in university teaching. Cultivating a sense of Chinese cultural identity will help build a Chinese community with a shared future.

Key words：university teaching；Chinese culture；identity；cultivation

大学英语课程改革中教学双主体的情况与需求初探

黎　婵

（四川大学外国语学院，成都 610207）

摘　要：论文首先分析了在"探究式－小班化"课程改革的牵引之下，四川大学大学英语教学的改变以及存在的问题，认为改革中需进一步强调教师与学生双主体。论文对英语书法大赛参赛者进行调研和分析，发现学生主体一方存在大学阶段英语成绩下降和应试需求强烈的情况。在新一轮教改中，教师可利用信息化题库指导学生的应试学习，同时完善大学英语教师职业发展的机制，以从根本上激发教师的积极性。教学双主体的优化是不断提高课堂品质的一个关键。

关键词：大学英语；课程改革；学生主体；教师主体

20 世纪 80 年代，我国高校开始开设大学英语课程；进入 21 世纪后，面对全新的学生水平、国家需求和国际局势，大学英语教学于 2003 年开始启动改革。经过多方调查和研讨，在国家中长期教育改革和规划的指导之下，教育部高等学校大学外语教学指导委员会（以下简称"大学外语教指委"）于 2015 年制定《大学英语教学指南》，仅隔 5 年又推出了《大学英语教学指南（2020 版）》，可见大学英语改革的必要性与紧迫性。大学英语面临着必须改革以适应时代需求的局面，原因有学生整体英语素质的大幅提高、世界经济文化交流深入发展、信息与智能化技术对学习和生活的全面渗透等。同时，大学英语因其公共课性质，在大学教育中涉及人群最广，改革最为复杂，要达到理想效果必然需要不断调整，持续优化。

2010 年，四川大学率先进行大学英语"探究式－小班化"课堂教学方式的改革。大学英语教学改革从属于"以课堂教学改革为突破口的一流本科教育川大实践"项目，该项目由谢和平院士担任四川大学校长期间主持，于 2018 年获得国家级教学成果特等奖。尽管四川大学的大学英语改革得到了高等教育界的广泛认可，但面对不断变化的教学环境和条件，学校一直在不断探索，于 2023 年启动了新一轮课程改革。鉴于四川大学的师生素质和管理水平在国内高校处于前列，其大学英语改革启动早、时间长，对该校改革中教学双主体情况的调研，对其他高校具有一定借鉴作用。本文首先总结分析 2010 年以来四川大学大学英语改革的情况，随后通过对学生的问卷调查引入学习主体这一视角，并分析其学习情况和目标，最后分析深化改革的底层支撑，即教学主体的建设。本论文中数据调研的对象为 2023 年 12 月四川大学英语书法大赛的参赛者，采用定量和定性结合的分析方式。

1 "探究式 - 小班化" 牵引下的大学英语教学改革

谢和平院士主持的课堂教学改革，主要体现于两个方面：第一，以小班教学方式实施 "启发式讲授、评判式讨论、互动式交流"；第二，创新非标准答案考试过程与及格考评机制（谢和平，2015：8 - 9）。两点的内在逻辑为课堂教学是基础，而考核机制是学生学习的重大牵引，强调教师与学生的双主体地位。在 "探究式 - 小班化" 课堂改革正式启动之前，四川大学于 2007 年已经开始试验 25 人一个班级的编班方式（谢和平，2015：9）。为此，校园也陆续进行了硬件升级，自 2012 年起重点实施了 "学术殿堂式" 教学环境建设六大工程，投入 2 亿多元经费，建成了互动智慧教室 400 多间、交流互动式走廊 20 多条、交流互动式大厅以及公共区域 4000 多平方米（谢和平，2018：22）。智慧教室除了配备计算机，接入网络之外，学生桌椅可移动，还有专门的圆桌教室，方便学生自由分组，而教师可使用移动扩音器，讲授中走动与交流也十分方便。就大学英语课程而言，实际操作中，每个班级预设选课人数为 35 人，出于原专业班级考虑，偶有几人超出。在预设人数之内，学生可以选择不同老师开设的同一课程，这导致实际选课中每个老师名下的学生人数各不相同，甚至数量差别很大。

小班改革之前，因师生比例和排课临时调整，曾发生过一个大学英语班级学生高达七八十人的情况，改革之后此类情况得到杜绝，更加符合语言教学的性质，有利于师生课堂交流。笔者曾担任过四年的大学英语教学督导，每学期前往 4 至 6 名教师的课堂上旁听和走访，发现老师们有意识地使用广播、视频、网络手段辅助教学，在教学中设计任务、游戏、讨论以调动学生参与，因课堂时间有限，有的老师还在课后通过社交媒体辅导、监督学生学习。整体而言，大学英语老师基本将小班改革要达到的目标落实在了教学过程之中，在内容层面支撑起了小班教学改革。由于大学英语涉及全校学生，考试仍旧沿用标准化试卷。谢和平提出的第二点改革在大学英语考评中主要体现在动态评分机制上，学生的学期成绩由平时成绩、期中考试成绩和期末考试成绩构成，各部分近年稳定为 35%、15%、50% 的占比，其中平时成绩以课堂表现、考勤和作业完成情况为依据。由于平时成绩所占比例较大，这一设计客观上提高了学生对学习过程的重视。随着"绩点"（Grade-Point Average）在学业评定、升学乃至就业领域扮演的角色变得日益重要，绝大部分学生起码能够保证按时出勤、遵守纪律、完成课堂任务。近年，多数美国高校在录取中取消了 GRE 考试的强制要求，这使得绩点变得更为重要，有出国深造需求的学生更不可能满足于"60 分万岁"，而会在学业上力争上游，更好地利用动态评分体系。

在小班教学和动态评价的框架之下，四川大学进行了多种教学改革，开展了实质性的、深度的教学内容探索，包括分层教学、助教机制、多样化课堂等。首先，四川大学的英语教育分层较为细致。四川大学吴玉章学院成立于 2006 年，遴选优秀本科生实施拔尖创新人才培养，外国语学院为吴玉章学院分配、培训了专门的英语教师，开展全英的学术阅读与写作课程的教学。对于学校主体学生，按照入学英语成绩分为 AB 两级，课堂教学涵盖精读、听力、泛读和写作技能，两级学生所用泛读教材不同，但参加统一考试。此外，对于少数民族学生，四川大学实行了周末单独授课，教授《新概念英语》；应临床医学院要求给临床八年制的学生在大二开设"医学英语"课程。目前就主体情况而言，课程教学内容较多，而大学英语一周仅 2 个学时，教师往往只能将授课集中于精读教材之上。笔者曾教授两届学生的"医学英语"，该课程的精读教材为外语教学与研究社出版的《学术英语（医学）》，课文内容较新，多为 2010 年后文章，但即便来源为《柳叶刀》（*The Lancet*）、《皇家医学学会杂志》（*The Journal of the Royal Society of Medicine*）或《普通内科医学杂志》（*The Journal of General Internal Medicine*）等专业医学杂志，选取的文章却都属于非专业的科普性论文。临床八年制学生进入大二后，很多专业课已经是全英文授课，并且临床医学院在大三会开设专业英语课，因此"医学英语"课程的教材是否契合学生的需求，要达到什么教学目标，如何融入临床专业的学习，如何与其学院自身英语课程衔接，都还需要深入探索。

为了推进教学改革，四川大学招募了大量研究生为多门课程担任助教，并于 2015 年颁布了《四川大学研究生助教手册》，规定助教工作的职责、管理和考核细则。大学英语课程极少有助教，吴玉章学院的写作课程配有助教，但也主要负责批阅作业，极少参与课堂教学的组织。多样化课堂是当下大学教学发展的趋势，四川大学的大学英语课程在教授中都基本利用了网络资源，具有线上线下结合的混合式教学性质，其中不少教师利用微信或 QQ 群组织管理学生，布置学生课堂展示任务，批阅学生作业，也具有一定的翻转课堂性质。随着网络的发展，四川大学从 2019 年开始推进开放式"慕课"（MOOC）和限制性在线课程（SPOC）。外国语学院推出了文学、文学理论、语言学、翻译等专业领域的相关在线课程，由大学外语教师负责的有"瘟疫的文学书写""汉英之间——语言之妙""英语写作课程"三门慕课，其中前两门分属于英美文学文化和语言学领域。慕课属于面向大众的大规模、开放性互联网教育模式，旨在利用本校资源以共享方式推进社会教育，它们对于本校学生学习的针对性不强。

整体而言，21 世纪四川大学的大学英语改革将授课形式与内容进行了有机的统一，在校方有力的统筹协调之下，实施了重点措施，带动了整体的改革，教学设计和质量有了全面的提升。但无论小班教学、动态评价还是内容改革，都旨在激励学生，调动学习积极性，提高学习投入度，最终的效果也很大程度上取决于学生一方，这是本文接下来要讨论的内容。

2 学生主体的情况和需求调查

小班化教学中对教与学双主体的强调，是教改留下的宝贵传统，但还需要进一步推进和细化。对于学生主体，为了切实了解其学习情况和需求，笔者对 2023 年 12 月举行的四川大学英语书法大赛参与者进行了调查。此次书法大赛由共青团四川大学经济学院委员会、四川大学经济学院团委学生会共同组织，四川大学经济学院经贸英语协会承办。虽然近年来很多初高中英语课程包含了书法练习的基本内容，但书法在英语学习中始终属于冷门项目，也不是直接考核对象。四川大学教务处每年会组织"外研社杯"全国英语演讲大赛、写作大赛、阅读大赛三项赛事，以及"全国大学生英语竞赛"及专项总决赛，外国语学院负责组织考试、阅卷、指导学生等工作。这类高规格比赛社会认可度高，对获奖者也有实质性的学业加成；相较而言，校内协会组织的比赛更侧重活动性、参与性和趣味性。作为评委，笔者审阅评定了 20 份复赛作品，发现字体涵盖了手写印刷体、意大利体和花体，具有较高的字形和版面美感，远远超出了整洁规范的基本要求。综合以上情况，可以说此次书法比赛的参赛者对英语学习的态度较为认真、积极并且单纯，同时绝大多数不属于国家级赛事的"种子选手"，但他们具有较强的日常英语学习需求，也属于需要教师指引的人群，因此其学习情况反馈具有较大参考价值。

参与本次调查的学生共计 235 人，大一、大二、大三、大四学生各有93 人、67 人、70 人和 5 人。除了基本信息，问卷调查项目有英语学习初始年龄，课外培训情况，学习方式和周时长，高考分数，大学英语期末分数，四、六级考试，出国考试情况等，项目旨在了解学生的三类学习概况：开始大学学习之前的英语水平、大学阶段的学习表现，以及学习目标。在注重教学实践、强调主动学习的教育者看来，学生开始学习之前的既有相关知识是决定教学成败的第一条件："学生不是作为一张白纸，而是携带着其他课程和日常生活中获得的知识，进入我们的课堂。这些知识是事实、概念、模式、感知、信念、价值和态度的混合物，对于课堂语境而言，有的是准确、完整和恰当的，但有的不准确，或不足以满足该课堂的学习要求，或者只是不适合。当学生携带这类知识，运用到课堂学习中，它会影响学生如何过滤和阐释接收到的信息。"（Ambrose et al.，2010：13）

参与调查的学生仅有 18 人初一才开始学习英语，217 人在初中之前即开始英语学习，其中在小学之前启蒙的有 51 人，小学低年级（一到三年级）开始学习的有 153 人，小学高年级（四到六年级）开始的有 13 人。可见，随着我国基础教育的发展，很多小学开始开设英语课程，有的幼儿园也开展双语教学，社会对英语学习较为重视，学生的英语启蒙时间较早。学生中有 108 人曾接受校外补课，有 28 人补课半年，35 人补习 1~2 年，45 人补习长达 3~5 年。学生补课内容反馈较为杂乱，有的学生填写了多项内容，有的作答不清晰。可明确统计的参与者反馈中，英语知识板块方面包括音标（5 人）、语法（12 人）、口语（9 人）、阅读（2 人）、单词（1 人）；阶段学习方面包括少儿英语（4 人）、新概念英语（27 人）、课堂内容（7 人）、应试（13 人），其中应试学习涵盖了小升初、中考、高考和雅思。由此可见，部分学生较早开始课外补习，注重英语基础和口语应用，提高考试分数也是重要诉求。从基础教育阶段的情况看，这些学生较为重视英语，他们能够考入 985 高校，可基本推测英语的高考成绩不差，而调查发现他们的高考英语成绩相当优秀，高于预期。

以下为高考英语成绩（满分 150 分）的调查结果：大一学生中，140 分以上 3 人，130 分以上 67 人，120 分以上 10 人，120 分以下 13 人；大二学生中，140 分以上 27 人，130 分以上 38 人，仅两人不到 130 分，分别为 129 分和 126 分；大三学生中，140 分以上有 18 人，130 分以上共 49 人，有 3 人得分在 120 分与 130 分之间；大四仅 5 位同学参与调查，3 人得分超过 140，1 人 138，剩余一个不记得具体分数。共计有 205 人达到 130 分以上，说明英语基本功较为扎实；不到 130 分的仅 30 人，其中不少仅差几分。此外，越是高年级，140 分以上超高分占比越多，说明这些学生在大学阶段有意识地保持学科优势，英语是其未来规划中的重要一环。例如，在大四的 5 位同学，有 3 人目前学习目标为通过雅思或托福考试，2 人要求提高交流能力。但与此同时，分数不能完全等同于水平，尤其是目前高考压力大，学生在高中通过大量习题训练和讲解，可以有效提高分数，其提分幅度可能大于能力的上升幅度。

进入大学后，上一次英语期末成绩 80 分以上者共 106 人，包括免修 3 人（按照四川大学免修规定，他们得分在 85 分及以上）。四川大学大学英语课程考卷较难，但如上所述，学生期末成绩为过程考核，期末卷面分数占比 50%，绝大多数学生的最终得分都高于卷面分数。并且，统计成绩为 80 分而非 85 分——按照百分比，130 分对应百分制的 87 分，比较标准已对大学成绩有所放宽。在此标准下比较，相对高考 130 分以上的人数，大学阶段高分比例有较明显的下降。

大学阶段英语学习的另一个重要指标是"大学英语四、六级考试"，它们是由教育部主办，教育部教育考试院主持和实施的大规模标准化考试，仅限高校在校生报考。按照《四川大学本科学生免修大学英语课程管理办法（修订）》（2019）规定，四级考试 610 分以上可申请免修大学英语 1~2，六级考试 570 分以上可申请免修大学英语 1~4，折算成绩为 85 分及以上。大一学生基本尚未参加考试；大二学生有 60 人参加了四、六级考试，分别有 8 人和 6 人取得免修成绩；大三共 64 人参加了四、六级考试，根据四、六级考试成绩分别有 2 人和 14 人获得免修资格；大四有 2 人六级成绩在免修分数之上。大二到大四的学生中，共计 32 人达到免修分数，而他们中高考成绩 130 分以上者共有 135 人，高分比例显著降低。就四、六级而言，存在影响分数的客观因素：第一，英语在高中阶段为主科，课堂教学时间长，而四川大学每学期英语必修学分为 2 分，每周上 2 小节课，时长一个半小时；第二，相对高考，四、六级的考题难度大、题量大、题型多，主观题更多；第三，四、六级属于社会性考试，四川大学及许多高校均不做强制要求，相应的，英语课程也不以此类考试为中心，学生基本通过自学进行备考。

调查了解的第三个情况是学生的学习目标。相较基础教育阶段，大学生的学习自主权更大，找到一个正向积极的学习目标，并期待达到预期目标，有利于增强学习的动力，提升学习的强度和持久性，提高学习行为的质量。对该问题，部分同学的作答不规范或意思含糊。在作答明确的答案中，有希望保持水平、提升水平、能够阅读小说、参加全国竞赛以及毕业的；回答没有明确目标的有 10 人，希望提升日常口语交流能力的有 16 人，希望高分通过托福或雅思考试的有 23 人，准备研究生入学考试的有 5 人，以四、六级考试为目标的有 126 人，不少同学还设定了明确的分数目标。此外，调查的同学中有 4 人在为参加专业英语四、八级考试做准备，3 人希望取得三级笔译证书，这 7 人应为英语专业学生。可见，多数学生仍旧以考试为学习目标，而如前提及，四川大学的大学英语教学与四、六级等考试脱钩，不以考试为指挥棒。从这个层面说，教学目标与学生目标之间存在错位。这点涉及社会因素较多，但值得教师关注的是，英语教师均为专业出身，他们在学习生涯中日日浸润于多种英语课程，期望的是深度学习与全方位的水平提升，考试仅为其中一项目标；并且，由于时代的变化，通过考试取得的资格证书在今天比过去更为重要。因此，我们在设计课程和实施讲授之时，可能犯下了一个普遍存在于教师端的错误：假定学生的学习动机与我们做学生时的学习动机相同（Ambrose et al.，2010：68）。

综上，通过对参加英语书法大赛的 235 名同学进行调查和分析，笔者发现四川大学学生英语学习起步早、学习兴趣浓、高考成绩优异，在进入大学后学业表现的优秀比例有明显下降，而他们往往以考试为具体学习目标，以此维持或推动自身的英语学习。在我们推动大学英语教学改革的过程中，要注意成绩优秀学生比例下滑，尤其是课程的理念与设计和学生关注的考试没有直接关系等问题。

3　教师主体作为提升课程品质的底层支撑

对于大学英语教学改革，四川大学十多年来敢为人先、认真负责、坚持不懈，取得了突出的成绩，并且于 2023 年启动了新一轮教改。本论文在第一部分分析了小班化教改中内容方面的不足，第二部分指出了学生目标与课程的错位等问题，它们都指向新教改中我们需要注意的问题，即朝何种方向提升课程品质，以何种方式撬动改革并保证持续发展。

小班化教改以来，大学英语课程教材有多次变动，但总体由精读、泛读、听力和写作四部分构成。以目前四川大学使用的大学英语教材为例，精读用书《全新版大学高阶英语综合教程》侧重深化语言能力，加入了许多中国文化的内容，如第三册第二、第三单元的第四部分介绍了中国在外国旅游者眼中的高度安全性，以及中国城市年轻人的消费情况，第六单元则整体以"中华复兴"为主题；泛读用书为《大学跨文化英语阅读教程》和《学术英语》，听力用书为《新标准大学英语·视听说教程》，汇编材料涉及英语文化各个领域。因此，教学从构成看为英语技能，从承载内容看侧重文化，符合新指南对大学英语"兼具工具性和人文性"的通识教育定位（教育部高等学校大学外语教学指导委员会，2020：3）。2023年启动的教改，将大一学生整体分为两个层次，分别开设"通用英语1"和"通用英语2"，也即一半学生在大一时将直接学习之前大二的英语课程，分层教学相较之前更为彻底。对大二学生，学校将开设跨文化与专门用途英语两个模块的课程，前者包括"跨文化阅读"和"中国文化传播"两门课程，后者设有"学术英语写作""学术英语交流""医学英语"三门课程，学生可自行选择，修满要求学分即可。大二的课程设计体现出两种思路变动：第一，将之前的工具性和人文性进行了一定剥离，以期让课程的目标更明确，内容更具针对性；第二，在跨文化交际中强调中国文化的主体性，以专门的课程取代了以往的"融入"模式，深切落实了新指南关于大学英语教学要"服务中国文化对外传播"的指导（教育部高等学校大学外语教学指导委员会，2020：4）。

仅就课程改革思路而言，学生成绩与考试需求仍旧不是新教改的主要考虑。但是考试在当今的社会评估中扮演着重要的角色，其中四、六级考试的社会认可度极高，每年有超过千万考生报考，也成为企事业单位衡量员工英语水平的主要标尺（王守仁，2011：4）。对于学生的考试需求，四川大学外国语学院曾开设短期培训，组织系列开放活动，但无法开设长期课程，根本原因在于师资不足。四川大学在校生有6万多人，专职非英语专业各级英语课程的教师不足120人，其中少数教师专门负责研究生和博士生英语教学，一部分教师承担了第二专业和文化素质公选课的教学，还有一部分教师承担了英语专业硕士生教学和导师工作。不论其他工作，从事大学英语教学的教师，周课时达到 12 节及以上，远远超过了四川大学各级岗位的额定工作量，已无法承担新课程。若考虑融入课程教学，困难是学生周学时有限，难以进行持续和系统的指导。对此笔者认为，教师可以利用信息技术等现代教学手段协助学生的课外自主学习。

对英语书法大赛参加者的调查显示，几乎所有学生在进入大学后都在借助网络进行英语学习，使用资源包括网课、英语影视剧、网站和学习 App，如有道词典、百词斩、不背单词、扇贝英语、*China Daily*、墨墨背单词、可可英语等。四川大学引入了北京超星集团开发的泛雅平台，支持本校的网络信息化教学，外国语学院教师开发了辅助脚本，弥补了平台在导入题型时存在的缺陷，初步解决了高效建设题库的技术问题（马林兰，2022：171 - 172）。2024 年，该题库已开放使用，教师可引用四、六级，考研，托福等考试的题库自行组卷，学生则可以通过学习通 App 登录使用，十分方便。

我们在激发主体积极性时，课堂是改革的集中体现，它需要大量的底层内容加持，当然也包括教师主体的体制化建构。如《大学英语教学指南（2020 版）》最后所言，"教育大计，教师为本""各高校应重视大学英语教师队伍建设，坚持分类指导，建立健全教学科研评价、职称评聘等机制"（教育部高等学校大学外语教学指导委员会，2020：45）。四川大学外国语学院从事大学英语教学的教师，40 岁以下者大多已取得博士学位或为在读博士，40 岁以上教师中的博士普及度不如其他学科，但无论是否已有博士学位，这些教师都面临着个人发展的机制限制问题。首先是教学类科研与奖励数量少、限制多，除了做出特别教学贡献的个别教师，绝大部分大学外语教师所承担的繁重教学任务缺乏认可和奖励机制，成为一种默认工作；而不少 40 岁以上的讲师，即便在教学上进行了富有成效的探索，因奖励和科研项目对年龄、学历或职称的硬性规定，没有基本的申请资格，无法实现个人提升。其次，因四川大学定位为研究型大学，职称评聘机制始终围绕科研进行调整，对教学和从事公共课教学的老师考虑不足。原则上，教师的确可以通过教学成果获得更高职称，但教学成果奖相比同等级的科研奖项资源要稀缺得多，获得的难度更大，同时各学院更倾向于培育自身专业的课程，因此大学英语此类公共课获得高级别认证的可能性很低。最后，大学英语教师存在教学与自身专业割裂较大的问题。如前所述，四川大学的大学英语教师不少已有博士学位，主要集中于英语语言文学专业，攻读方向有文学、文化、语言学、翻译；具体研究方面，文学分为各种文类、现象、时代和理论，文化涉及文明与交流、区域与国别、媒体文化等，语言学则偏向机制、认知或方言等，翻译有译介与传播，依托语言学或文化研究。这些研究方向，就性质而言，与教学紧密相关的仅为极少数。而且，教师在就职后往往需要继续推进博士阶段进行的研究，这又给结合工作实践提出了问题。这些实际情况要求学校在大学英语教师职业生涯的发展、评价和激励方面进一步落实以人为本的原则，加大扶持个人发展的力度。如此，在职教师才能全身心投入教学，教师队伍才能源源不断地吸引人才。由于我国教育的快速发展，近年来各高校招聘教师均已设置博士学位的基本门槛，切实解决大学英语以及公共课教师职业发展的需求，将会变得日益迫切。

4 结语

回顾十余年来四川大学的大学英语改革，以"探究式－小班化"为主体的教改有力地实现了提升课堂、改善学习氛围、培养人才的整体目标。虽然小班化教改在具体课堂内容方面存在不足，但其强调教师与学生双主体的重要性尤其值得承继和深入推进。只是，课堂主体并不会凭空出现，主体的积极性、参与性和互动性的培养和强化，都依赖于师生素质、社会环境、学习诉求、教学支持与人才培养体制等广泛因素。

对于学生主体，论文借助对四川大学英语书法大赛参与者的调研和分析，发现学生存在进入大学后英语成绩下滑，对通过国家标准化考试的需求强烈的情况，这是大学英语课堂在进一步提高品质时应该加以考虑的问题。论文论证了大赛参与者在学习兴趣、热情和能力方面为大学生的典型样本，但毕竟调研的容量有限，难免出现可靠性偏差，而且有的项目因为设计问题出现无效数据。就这方面的缺点而言，今后可以设定不同人群标准，多做调研，进一步精细化调研项目，从而对学生主体的情况和诉求获得更为准确的把握。2023年四川大学掀起了新一轮课程改革，可见学校在推进大学英语教改方面的决心和魄力。这一改革初露头角，涉及大二的实质性课程调整还在积极筹备之中。论文通过分析既有规划和限制条件，提出利用超星平台的信息化题库满足学生对考试和成绩的要求。但更重要的是，学校应在教改中对大学英语教师的职业发展做出更多考虑，开发健全的教师主体激励机制，为课堂品质的不断提升打下坚实的基础。

参考文献：

教育部高等学校大学外语教学指导委员会，2020. 大学英语教学指南 ［M］. 2020 版.
　　北京：高等教育出版社.

马林兰，2022. 泛雅平台英语考试题库建设初探 ［G］. 段峰，王欣. 外国语言文学与文
　　化论丛 16. 成都：四川大学出版社：166－181.

王守仁，2011. 关于高校大学英语教学的几点思考 ［J］. 外语教学理论与实践（1）：
　　1－5.

谢和平，2015. 川大教育教学的改革与实践 ［J］. 高等教育发展研究（4）：1－12.

谢和平，2018. 以课堂教学改革为突破口的一流本科教育川大实践 ［J］. 中国大学教学
　　（12）：17－23.

AMBROSE S A, et al., 2010. How learning works：7 research-based principles for smart
　　teaching ［M］. San Francisco, USA：Jossey-Bass.

A Preliminary Research of the Situation and Needs
of the Educational Dual Subjects
in the College English Course Reform

Li Chan

Abstract：The paper firstly analyzes the changes and problems of college English teaching in Sichuan University under the course reform of "Inquiry-Based Small Class", and points out that its emphasis on the dual subjects of teachers and students needs to be promoted. With the help of the research and analysis of the participants of an English calligraphy competition, the paper finds that there is a decline in English performance and a strong demand for exams on the side of students. In the new round of college English reform, teachers can use the information-based item bank to guide students' test-taking learning, and only by improving the mechanism of professional development of college English teachers could the initiative of the teaching subject get motivated fundamentally. The optimization of the dual subjects in education is one key factor for the continuous improvement of classroom quality.

Key words：college English; course reform; the subject of students; the subject of teachers

研究生公共英语课程思政设计与育人实效研究
——以四川大学 "学术英语（中级）" 为例①

潘　文

（四川大学外国语学院，成都610207）

摘　要：立德树人是高等教育的根本任务。研究生英语公共课覆盖面广，其课程思政建设对培养德智体美劳全面发展的社会主义建设者和接班人有重要意义。本文以四川大学硕士研究生英语公共课"学术英语（中级）"为例，对其课程思政元素有机融入进行系统性探索，设计并落实好每周课程思政目标，以期能"润物细无声"地践行课程思政育人。问卷调查结果显示：虽然部分学生对"课程思政"的范畴和内容不太清楚，但100%的学生认为本门课程是正能量的，课程思政取得了较好效果；听说两项技能仍是学生的薄弱环节，这为改进和优化本门课程指明了方向和重点。

关键词：硕士研究生；英语公共课；课程思政设计；课程思政育人实效

1　引言

2016年12月，习近平总书记在全国高校思想政治工作会议上强调，"要坚持把立德树人作为中心环节，把思想政治工作贯穿教育教学全过程，实现全程育人、全方位育人"（习近平，2016），此后对大学英语课程思政的探索开始起步（潘文，2022：48－49）。2020年5月，教育部印发《高等学校课程思政建设指导纲要》专门部署和全面推进课程思政建设，指出："培养什么人、怎样培养人、为谁培养人是教育的根本问题，立德树人成效是检验高校一切工作的根本标准，落实立德树人根本任务必须将价值塑造、知识传授和能力培养三者融为一体"，并对公共基础课程的课程思政建设提

① 本文系2023年四川大学党的二十大精神"三进"研究生教学改革专项课题"'学术英语（中级）'课程思政实践与立德树人成效研究"（SJYJ2023015）和2023年四川大学外国语学院教学改革与管理研究课题"研究生英语公共课的课程思政教学设计与实效研究"（2023学院教改－05）成果。

出了明确要求（教育部，2020）。

面对教育改革的挑战和机遇，最新颁布的《大学英语教学指南（2020版）》明确规定"大学英语教学应融入学校课程思政教学体系，使之在高等学校落实立德树人根本任务中发挥重要作用"（教育部高等学校大学外语教学指导委员会，2020：4）。随后，大学外语教学指导委员会于 2021 年 10 月成立了特别工作组制定《大学外语课程思政教学指南》，对大学外语课程思政教学目标、教学内容、教学设计、教学方法与手段等提出了明确要求（何莲珍，2022；向明友，2022；赵雯、刘建达，2022）。对比大学英语课程思政建设与探索，目前针对硕士研究生公共英语课程思政的讨论和研究相对较少（杜新宇、杨明海，2022：102）。2020 年颁布的《非英语专业学位研究生英语教学大纲》强调了研究生英语教学立德树人、思政育人的人文素质教育功能（北京市高等教育学会研究生英语教学研究分会，2020：5）。笔者所在的四川大学为非英语专业硕士研究生开设了"学术英语（中级）"公共课，对照《高等学校课程思政建设指导纲要》和《非英语专业学位研究生英语教学大纲》的要求，笔者结合多年一线教学经验，对"学术英语（中级）"公共英语课程思政建设与育人进行了探索。

2　课程概述与目标

"学术英语（中级）"是四川大学为非英语专业硕士研究生一年级新生开设的英语公共课，目的是帮助研究生在硕士学习起步阶段就能熟悉英文学术伦理规范，掌握英语论文撰写方法和技能，提高学术英语阅读、听说能力和跨文化交流能力。课程主线对如何写出一篇可发表的英语期刊论文的各个部分与环节进行讲解，比如如何确定论文标题、如何写文献综述、如何写论文结尾等，强调培养学生的国际视野、独立思考能力、创新与批判性思维能力。在提高学生英语听、说、读、写、译综合运用能力的同时，课程注重培养学生的学术素养、社会责任感和爱国主义情操，在教学育人中巧妙地实现价值塑造、知识传授和能力培养三者相统一，坚定文化自信，促进中外文化交流与文明互鉴。

课程在研究生一年级秋季或春季学期开设，一个学期完成，每周 2 个学时，18 个教学周，共计 36 个学时，选用的教材是蔡基刚主编的《学术英语

（理工）》（2016）①。如表 1 所示，学期教学内容由三部分组成。1 - 6 周主要介绍课程任务与要求，指导听、说等交流技能的提升。7 - 16 周开展教材内容教学。17 - 18 周复习、答疑、总结，评估课程思政教学效果，听取改进意见和建议等。其中，7 - 16 周的教材内容教学包括四个方面。一是学术论文阅读输入训练。二是根据学术论文写作步骤 IMRD（Introduction - Methods - Results - Discussion）进行写作输出训练。三是讲授如何遵守学术规范，培养学术素养与国际视野。四是从第 7 周开始，每周轮流由 1 个小组的同学课堂翻转展示与专业相关的英文 PPT，并在此基础上开展提问、讨论和同学间互评（peer review）等活动，进行学术英语听说能力训练，增强跨文化交流能力。

3 课程思政元素有机融入体系探索

在教学过程中，笔者结合每周不同的知识点与教材内容，深度挖掘与融合了相关思政元素和材料，形成了对"学术英语（中级）"课程思政元素有机融入的系统探索（见表 1），以期能以"润物细无声"的方式践行课程思政教育。

表 1 "学术英语（中级）"课程思政元素有机融入体系探索

教学周次	教学内容与知识点	思政元素挖掘与融入点
学期教学内容第一部分：1 - 6 周		
1 - 2	课程介绍、要求与任务，全球高等教育发展趋势，如何制订英语学习计划等	学术英语入门，紧跟世界高等教育发展趋势，突出创新和批判性思维的重要性
3 - 4	如何写英文 E-mail	自我介绍，介绍中国，讲好中国故事，传播好中国声音
5 - 6	如何做好英文 PPT 和学术海报，如何提高学术英语听说能力（教材 Unit 6 内容）	介绍在四川大学所学专业、学科前沿发展情况，能理论联系实际（如专业知识在日常生活中的运用等）

---

① 四川大学外国语学院大学外语的研究生英语公共课教研组全体讨论后一致认为，这本《学术英语（理工）》的内容编排与对学术英语写作技巧和原则的讲解具有较强的通用性，适用于不同的专业，包括人文、理工和医学专业。

续表1

教学周次	教学内容与知识点	思政元素挖掘与融入点
学期教学内容第二部分：7－16周 （每周课堂开始20－30分钟warm-up：学生分组课堂翻转进行英语PPT展示， 通过提问、回答、讨论、同学间互评等进行听说训练）		
7－8	如何选择论文的研究主题、确定论文标题，如何避免剽窃（教材Unit 1内容）	掌握好文献引用方法，科研工作诚实守信，不剽窃，不作假
9－10	如何搜寻可靠的学术资料，如何综述和组织不同来源的材料（教材Unit 2内容）	在阅读、选择英文材料时应有家国情怀和法制意识
11－12	如何写论文的文献综述和引言，如何使用正式文体的词汇和结构等（教材Unit 3内容）	文献梳理需要勤勉踏实的工匠精神和科学的研究方法
13－14	如何写论文的研究方法和研究结果，如何运用恰当的模糊限制语等（教材Unit 4内容）	学术规范意识、社会责任感、科学精神与创新的重要性
15－16	如何写论文的讨论部分和论文摘要，如何写参考文献与自我校对（教材Unit 5内容）	论文写作遵守语言规范与专业学术伦理规范
学期教学内容第三部分：17－18周		
17－18	复习，答疑，学生提交论文（小组内学生已互评）；通过课程问卷调查和个体访谈等，反馈、改进与完善课程教学	

4　课程思政目标路线图

表1是笔者根据每周具体教学内容进行的课程思政元素挖掘与融入设计，显然，1－6周和7－16周是课程思政教学落实的两个主体阶段，与之相对应的是希望达到的课程思政教学效果，即每周课程思政目标，据此形成了课程思政目标路线图（见图1）。教师在授课中对表1与图1的教学内容、思政元素及思政育人目标进行了逐一落实。

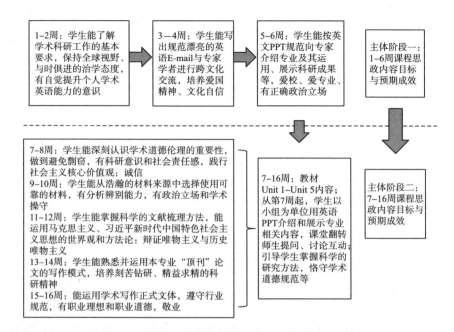

图 1 "学术英语（中级）"课程思政目标路线图

5 课程考核方式与课程特色创新

本门课程采用形成性评价方法，由过程考核和终结性考核组成，各占50%。过程考核即平时成绩，以课堂表现（如：英文 PPT 展示、课堂参与度、提问和回答问题等）和自主学习情况（如：预习、复习、完成课后相关学习任务等）为主要依据。终结性考核主要通过期末考试的方式进行，着重考查学生的学术英语输出能力。课程考核蕴含着对潜在的课程思政教育内容进行的考核，包括具有正确的世界观、人生观、价值观和政治立场，遵守学术道德伦理规范，与专家学者进行跨文化交流时具有文化自信，爱国，等等。

本门课程的特色创新主要有以下几个方面：（1）潜移默化的课程思政教育。（2）注重学术性与实践性。（3）实施探究式小班化教学，每班的学生数在 20－30 人之间，开展小组研讨与学生间互评。（4）充分利用信息化教学手段与翻转课堂教学模式。（5）注重评价与反馈，提高教学质量。

6　课程思政育人实效分析

何为"课程思政"？课程思政的目标要求和育人成效是什么？对此，《高等学校课程思政建设指导纲要》已明确说明：全面推进课程思政建设，就是要寓价值观引导于知识传授和能力培养之中，帮助学生塑造正确的世界观、人生观、价值观；推进习近平新时代中国特色社会主义思想进教材进课堂进头脑；培育和践行社会主义核心价值观；加强中华优秀传统文化教育；深入开展宪法法治教育；深化职业理想和职业道德教育（教育部，2020）。大学外语教师的课程教学不仅限于语言点，还应注重对学生价值观潜移默化的引导、对道德素养的培养和文化自信的提升。从宏观上讲，一切符合社会主义核心价值观的正能量元素都属于课程思政；课程思政可以是学习人类命运共同体理念，也可以是讲好中国故事、提升传播中华文化的能力，还可以是培养高尚的道德品质、健康良好的习惯和职业道德等（潘文，2022：52）。

在 2023 年秋季学期结束时，笔者通过问卷星发放问卷，对课程思政教学效果进行调查。笔者讲授的硕士研究生英语公共课"学术英语（中级）"有 6 个班，每班 28 人，共计 168 人，回收问卷 163 份。笔者在学期授课过程中已落实前述表 1 与图 1 的所有内容，问卷结果显示，100% 的学生认为本门课程是正能量的（如图 2 所示），这说明课程思政取得了较好成效。但部分学生并不清楚"课程思政"的概念和包含的具体内容，有近 10% 的学生对课程思政的内容"不太了解"或"完全不了解"（如图 3 所示），认为"奋斗精神"和"职业道德"属于课程思政内容的分别只有 61.35% 和 67.48%，不过选择"正确的世界观、人生观、价值观"的比例为 93.25%（如图 4 所示）。

立德树人的课程思政是对价值塑造、知识传授和能力培养三者的统一，但有 11.04% 的学生认为提升对外交流能力不属于课程思政范畴，6.13% 对此不清楚（如图 5 所示）。这说明部分学生目前认为价值塑造、知识传授和能力培养是三个独立"门户"，可截然分开，但这并不影响教师开展课程思政教学育人。如图 6 所示，虽然有个别学生认为在"如何避免学术剽窃"章节中提到的"诚信是社会主义核心价值观之一"并"不属于"课程思政或对此表示"不清楚"，但有 158 位学生（96.93%）认为这属于课程思政，这也从侧面表明教师在授课过程中切实开展了课程思政教育。在问卷中设置关于课程思政范畴的问题本身就是在践行课程思政育人,图5和图6的提问实际上是对表1和图1中5-6周和7-8周课程知识点、课程思政元素融入与相应课程思政目标及落实成效的一个回溯、印证和检验。

本次的问卷调查显示,经过一学期的学习,在英语听、说、读、写、译五项技能中,学生自评最薄弱的并不是"写",而是"听"(占38.04%)和"说"(占34.36%),认为需要提高听说这两项英语技能的比例高达72.4%(如图7所示)。问卷的最后是一项主观问答题:"您对本门课程的建议有哪些?"。对此,没有任何学生提及本学期具体的教学内容,这从侧面反映出学生对课程内容安排和课堂教学设计的满意度,学生们的意见和建议突出集中在听说两方面。例如:"全英文听着很吃力""我的听力存在问题,老师有时候说得太快了,跟不上""可以加入更多'说'的环节,锻炼口语能力""适当增加一些英语的口语课程,这样可以提高学生的口语能力""抽问回答是一个很好的东西,建议一直保留"。这为改进和优化本门课程教学与思政育人指明了方向和重点:继续加强对学术英语听说表达的训练,进一步提升跨文化交流素养与能力。已有的教学方案从第7周起,课堂翻转学生进行英语PPT展示,介绍专业相关内容,并在此基础上通过提问、讨论互动等训练提升学生的听说能力(如表1、图1所示),此种教学方式的有效性已被证实(潘文,2023),在课时有限的情况下,笔者认为可以增加课外听说训练任务,推荐网络平台学习资源,调动学生的能动性和积极性,针对个性化需求和特点,给学生提供高质量的指导和帮助。此外,多位学生表示"课时太短""一星期两节太少了",还有学生表示"有的时候需要预习的部分有些多,可能会抓不住重点"等。这表明了学生对学术英语课程的需求,可建议学校增加周课时,并且今后教师在讲授过程中需教会学生在大量阅读中提纲挈领地掌握知识要点。

1. 本门课程整体是否是正能量的?[单选题]

选项 ⬦	小计 ⬦	比例	
是	163		100%
否	0		0%
不清楚	0		0%
本题有效填写人次	163		

图2　本门课程的教学是否是正能量

2. 您了解课程思政内容吗？[单选题]

选项♦	小计♦	比例	
非常了解	26		15.95%
比较了解	78		47.85%
一般	44		26.99%
不太了解	13		7.98%
完全不了解	2		1.23%
本题有效填写人次	163		

图 3　是否了解课程思政内容

3. 您认为课程思政应包含以下哪些内容？[多选题]

选项♦	小计♦	比例	
正确的世界观、人生观、价值观	152		93.25%
正确的政治立场	131		80.37%
理想信念	122		74.85%
爱国情怀	121		74.23%
学术道德	140		85.89%
奋斗精神	100		61.35%
职业道德	110		67.48%
田 其他 [详细]	0		0%
本题有效填写人次	163		

图 4　课程思政的内容范畴

4. 在与外籍专家交流时，能大方自信介绍所学专业和学科研究、介绍四川大学、介绍中国文化等，对这种能力的培养是否属于课程思政？[单选题]

选项♦	小计♦	比例	
属于	135		82.82%
不属于	18		11.04%
不清楚	10		6.13%
本题有效填写人次	163		

图 5　对跨文化交际能力的培养是否属于课程思政

5. 在"如何避免学术剽窃"章节的学习中，我们提到"诚信是社会主义核心价值观之一"，您认为这属于课程思政吗？［单选题］

选项	小计	比例
属于	158	96.93%
不属于	3	1.84%
不清楚	2	1.23%
本题有效填写人次	163	

图 6　"科研诚信"是否属于课程思政范畴

6. 经过一学期的学习，您认为您目前最薄弱的一项英语技能是什么？［单选题］

选项	小计	比例
听	62	38.04%
说	56	34.36%
读	2	1.23%
写	33	20.25%
译	7	4.29%
不清楚	3	1.84%
本题有效填写人次	163	

图 7　学生自评最薄弱的一项英语技能

7　结语

党的十八大以来，党的教育方针政策强调，立德树人是中国教育的根本任务，目标是要培养德智体美劳全面发展的社会主义建设者和接班人。高校课程思政建设非常重要。作为高校一线教师，要切实落实立德树人理念，以学生为中心，在传授专业知识和培养学生能力的同时，帮助学生塑造正确的世界观、人生观和价值观，守好社会主义意识形态阵营。

"学术英语（中级）"是四川大学为非英语专业硕士研究生开设的英语公共课，笔者根据《高等学校课程思政建设指导纲要》和《非英语专业学位研究生英语教学大纲》要求，结合自身长期从事英语公共课教学的经验，在课堂教学过程中，根据每周不同的知识点安排，深度挖掘与融合了相关思政元素和材料，对"学术英语（中级）"课程思政元素有机融入体系进行了初步探索，并形成了与授课内容相对应的每周课程思政目标路线图，以希能"润物细无声"地落实好课程思政育人。问卷调查结果显示，虽然有的学生对"课程思政"的内容和范畴并不完全清楚，还有的把价值塑造、知识传授、能力培养三者割裂对待，但并不影响教师落实具体的课程思政内容。100%的学生认为本门课程是正能量的，课程思政取得了较好成效。学生的反馈也为今后提升和完善本门课程提供了方向和思路：第一，目前每周2个学时，可考虑增加周课时量；第二，面对浩瀚的文献，需指导和教会学生提炼重点和要点，引导学生将其整合进自身的知识体系；第三，英语听说仍是学生的薄弱环节，在目前翻转课堂学生展示英语 PPT 进行听说训练的基础上，可借助"互联网＋"、人工智能与信息化教学，扩展高质量的线上听说训练，增强学生课外自我提升英语听说的能力。

参考文献：

北京市高等教育学会研究生英语教学研究分会，2020．非英语专业学位研究生英语教学大纲［Z］．北京：中国人民大学出版社．

蔡基刚，2016．学术英语（理工）［M］．2版．北京：外语教学与研究出版社．

杜新宇，杨明海，2022．研究生英语课程思政教育元素有机融入体系探究［J］．山东师范大学学报（社会科学版），67（5）：101－111．

何莲珍，2022．从教材入手落实大学外语课程思政［J］．外语教育研究前沿（2）：18－22＋90．

教育部．教育部关于印发《高等学校课程思政建设指导纲要》的通知［EB/OL］．（2020－05－28）［2024－02－01］．http：//www. moe. gov. cn/srcsite/A08/s7056/202006/t20200603_ 462437. html.

教育部高等学校大学外语教学指导委员会，2020．大学英语教学指南［Z］．2020版．北京：高等教育出版社．

潘文，2022．基于 CNKI 数据库文献的大学英语课程思政研究解析［J］．四川民族学院学报，31（5）：48－55．

潘文，2023．翻转课堂在研究生英语听说教学中的运用及成效［C］//王欣．外国语言文学与文化论丛17．成都：四川大学出版社：204－210．

习近平．把思想政治工作贯穿教育教学全过程　开创我国高等教育事业发展新局面［EB/OL］．（2016－12－09）［2024－02－01］．http：//politics. people. com. cn/n1/2016/1209/c1001－28936072. html.

向明友，2022. 基于《大学外语课程思政教学指南》的大学英语课程思政教学设计 ［J］. 外语界（3）：20-27.

赵雯，刘建达，2022.《大学外语课程思政教学指南》内容重点研制与阐释［J］. 外语界（3）：12-19.

Research on the Design and the Educational Effectiveness of Moral Education of Graduate English Course for Non-English Major：A Case Study of "Academic English（Intermediate）" Offered by Sichuan University

Pan Wen

Abstract：Cultivating people with morality is the fundamental task of higher education. The graduate English course for non-English major covers a wide range of students, the moral education of which is, therefore, of great significance to the training of socialist builders and successors with all-round development of morality, intelligence, physical fitness, aesthetics, and labor skills. This paper takes "Academic English (Intermediate)", the graduate English course for non-English major offered by Sichuan University, as an example to systematically explore the organic integration of moral education elements into the course, as well as design and then implement weekly moral education goals, with the hope of carrying out moral education like "the rain in spring, quiet and soft, moistening everything". The questionnaire results, for one thing, show that although some students are not clear about the category and content of "moral education", 100% of the students feel that the whole course is of positive energy, indicating a good moral educational effectiveness has been achieved. For another, the research reveals that two skills, listing and speaking, are still the weaknesses of the students, pointing out the direction for and the focus of the further improvement and optimization of the course.

Key words：graduate students；English course for non-English major；moral education design；moral educational effectiveness

二语动机研究的多语转向
——多语学习动机研究

余 淼

（四川大学外国语学院，成都610207）

摘　要：应用语言学领域的多语转向是21世纪新出现的研究趋势。因应这一趋势，二语动机领域也出现了相应的变化。本文梳理了二语动机研究已经形成的三个阶段，着重探讨了第三阶段在研究地域和对象、研究语种、研究方法与理论更迭方面所表现出来的主要特征。最后，本文展望了动机研究的第四个阶段，即多语语境中的语言学习动机研究，并从研究视角、理论建设及研究趋势三个方面进行了分析。

关键词：多语转向；二语动机；多语学习动机

2017 年第 101 期《现代语言期刊》（*The Modern Language Journal*）由 Ema Ushioda 和 Zoltán Dörnyei 两位学者主持，号召进行多语语境中的二语动机研究，开启了该研究领域新的里程碑。两位学者首先提到 Boo，Dörnyei 和 Ryan 在 2015 年发表的一篇针对二语动机研究的系统性综合调查报告。该报告回顾了 2005 至 2014 十年间二语动机研究的整体趋势，指出二语动机研究在这一段时间内呈现出了"史无前例的规模"，远超同期在二语习得领域其他学习者特征（L2 learner characteristics）的研究方向。但是，在两位学者共同撰写的刊首语中，他们也提出一个亟待解决的问题，那就是在二语动机研究高速发展的这十年，超过 70% 的研究聚焦于英语作为唯一目标语，造成了既有理论与实证发现无可置疑的"语种"偏差（Ushioda & Dörnyei，2017）。为了纠正这一现象，两位学者提出二语动机研究应该关注目前全球化的多语环境，着眼于英语之外的其他语种（languages other than English，LOTEs），对目前基于英语学习的二语动机理论和实证研究结果提出合理的质疑、修改和补充。二语动机研究由单语向多语转向的意义重大。因此，本文首先梳理二语动机理论近二十年来的发展历史和主流理论框架，阐述近十年来二语动机研究的主要趋势，着重展望二语动机研究的多语转向这一最新的研究方向。

1 二语动机研究的发展阶段

二语动机研究大致经历了三个历史阶段（Boo，Dörnyei & Ryan，2015；Dörnyei & Ushioda，2011；周璇、饶振辉，2007）。第一个阶段起源于 20 世纪 70 年代初期。加拿大学者 Gardner 和他的同事发表了一系列针对加拿大法语区和英语区语言学习者的二语学习动机研究（Gardner，1985），从社会心理视角提出了著名的社会－教育模型（Socio-Educational Model）。虽然这个模型经历了几次修改，但他们所提出的融合型动机和工具型动机点燃了大量研究者的热情，追随者和批评者接踵而至。第一阶段的二语动机研究一直持续到了 90 年代初期。

90 年代心理学领域的认知革命开启了二语动机研究的第二个阶段。研究者们开始从认知心理视角来理解二语动机，提出了一系列新的动机概念，例如自我决定论、内部动机和外部动机等（Noels，Clément & Pelletier，1999）。Tremblay，Goldberg 与 Gardner（1995）指出二语动机具有持续恒定性和针对不同情境的瞬变性，因而区分学习者自身的特质动机（trait motivation）和外部情境动机（state motivation）对于研究二语的习得过程非常重要。这一阶段的另一个特征则是"教育转向"（educational shift），即二语动机研究不再仅关注心理学层面的理论和概念建设，开始聚焦二语教育教学情景。教材、教师、教学组织形态等与语言学习情境高度相关的因素对二语动机的影响成为研究重点。二语动机研究从第一阶段相对宏观的社会文化视角过渡到了微观的认知心理学和教育心理学视角，开始透过学习者个体及教学情境对二语动机进行解读。

21 世纪之交，二语动机研究开启了第三个阶段——社会－动态阶段。这一时期二语习得研究领域的复杂动态系统理论（Complex Dynamic Systems Theory）在相当程度上影响了二语动机的研究范式，复杂动态性成为新阶段动机研究方向的关键词，语言学习过程中的二语动机波动受到关注。这不仅是因为二语学习动机这一变量本身所具有的动态性特征，还因为复杂动态系统理论能更好地解释二语习得过程中学习动机所出现的微观和宏观层面的复杂变化（郑咏艳、温植胜，2013）。Dörnyei，MacIntyre 和 Henry 于 2015 年编辑出版的论文集《语言学习动机的动态机制》就集中体现了这一时期从复杂动态视角关注二语动机的理论与研究方法。在这一阶段，Dörnyei（2005）提出的二语动机自我系统（L2 Motivational Self System）逐渐成为当下二语动机研究的主流理论。

以上回顾的三个发展阶段相互之间并没有一条严格的分水岭，先后衍生出的二语动机概念和理论之间也并非前后迭代关系，而是相互交织与补充，从社会、认知、教育、情感等不同视角让整个二语动机研究领域充满了活力和多元性，从而形成了 Boo，Dörnyei 和 Ryan（2015）文中提到的"史无前例的规模"。

2　二语动机研究在第三阶段的主要趋势

正如上文所述，二语动机研究的各个理论形成虽然有时间上的先后顺序，但是关系上却并非相互替代或排斥。建立在不同动机理论基础上的研究议题长期共存，此涨彼跌。在这个部分，本文将着重从研究地域和对象、研究语种、研究方法与理论更迭四个方面阐述二语动机研究在第三阶段中表现出来的主要特征。

2.1　研究地域和对象

二语动机的研究发源于法语和英语交织的加拿大，在之后很长一段时间内占主导地位的研究都来自北美和欧洲，研究对象大多是加拿大法语区或者生活在欧洲的英语学习者。进入 21 世纪之后，动机研究的地理分布图开始呈现出新的局面，中国、日本、美国成为动机研究的"新三甲"，而中国的外语学习者则成为最大的研究对象群体（Boo，Dörnyei & Ryan，2015）。中国在二语动机领域的脱颖而出和中国庞大的英语学习者数量密不可分，其多样化的外语学习人群也为二语动机研究提供了丰富的样本。

2.2　研究语种

早在 1994 年，Yamuna Kachru 就在其"Englishization and Contact Linguistics"一文中指出英语在语言、文学及文化领域中的一语独大所带来的研究视角单一化，但是学术界对"多语转向"的迫切性达成共识却是在进入 21 世纪之后。Stephen May 在 2013 年出版的《多语转向》 (*The Multilingual Turn*) 一书中呼吁应用语言学、对外英语教学和双语教育等领域的理论研究和教学实践向多语转向。令人颇感意外的是这一"多语转向"的研究趋势在 21 世纪初期对二语动机研究的影响微乎其微。在 Boo，Dörnyei 和 Ryan（2015）对 2005 年至 2014 年国际期刊发表的 416 篇二语动机实证研究文章进行分析后发现，72.67% 的研究使用英语作为目标语种。

结合二语动机研究在这一阶段出现的地域和研究对象上的新变化，即中国和日本在这一研究领域的崛起，就不难理解英语教育在两国无以抗衡的重要性对这一阶段二语动机研究中语种选择的影响力。

2.3 研究方法

定量研究增速放缓，定性研究及混合研究比重上升是这一阶段二语动机研究方法的变化趋势。这一变化在很大程度上受到了这一时期应用语言学领域逐渐升温的复杂动态系统理论的影响。更多学者意识到关注静态、宏观、线性关系的定量研究方法并不能很好地总结动机变化的轨迹，而关注动态、微观、非线性关系的定性研究方法能更好呈现二语动机的复杂动态性。研究范式的改变推动了研究方法的创新，例如 Chan，Dörnyei 和 Henry（2015）用"返溯定性模型"（Retrodictive Qualitative Modeling Approach）来研究语言学习者的动机；MacIntyre 和 Serroul（2015）采用个体动态研究法（The Idiodynamic Method），以秒为单位来捕捉 12 名加拿大学生的二语动机波动，将动机变化的过程呈影片式拉近、放大，让参与者自评与自述整个交流过程。郑咏滟（2016）和常海潮（2016）分别对 Dörnyei，MacIntyre 和 Henry 于 2015 年出版的论文集《语言学习动机的动态机制》做了评介，均较为详细地介绍了书中结合复杂动态系统理论的动机研究新方法。最近，Q 方法（Q Methodology）和"多语地研究"是混合研究法的创新（郑咏滟，2021，2023；Zheng，Lu & Ren，2020）。

2.4 理论更迭

在这一阶段，二语动机的理论研究走出了上一阶段从社会心理向认知心理与教育心理视角不断"调校"的探索期，二语动机自我系统理论的主流地位开始明晰。Dörnyei 和 Ushioda 在 2009 年出版了《动机、语言身份和二语自我》论文集，从理论和实证两方面初步确立了在认知心理层面，从自我认知和身份认同概念出发的视角转变。Boo，Dörnyei 和 Ryan（2015）在他们的分析文章中指出，采用融合型/工具型动机理论的研究在 2011/2012 年前后开始陡然下降，取而代之的是自我系统理论在这一时期的广泛应用。当然，这并非说明传统动机理论已经被新兴理论所代替，也有部分研究将多种动机理论组合起来使用，最突出的为"融合型/工具型动机理论 + 自我系统理论""复杂动态系统理论 + 自我系统理论"。然而，不管是使用单一理论还是组合理论框架，这些研究大多聚焦英语学习动机，忽略了英语以外的其他语种以及日渐突出的多语交流与学习情境。他语学习动机往往源于态度与情感，和特定的社会、族群、文化甚至宗教等外驱力联系紧密，因此强调自我认知的主流理论二语动机自我系统在解释多语学习动机时就显示出不足。

3　展望二语动机研究的第四阶段——多语学习动机

Ushioda 和 Dörnyei 两位学者在 2017 年提出的动机研究的多语转向或将开启动机研究的第四阶段，即多语情境中的语言学习动机研究。他们明确指出多语情境中的动机研究有两个核心目的：一是挖掘建立在以英语为目标语基础上的二语动机理论是否具有跨语种的普适度；二是探索多语多文化背景下，英语作为全球通用语对于其他语种学习动机的影响。换言之，基于二语动机研究和课堂语言教学的紧密关系，这一领域的主流理论和实证结果必须要在不同语种的教与学过程中被反思和检验，从而为多语学习提供更丰富、更全面的指导（Henry，2014）。在全球化的今天，当掌握英语已经越来越成为一门"必学"技能的时候，它的存在会怎样影响人们学习其他语种的动机？当同时习得多门语言时，各语言的学习动机又会如何互动或者相互干扰？如果说对第一个目的的探讨还站在微观的认知心理层面，那么对第二个目的的研究则重新延伸至了宏观的社会文化范畴，涉及和不同语种相关的社会、政治、教育、文化等各个方面，与二语动机研究的第一阶段遥相呼应。

3.1　研究视角

从研究视角来看，多语学习动机研究的视角更加多元，其不仅承接了第三阶段对于个体身份和认知心理的关注，而且再一次从社会心理的视角来研究多种语言之间学习动机的互动与互构。多语学习动机不仅仅与个体的认知、态度、心理等微观因素相关，更无可避免地与宏观社会文化与中观教学情景产生复杂而动态的连接。The Douglas Fir Group（2016）提出应建立"新"二语习得领域的多语制超学科框架，对"超越学科边界"与"具备多语思维"赋予前所未有的重要性，对多语情境中的动机研究有重要的参考价值。

Dörnyei 和 AL-Hoorie（2017）从五个方面分析了为何要研究非英语语种的学习动机。他们指出社会、文化、历史、地理等因素对学习非英语语种的动机有更加直接的影响，并因此对二语动机自我系统在他语学习动机中的解释力提出了合理的质疑，提出应在"英语＋他语"的多语学习中将微观的自我、身份和宏观的社会、文化因素重新融合。

3.2 概念建设

如上文所说，二语动机自我系统理论从一开始就是建立在以英语为目标语的二语动机研究基础之上。其核心概念"理想二语自我"与"应该二语自我"在解释学习他语种或多语种时就显得捉襟见肘。因应动机研究的多语转向，Henry（2017）将自我系统理论进行了拓展，提出了"理想多语自我"（Ideal Multilingual Self）的概念，意指个人想成为多语者的愿望。他认为这一愿望才是促使人们学习多语背后的持久动力，并通过结构方程模型验证了"理想多语自我"与"理想二语自我"两个概念之间的独立性（Henry & Thorsen，2018）。Ushioda（2017）从宏观的社会教育视角，以日本和中国为例讨论了英语强大的通用语地位导致大多数人不愿意学习其他外语，而外语教育政策的制定也由此受到负面影响。她特别指出培养语言学习者的"理想多语自我"是目前外语教育中保持语种多样性的必要和重要手段。Busse（2017）也提出了相似的"理想多语自我教育"（Ideal Plurilingual Bildungs-Selbst）概念。她从对欧洲四国2255名中学生的调查结果中发现，英语的全球化地位对学生们选择学习其他外语语种的动机形成了极大的负面影响。尽管这一影响因自我身份认同、社会文化环境、语言学习环境等因素的不同呈现出差异，但学校及教师都应该承担起培养并推动学生"理想多语自我"的建立、维护外语学习的语种平衡、促进外语学习的语种多样化的任务。其他新概念，例如 MacIntyre，Baker 和 Sparling（2017）从社会认同视角提出的"根源二语自我"（Rooted L2 Self），Zheng，Lu 和 Ren（2019）提出的"多语姿态"（Multilingual Posture），Thompson（2017，2021）提出的"反应该自我"（Anti-Ought-to Self）等均亟须在不同的多语生态中予以验证。

3.3 研究趋势

掌握多门外语正在成为一个新的语言学习趋势（De Angelis，2007）。笔者认为，动机领域的多语转向使二语动机研究的内涵和外延都丰富起来，越来越多的语种被作为二语动机研究的目标语（Lasagabaster，2017；Thompson，2017）。在多语习得的过程中，各个语种学习动机在互动与互构中所产生的积极或者负面影响将极大地扩展传统动机研究领域。多语学习动机研究在研究对象、研究语种、研究视角、理论框架、研究方法上会更加丰富多元（Siridetkoona & Dewaele，2018）。同时，在第三阶段中开始与二语动机研究相结合的复杂动态系统理论在这一阶段将更加契合多语学习动机的复杂性和动态性，这不仅体现在多语情境中各语种学习动机之间的互动，也体现在这一阶段个体心理认知与社会文化的深度融合（Apple，Da Silva，Fellner，2016；Duff，2017；McEown，Sawaki & Harada，2017）。

目前，少数国内学者已经开始对应用语言学"多语转向"这一研究方向与范式的改变做出积极的反应（何冰艳，2018；郑咏滟，2021）。复旦大学于 2018 年举办的"多语研究与多语教育论坛"就释放出国内学者开始关注多语转向的敏锐信号。然而，在二语动机研究领域，多语情境中的动机研究还十分匮乏。尽管如此，笔者认为，在目前二语动机研究数量最为丰富的中国，研究者可以将多语情境中的二语动机研究作为突破口，紧跟应用语言学研究领域多语转向的趋势，重视本土化的多语现象，探索具有中国特色的多语动机生态与理论建构。可以肯定的是，学习多门语言的目标群体、英语以外的其他语种、各语种学习动机的互动干扰、"理想多语自我"等新概念对多语教学与多语教育政策的影响等都将成为这一阶段新的研究增长点。二语动机研究的多语转向势必会带来该领域新一轮的生机和活力。

参考文献：

常海潮，2016. 二语学习动机研究的里程碑：《语言学习动机动态研究》介评［J］. 中国外语（6）：106 - 109.

何冰艳，2018. 从 DST 看二语习得的多语转向［J］. 外国语文（3）：87 - 94.

郑咏滟，温植胜，2013. 动态系统理论视域下的学习者个体差异研究：理论构建与研究方法［J］. 外语教学（3）：54 - 58.

郑咏滟，2016.《语言学习动机的动态机制》评介［J］. 外语教学与研究（6）：947 - 952.

郑咏滟，2021. 后疫情时代的多语研究：反思与展望［J］. 当代外语研究（1）：64 - 74.

郑咏滟，2023. 超学科范式下应用语言学 Q 方法的创新与前瞻［J］. 外国语（1）：2 - 10.

周璇，饶振辉，2007. 二语学习动机研究的方向问题［J］. 外语界（2）：39 - 44.

APPLE M T, DA SILVA D, FELLNER T, 2016. L2 selves and motivations in Asian contexts ［M］. Bristol, UK：Multilingual Matters.

BOO Z, DÖRNYEI Z, RYAN S, 2015. L2 motivation research 2004 - 2014：understanding a publication surge and a changing landscape［J］. System（55）：145 - 157.

BUSSE V, 2017. Plurilingualism in Europe: exploring attitudes toward English and other European languages among adolescents in Bulgaria, Germany, the Netherlands, and Spain [J]. The modern language journal (3): 566 – 582.

CHAN L, DÖRNYEI Z, HENRY A, 2015. Learner archetypes and signature dynamics in the language classroom: a reproductive qualitative modeling approach to studying L2 motivation [M] // DÖRNYEI Z, MACINTYRE P D, HENRY A. Motivational dynamics in language learning. Bristol, UK: Multilingual Matters: 238 – 259.

DE ANGELIS G, 2007. Third or additional language acquisition [M]. Clevedon, Buffalo, Toronto: Multilingual Matters LTD.

DÖRNYEI Z, 2005. The psychology of the language learner: individual differences in second language acquisition [M]. Mahwah, NJ: Lawrence Erlbaum.

DÖRNYEI Z, AL-HOORIE A H, 2017. The motivational foundation of learning languages other than global English: theoretical issues and research directions [J]. The modern language journal (3): 455 – 468.

DÖRNYEI Z, MACINTYRE P D, HENRY A, 2015. Introduction: applying complex dynamic system principles to empirical research on L2 motivation [M] //DÖRNYEI Z, MACINTYRE P D, HENRY A. Motivational dynamics in language learning. Bristol, UK: Multilingual Matters: 1 – 7.

DÖRNYEI Z, USHIODA E, 2009. Motivation, language identity and the L2 self [C]. Bristol, UK: Multilingual Matters.

DÖRNYEI Z, USHIODA E, 2011. Teaching and researching motivation [M]. 2nd ed. Harlow: Longman.

Douglas Fir Group, 2016. A transdisciplinary framework for SLA in a multilingual world [J]. Modern language journal, 100: 19 – 47.

DUFF P A, 2017. Commentary: motivation for learning languages other than English in an English-dominant world [J]. The modern language journal (3): 597 – 607.

GARDNER R C, 1985. Social psychology and second language learning: the role of attitudes and motivation [M]. London: Edward Arnold Publishers.

HENRY A, 2014. The motivational effects of crosslinguistic awareness: developing third language pedagogies to address the negative impact of the L2 on the L3 self-concept [J]. Innovation in language learning and teaching (1): 1 – 19.

HENRY A, 2017. L2 motivation and multilingual identities [J]. The modern language journal (3): 548 – 565.

HENRY A, THORSEN C, 2018. The ideal multilingual self: validity, influences on motivation, and role in a multilingual education [J]. International journal of multilingualism (4): 349 - 364.

KACHRU B B, 1994. Englishzation and contact linguistics [J]. World English (2): 135 - 154.

LASAGABASTER D, 2017. Language learning motivation and language attitudes in multilingual Spain from an international perspective [J]. The modern language journal (3): 583 - 596.

MACINTYRE P D, BAKER S C, SPARLING H, 2017. Heritage passions, heritage convictions and the rooted L2 self: music and Gaelic language learning in Cape Breton, Nova Scotia [J]. Modern language journal, 101: 501 - 516.

MACINTYRE P D, SERROUL A, 2015. Motivation on a per-second timescale: examining approaching-avoidance motivation during L2 task performance [C] //DÖRNYEI Z, MACINTYRE P D, HENRY A. Motivational dynamics in language learning. Bristol, UK: Multilingual Matters: 109 - 138.

MCEOWN M S, SAWAKI Y, HARADA T, 2017. Foreign language learning motivation in the Japanese context: social and political influences on self [J]. The modern language journal (3): 533 - 547.

NOELS K A, CLÉMENT R, PELLETIER L G, 1999. Perception of teachers' communicative style and students' intrinsic and extrinsic motivation [J]. The modern language journal, 83: 23 - 34.

SIRIDETKOONA P, DEWAELE J A, 2018. Ideal self and ought-to self of simultaneous learners of multiple foreign languages [J]. International journal of multilingualism (4): 313 - 328.

STEPHEN M, 2013. The multilingual turn: implications for SLA, TESOL and bilingual education [C]. New York and London: Routledge.

THOMPSON A S, 2017. Don't tell me what to do! The anti-ought-to self and language learning motivation [J]. System (67): 38 - 49.

THOMPSON A S, 2021. Conceptualizing the anti-ought-to-self: background and new directions [J/OL]. Revue TDFLE (78). https://doi. org/10. 34745/numerev_ 1699.

TREMBLAY P F, GOLDBERG M P, GARDNER R C, 1995. Trait and state motivation and the acquisition of Hebrew vocabulary [J]. Canadian journal of behavioral science, 27: 356 - 370.

USHIODA E, 2017. The impact of global English on motivation to learn other languages: toward an ideal multilingual self [J]. The modern language journal (3): 469 - 482.

USHIODA E, DÖRNYEI Z, 2017. Beyond global English: motivation to learn languages in a multicultural world: introduction to the special issue [J]. The modern language journal (3): 451 −454.

ZHENG Y Y, LU X C, REN W, 2019. Profiling Chinese university students' motivation to learn multiple languages [J]. Journal of multilingual and multicultural development, 40 (7): 590 −604.

ZHENG Y Y, LU X C, REN W, 2020. Tracking the evolution of Chinese learners' multilingual motivation through a longitudinal Q Methodology [J]. Modern language journal, 104 (4): 781 −803.

A New Phase of L2 Motivation Research: Multilingual Learning Motivation

Yu Miao

Abstract: The "Multilingual Turn" is a new trend in the field of applied linguistics, which has exerted direct influence over the research of L2 motivation. The paper discussed the three phases of L2 motivation research, and specifically analyzed the third phase through the perspectives of demographics, language being studied, research methodology, and theoretical development. At last, the paper proposed the fourth phase of the L2 motivation research, which studies motivation to learn languages in a multilingual world. Research perspectives, new conceptual development, and empirical study foci are tentatively discussed referring to the fourth phase.

Key words: multilingual turn; L2 motivation; multilingual learning motivation

浅议研究生公共学术英语教学中的讲座与展示

郎江涛

（四川大学外国语学院，成都 610207）

摘　要：研究生公共学术英语教学中的讲座与展示是学术性的讲座与展示，一定要遵守相关的学术规范。从学术性写作看，讲座与展示在写作目的、写作手段以及写作类型上有自己不同的特点，但还具有主体学者化、结构规范化以及手段多样化的共同点。目前，尽管讲座与展示成了研究生公共学术英语教学过程中的重要教学手段，但仍有一些学者对讲座与展示的认识不够全面、深刻，不能有效地使用讲座与展示。如果我们充分了解了讲座与展示的不同点与相同点，我们就能在研究生公共学术英语教学中有效地利用这两种重要的教学手段，从而提高研究生公共学术英语的教学质量。

关键词：研究生公共学术英语教学；讲座；展示；不同点；相同点

　　研究生公共学术英语指的是非英语专业研究生从事学术研究和进行学术交流的系统的、较专门的英语知识，其教学对象主要是非英语专业的全日制和非全日制研究生，既包括攻读硕士学位的研究生，又包括攻读博士学位的研究生。从我国高校研究生的培养计划来看，研究生的主要任务是从事学术研究和进行学术交流，因而研究生公共学术英语的教学目标是提高研究生用英语进行学术研究和学术交流的能力。换句话说，研究生公共学术英语的教学突出学术性。从研究生公共学术英语的教学实践来看，讲座（lecture）与展示（presentation）是突出公共学术英语学术性的重要手段。对于这两种手段，不同学者有不同的看法，举其要者，有的学者认为讲座与展示没有本质的区别，有的学者认为讲座与展示的写作方法不同，有的学者认为讲座与展示的写作目的不同，如此等等，不胜枚举。鉴于此，本文首先从研究生公共学术英语的角度分别对讲座与展示进行界定，然后从学术写作的角度明确指出讲座与展示的不同之处以及相同之处，以期讲座与展示这两种教学手段能够在研究生公共学术英语教学中得到有效使用，从而推动研究生公共学术英语教学的发展。

1　讲座与展示之界定

在研究生公共学术英语的教学中，讲座与展示是经常被采用的两种不同手段。尽管如此，讲座与展示并没有得到统一的界定，这直接导致讲座与展示实际不同的运用效果。因此，为了使讲座与展示有效地服务于研究生公共学术英语的教学，我们有必要对研究生公共学术英语中的讲座与展示作一个有效的界定。

1.1　讲座

根据《现代汉语词典（第7版）》，"讲座"指的是"一种教学形式，多利用报告会、广播、电视或刊物连载的方式进行"（中国社会科学院语言研究所词典编辑室，2016：646）。从这可以看出，在汉语里，讲座是一种教学形式，其采用的方式多种多样，如报告会、广播、电视、刊物连载等。我们可以从讲座的主体、方式、场地等角度把讲座分成不同类型，如从主体的角度，讲座可分为学术讲座、论坛讲座、名人讲座等；如从方式的角度，讲座可分为报告会式的讲座、广播讲座、电视讲座、刊物连载讲座等；如从场地的角度，讲座可分室内讲座、室外讲座、巡回讲座等。由此看来，在汉语里，讲座被界定为一种形式多样的教学手段。

汉语的"讲座"对应的英语单词是"lecture"。根据《朗文英汉双解词典》，"lecture"指的是"(to give) a speech to a group of people, esp. as a method of teaching at universities"（Gray & Summers，1992：784）；而根据《牛津中阶英汉双解词典（第5版）》，"lecture"指的是"a talk that is given to a group of people to teach them about a particular subject, especially as a part of a university course"（Waters & Bull，2016：785）。从这可以看出，《朗文英汉双解词典》和《牛津中阶英汉双解词典（第5版）》对"lecture"的性质、功能和场地作了界定。尽管《朗文英汉双解词典》和《牛津中阶英汉双解词典（第5版）》对"lecture"的解释不尽相同，但二者都把"lecture"界定为大学的一种教学手段。

从教育学的角度看，"教学"指的是"在一定教育目的规范下，教师的教与学生的学共同组成的一种教育活动"（王道俊、郭文安，2009：161）。在研究生公共学术英语的教学中，讲座是一种可以提高研究生用英语进行学术研究和学术交流的能力的教学手段，而这种教学手段的主体只能是教师和研究生，而且突出学术性，这就是说，研究生公共学术英语中的讲座应该指的是学术讲座，是研究生公共学术英语教学中的一种有效教学手段。

1.2　展示

　　根据《现代汉语词典（第7版）》，"展示"指的是"清楚地摆出来；明显地表现出来"（中国社会科学院语言研究所词典编辑室，2016：1646）。从这可以看出，汉语里的"展示"就是把所要给他人看的东西清楚地摆放出来，把自己想要表达的意思明显地表达出来。因此，汉语里的"展示"既指一种行为，又指一种行为方式，而展示的对象既可以是东西，又可以是展示者想要表达的思想内容。

　　汉语的"展示"对应的英文单词是"presentation"。根据《朗文英汉双解词典》，"presentation"指的是"1［C；U of］the act or action of PRESENTING something … 2［U of］the way in which something is said, offered, shown, explained, etc., to others …"（Gray & Summers, 1992：1067）；而根据《牛津中阶英汉双解词典（第5版）》，"presentation"指的是"1［C, U］the act of giving or showing sth, especially a new product or idea, or a piece of work, to sb … 2［U］the way in which sth is shown, explained, offered, etc. to people …"（Waters & Bull, 2016：1054）。从这可以看出，《朗文英汉双解词典》和《牛津中阶英汉双解词典（第5版）》都把"presentation"看成既是一种行为又是一种行为方式。作为一种行为，《朗文英汉双解词典》对"presentation"的界定就没有《牛津中阶英汉双解词典（第5版）》对"presentation"的界定具体。根据《牛津中阶英汉双解词典》，"presentation"尤指把新的产品、新的观念或者新的作品给予他人或者演示给他人看的一种行为，即"the act of giving or showing sth, especially a new product or idea, or a piece of work, to sb …"（Waters & Bull, 2016：1054）。作为一种行为方式，《朗文英汉双解词典》和《牛津中阶英汉双解词典（第5版）》都把"presentation"界定为演示、解释、提供某种东西的方式。由此看来，《现代汉语词典（第7版）》、《朗文英汉双解词典》和《牛津中阶英汉双解词典（第5版）》都把展示看成一种行为和一种行为方式，并且展示的内容多种多样，也就说，展示具有不同的类型。

　　从教育学的角度看，展示作为一种重要的教学手段，必须服从教学课程的具体要求，所以尽管展示与讲座一样有各种不同的类型，但在研究生公共学术英语的教学中展示只能是学术展示而不应是商品、具体作品的会展等。当然，学术展示的主体应该是教师与研究生，且二者具有相同的主体地位。

可见，学术展示和学术讲座一样，其过程应该也是学术探究的过程，在这个过程中，教师和研究生可以进行学术讨论，并从中受到启发，形成新的观点。

2 讲座与展示之不同点

在研究生公共学术英语的教学中，讲座和展示都应该是学术性的。也就是说，讲座指的是学术性的讲座，同时展示指的也是学术性的展示。学术性使研究生公共学术英语中的讲座与展示和其他类型的讲座与展示严格地区别开来。尽管如此，研究生公共学术英语中的讲座与展示还是存在一定的不同。

2.1 写作目的不同

从 1.1 所述的内容来看，《朗文英汉双解词典》和《牛津中阶英汉双解词典（第 5 版）》都把讲座看成一种教学手段，同时二者都认为讲座强调"teaching"或"to teach"。根据《朗文英汉双解词典》，"teach"的英文意思是"to give（someone）training or lessons in（a particular subject, skill, etc.）"（Gray & Summers，1992：1400）。根据《牛津中阶英汉双解词典（第 5 版）》，"teach"的英文意思是"to give sb lessons or instructions so that they know how to do sth"（Waters & Bull，2016：1369）。而根据《现代汉语词典（第 7 版）》，"教"指的是"把知识或技能传给人"（中国社会科学院语言研究所词典编辑室，2016：652）。由此看来，在研究生公共学术英语中，讲座主体的目的是传授相关研究领域的知识或技能。

从 1.2 所述的内容看，《朗文英汉双解词典》和《牛津中阶英汉双解词典（第 5 版）》都认为展示是给他人演示、推荐、解释某种东西的方式。这就是说，展示的东西是已经客观存在的，展示主体的目的就是向他人演示、推荐、解释某种东西。在研究生公共学术英语教学过程中，展示主体主要是向研究生演示某一研究原理，推荐某一研究材料、研究方法、研究成果，解释某一研究过程，所采用的研究原则、研究方法等。从这可以看出，展示主体的目的是让研究生了解、接受某一研究理论、研究方法、研究成果，也就是说，展示的研究理论、研究方法、研究成果是展示主体自己或他人已完成的研究理论、研究方法、研究成果。

从上可以看出，在研究生公共学术英语的教学中，讲座与展示的主体应是教师和研究生，其主体地位是平等的。讲座主体侧重的是教，其目的是传授相关研究领域的知识或技能，而展示主体侧重的是演示、推荐以及解释等，其目的是让研究生了解、接受某一研究理论、研究方法、研究成果等。由此看来，讲座与展示主体的写作目的不同。

2.2　写作手段不同

在学术讲座中，讲座主体的目的是教，所以讲座的内容既可以是自己的研究成果，又可以是他人的研究成果。讲座的内容如果是自己的研究成果，讲座主体主要采取表现（showing）的写作手段。换句话说，讲座主体应该是完全意义上的作者，能自由表达自己的观点、看法、见解等。也就是说，原创性应是学术讲座的主要特征。当然，讲座主体在写作过程中要引用他人的观点来支撑自己的观点，而引用有直接引用和间接引用。从直接引用的特点看，讲座主体在直接引用时应是直接复制（copying）他人的观点，在书面引用时要用引号。从间接引用的特点看，讲座主体在间接引用时是用自己的话再现他人的观点、看法、见解等，所以讲座主体在间接引用中主要采用再现（reproducing）的写作手段。讲座的内容如果是他人的研究成果，讲座主体则主要采用复制和再现的写作手段。复制的写作手段要求讲座主体直接讲出他人的观点、看法、见解等，而再现则要求讲座主体用自己的话把他人的观点、看法、见解等再现出来。

在学术展示中，展示主体的目的是演示、推荐、解释等，所以从理论上讲，演示、推荐、解释等的内容可以是自己的研究成果，也可以是他人的研究成果。从前面《现代汉语词典（第7版）》、《朗文英汉双解词典》以及《牛津中阶英汉双解词典（第5版）》对展示的界定来看，展示的内容应该是已完成的研究成果，这一点《牛津中阶英汉双解词典（第5版）》说得很清楚。根据《牛津中阶英汉双解词典（第5版）》，展示尤指把新的产品、新的观念或者新的作品给予他人或者演示给他人看的一种行为，即"the act of giving or showing sth，especially a new product or idea，or a piece of work，to sb"（Waters & Bull，2016：1054）。从这可以看出，展示的成果应是已完成的成果。因此，在展示过程中，展示主体所采取的应是复制或再现的写作手段。

从上可以看出，在研究生公共学术英语的教学中，讲座主体主要采用表现、复制以及再现的写作手段，而展示主体主要采用复制和再现的写作手段，两者的写作手段不尽相同。从艺术创作的角度看，虽然研究生公共学术英语教学中的讲座和展示都会采用复制和再现的写作手段，但讲座的表现写作手段直接导致其原创性高于展示，也就是说，研究生公共学术英语教学中讲座与展示采用的不同写作手段直接影响讲座与展示的学术性。

2.3 写作类型不同

在讲座中，讲座主体要独立地表达自己的观点、见解和看法等，所以从学术写作的角度看，讲座主体的写作应属于前瞻性写作（prospective writing）。在这一写作过程中，讲座主体需"不断地创造，其目的是让预期读者接受自己的观点、主张、看法等"（郎江涛，2023：236）。为了实现这一目的，讲座主体必须采用表现这一写作手段，也就是说，讲座的内容应具有原创性。除此之外，在这一写作过程中，讲座主体还需要引用他人的观点，所以讲座主体还应采用复制或再现的写作手段来论证、说明自己的观点、看法、见解等。尽管如此，讲座主体，从一定程度上来说，是一个独立的完全意义上的作者，其自由度不受参考文本和参考文本作者的限制。

在展示中，展示主体要展示的是自己或他人的研究成果，从学术写作的角度看，展示主体的写作应是后瞻性写作（retrospective writing）。在后瞻性写作中，展示主体要"控制自己的需要，反映原文作者的需要，并满足预期读者的需要，进而让自己的目标文本与原文文本保持一致"（郎江涛，2023：235）。为了实现这一目的，展示主体采用复制或再现的写作手段，也就是说，展示主体用自己的话把自己或他人已完成的成果表现出来。可见，从一定程度上来说，展示主体不是一个完全意义上的独立的作者，其创作的自由度受参考文本和参考文本作者的限制，所以展示内容的原创性受到一定的限制。

从上可以看出，讲座主体与展示主体的地位是不尽相同的，讲座主体有独立的主体地位，而展示的主体地位则受到一定限制。从学术写作类型来看，讲座的写作类型应是前瞻性写作，突出原创性，相比之下，展示的写作类型应是后瞻性写作。因此，在研究生公共学术英语教学中，讲座与展示主体的写作类型是不相同的。

3 讲座与展示之相同点

研究生公共学术英语的学术性使教学中的讲座与展示成为学术性讲座与学术性展示。如2.2所述，学术性讲座的学术性高于学术性展示，这就从根本上对学术性讲座与学术性展示进行了区分。尽管如此，讲座与展示也存在一定的相同点。

3.1　主体学者化

从研究生公共学术英语的教学过程来看，教学的主体是教师和研究生，而研究生有自己的专业，他们学学术英语的目的是提高自己用英语进行学术研究和学术交流的能力。在研究生公共学术英语的教学中，讲座与展示的主体既可以是教师，也可以是研究生。研究生作为讲座与展示的主体一方面是对教师教学效果的检验，另一方面能提升研究生的学术修养以及学术研究、学术交流等方面的能力。

目前，在我国 985 高校或 211 高校，从事研究生公共学术英语教学的老师多数具有硕士学位，有的甚至具有博士学位，有的已是著名的专家，有的已完成或正在完成校级、省级、国家级等不同级别的研究课题。也就是说，教研究生公共学术英语的老师应在学术上有一定的成就。换句话说，这类教师应是学者。根据《现代汉语词典（第 7 版）》，"学者"指的是"在学术上有一定成就的人"（中国社会科学院语言研究所词典编辑室，2016：1489）。一般来说，大学里的专家、教授、研究员都是在学术上有一定成就的人，所以这些人应是学者。除此之外，研究生在其导师的指导下不仅能发表高质量的论文，而且还能参与各种校级、省级、国家级的研究项目，并取得一定的研究成果。因此，从一定程度上讲，研究生也应是学者。

从上可以看出，在研究生公共学术英语的教学中，讲座与展示是教学手段的一种，教师和研究生都可以是其主体。同时，讲座与展示的主体应具有学者身份。换句话说，讲座与展示具有主体学者化的特点。

3.2　结构规范化

从研究生公共学术英语的教学内容来看，讲座和展示的内容应该具有学术性，而学术性自然有规范性的要求。从学术写作的角度看，讲座稿件与展示稿件的结构都应遵守一定的规范性要求。

在写作中，文章的结构往往由四部分构成，它们是标题、引言、正文以及结尾。讲座稿件和展示稿件的写作应是学术写作，因而与一般写作在结构上所遵守的要求也不完全相同。从学术写作的角度看，学术的规范性要求必然会使讲座稿件与展示稿件要有引用、注释、参考文献，而引用有直接引用和间接引用，但这两种引用都要求注释（脚注、尾注、夹注）。从学术写作的角度看，讲座稿件和展示稿件的结构包括标题、引言、正文、结尾、注释以及参考文献。

从上可以看出，研究生公共学术英语教学中的讲座与展示具有学术性，与普通的讲座与展示不同，而学术性则使讲座与展示要遵守一定的结构规范要求。换句话说，讲座与展示具有结构规范化的特点。

3.3 手段多元化

从学术写作过程来看，讲座与展示的写作"是写作主体所具有的多种素养、多种能力相互交合、综合作用的活动过程"（朱伯石，1986：373），因而讲座与展示的写作手段都应是多元化的，也就是说，讲座主体与展示主体在写作过程中都需采用多种写作手段，即手段多元化。

如本文2.2所述，讲座主体在写作过程中应把自己的观点、看法、见解等清晰地表现出来，因而讲座主体应采用表现的写作手段，而"表达方式是一种表示动作行为的手段：它的动作对象（内容）应该是多方面的"（朱伯石，1986：205），所以讲座主体所采取的表现手段也应是多元化的，如讲座主体可以直接表达或间接表达自己的观点、看法、见解等，当然在反驳某一观点时可以委婉地表达，也可尖锐地表达。既然研究生公共学术英语教学中的讲座具有学术性，那么讲座主体在写作过程中必然会采用引用的手段，而引用有直接引用和间接引用。在直接引用中，讲座主体采用复制的手段直接把他人的观点表达出来，而在间接引用中，讲座主体用自己的话把他人的观点再现出来。可见，从创作手段上讲，讲座主体采用了表现、复制、再现三种不同的手段。同理，展示主体因展示的成果已完成而采用复制和再现的手段。在复制他人或自己的观点、看法、见解等时，展示主体可以部分复制，也可以全部复制，而在再现他人的观点、看法、见解等时只能用自己的话来部分或全部再现。一般来说，展示主体的目的是向其他学者展示某一研究课题目前的研究现状、所采取的研究方法、研究过程的合理性、研究成果的新颖性等，所以多数情况下展示主体采取的是完全复制和完全再现的手段。

从上可以看出，讲座与展示的写作属于学术性写作，有其独特的学术性要求，但在表达观点、意见、看法等时，主体应采取不同的手段。同时，为了说理更具体、更清楚，讲座与展示主体在不同层面所采取的写作手段也是多方面的，这就是说，讲座与展示具有手段多元化的特点。

4 结语

研究生公共学术英语的目的是提高研究生的学术研究和学术交流的能

力，所以教师和研究生处于平等的主体地位，且应具有学者身份，这就决定了讲座与展示的过程也是一个学术研究的过程。在这一过程中，讲座主体与展示主体要遵守一定的学术规范。从学术写作的角度看，讲座与展示在写作目的、写作手段、写作类型方面各有其特点，但同时二者还存在主体学者化、结构规范化以及手段多元化的共同点。鉴于讲座与展示具有相同的行为特性，所以一些教师在研究生公共学术英语的教学过程中并没有高度重视讲座与展示的不同点与相同点，所以他们未能真正发挥讲座与展示作为有效教学手段的功能，从而提高研究生公共学术英语的教学质量。

参考文献：

郎江涛，2023. 浅议研究生英语后瞻性写作与前瞻性写作 ［G］// 王欣. 外国语言文学与文化论丛 17. 成都：四川大学出版社.

王道俊，郭文安，2009. 教育学 ［M］. 北京：人民教育出版社.

中国社会科学院语言研究所词典编辑室，2016. 现代汉语词典 ［M］. 7 版. 北京：商务印书馆.

朱伯石，1986. 现代写作学 ［M］. 北京：人民日报出版社.

GRAY A, SUMMERS D, 1992. 朗文英汉双解词典（Longman Dictionary of American English）［M］. 郑荣成，王瑞，段世镇，等译. 北京：外语教学与研究出版社.

WATERS A, BULL V, 2016. 牛津中阶英汉双解词典（Oxford Intermediate Learner's English – Chinese Dictionary）［M］. 5 版. 刘常华，赵根宗，李萍，等译. 北京：商务印书馆.

A Brief Discussion on Lectures and Presentations in Public Academic English Teaching for Postgraduates

Lang Jiangtao

Abstract：In public academic English teaching for postgraduates, lectures and presentations are so academic that they should follow relevant academic norms. From the point of view of our academic writing, lectures and presentations have some differences in the aspects of writing purposes, wring methods, and writing types, but they have the common points that are subjects' scholar identity, structure's normalization, and diversified means. At present, although lectures and presentations have been taken as the most important teaching methods, some scholars can not have a comprehensive and deep understanding about them so that the two methods can not be used efficiently in public academic English teaching for postgraduates. If the differences and the similarities between lectures and presentations can be thoroughly understood, they can be efficiently taken as the most important teaching methods in public academic English teaching for postgraduates so that the teaching quality can be improved.

Key words: public academic English teaching for postgraduates; lectures; presentations; differences; similarities

民国后期英语教学方法创新研究

胡昊苏

（四川大学外国语学院，成都 610207）

摘　要：民国后期，英语教育专家就英语传统教学法进行了总结，并针对其弊端提出了一些创新性理论和方法。其中，最具代表的是冯和侃提出的"直接法"与"翻译法"相互结合应用、陆殿扬的"情景教育法"，及陈永生的"眼看""耳听""口说""手写"四步法。尽管上述方法和理念在实施中存在困难，效果也有待商榷，但总体说来，它们对民国后期中等英语教育质量的提升提供了很好的理论基础和实践经验。时至今日，上述英语教学理念仍对当今英语教学具有参考和借鉴价值。

关键词：传统教学法；创新性理论和方法；借鉴价值

1　传统方法

民国后期，一批语言教育专家对具代表性的三种英语教学的基础理论与其各自派生出的教学法进行了总结并且归纳如下：

语言教学的旧理论，概括地说，可以分为三种：第一种理论是把语言看作一种系统的符号。因为语言是系统的符号，所以教学语言的方法，要从语法里头去了解符号的系统，从翻译里头去练习符号的替换，这样，在实际上就有所谓"语法翻译法"（Grammar-Translation Methods）。第二种理论，把语言看作一种习惯的活动。因为语言是习惯的活动，所以教学语言的方法要不求理解而注重熟练，这样，在实际上就有所谓"自然法"　（Natural Method）。第三种理论，把语言看作一方面是系统的符号，一方面是习惯的活动。所以教学的方法既可以利用语法和翻译，又必须注重熟练，这样在实际上就有所谓"直接法"（Direct Method）（张士一，1948）。

尽管关于上述三种教学法的理论在民国早已存在，但是到了民国后期，一些颇有建树的英语教育专家还是根据当时的中等英语教育状况，对各个方法的利弊及实用性进行了深入的分析和研究。他们在原有理论的基础上，将上述三种教学法的优势与出现的新理论相结合，提出了英语教学的全新方法。下面，就将根据史料的记载，将专家们对上述三种方法的探讨及在此基础上开创的新方法进行逐一介绍。

1.1 翻译法

"翻译法"的特点在于注重词汇和语法，且十分依赖中文。根据语言专家冯和侃的回忆，当时四川的中等英语课堂，仍然是"翻译法"较为盛行。以下为他对课堂的具体描述："教师把课本一摊，朗读完课文后就一句一句地用本地话把句子的意思翻译给学生听，学生则拿一支笔记录下文章的中文意思，连查字典的功夫都省了。时间长了，或者神游或者直接进入睡眠状态。"（冯和侃，1942）英语教学本应是师生间的互动教学（interactive education），但多数的课堂教学就如冯氏描述的一般，教师按"填鸭"的方式照本宣科，学生则似懂非懂地盲目跟从。一旦需要学生开口回答问题，自然是支支吾吾，词不达意。由此看来，到了民国后期，"翻译法"已经不能适应四川中等英语课堂的需求，于是"自然法"便被提了出来。

1.2 自然法

从定义上看，该方法提倡让学生在自然的语言环境中，尽可能多地接触、使用语言，直到熟练，使语言逐步成为一种习惯的活动。"自然法"的观点新颖，倡导在自然、轻松的情景中掌握英语。但这样的教学方式只适合在英语情境下使用，要在四川的中等英语课堂营造这样的语言情境无疑困难重重，因此要在课堂中实施"自然法"也必会遇到诸多障碍。鉴于当时的英语专家对"翻译法"及"自然法"所做的研究十分有限，无法对这两种教学法进行细化的综述和透彻的探讨。而说到民国中后期，中等英语教育界最具代表性的，最引人关注的英语教学法，一定非"直接法"莫属。在下节中，笔者将对"直接法"进行详细的介绍和深入的讨论。

1.3 直接法定义及应用

由于居住在四川的加拿大籍专家文幼章是"直接法"颇具影响的传播者，因此四川的中等英语界对此法推崇备至。民国时期，特别是中后期，四川最具代表意义的教学法非"直接法"莫属。最早提出此方法的印度专家巴马博士（H. E. Palmer）给"直接法"（Direct Method）下的定义是：为了认识了解的目的，可用最小限度的国语，为了融会贯通的目的，则绝对不要用国语（张士一，1948）。此外，张士一对于"直接法"也有他的理解：

"把语言看做一方面是有系统的符号，一方面是成习惯的活动。因为语言是有系统的符号而又是成习惯的活动，所以教学语言的方法可以利用语法和翻译，而又必须注重熟练"（张士一，1948）。通俗地讲，"直接法"的核心是少说或不说中文，尽量用英语或实物去解释意思，使学生渐渐脱离过分依赖中文的学习方式，通过反复练习来掌握语言，并逐步养成用英语思维的习惯。除上述解释外，另一位语言专家钱歌川对"直接法"有如下理解：书本上的语言（language）是死的，只有从人们口中表达出来才能变成生动的讲话（speech）。而文法是无生命的，只有把它放在实在的语句中加以运用，才能赋予它生动的意义，语言才具有真正的价值（钱歌川，1948）。"直接法"把语言当成一种"活的"、有效的沟通工具，注重培养学生的实际语言交流能力（communicative competence），反对死板的、机械的、毫无生气的语言（language），提倡生动的、有活力的讲话（speech）。"直接法"的最终目的是要把所学的知识融会贯通，达到语言学习的最高级阶段。

除了对其定义的讨论，在使用"直接法"教学的时候能否兼顾"翻译法"，即在必要的时候用国语替代英语，也是英语学界争论的焦点。对此，教育界一直是众说纷纭、仁者见仁。英语专家钱歌川主张在讲授英语语法的时候完全使用英语，在解释其意义时则不妨说点国语（钱歌川，1948）。另一位专家冯和侃，基于对四川中等学校英语课堂具体状况的分析，主张教初学者时尽量多用英语。但在某些情况下，例如需要把中英文进行对比，或教员无法用纯正流利的英语表达意思的时候，适当使用"翻译法"，说点中文作为英语教学的辅助还是有必要的。但是在翻译时，应该避免机械的、逐字逐句的死译。此外，还应找出中英文在用法或语法方面的相似规律，并把这些相似点告知学生，以便他们对比记忆（冯和侃，1942）。冯和侃的上述观点颇有见地，是他在综合考察中等英语实际教学环境的基础上，既考虑教员的客观水平，又兼顾学生的接受程度，将"直接法"同"翻译法"有效结合而得出的客观结论。他这种坚持从实际出发考虑问题，对旧理论不盲从的客观态度，在当时的英语教育界还是十分值得赞赏的。

虽然认为教员可以适当使用"翻译法"，但是冯氏又补充强调说，"翻译法"只能作为"直接法"的辅助偶尔用之，切不可成为四川中等英语教学的主要方法。他还特别指出，运用"直接法"解释词语或短语时，不要只想着去解释其字面意思，应该在特定的上下文中说明它们的含义，让学生在上下文中了解、吸收并掌握它们的用法（冯和侃，1942）。也就是说，若教员能把英语放在一个具体的上下文语境中加以传授，比仅仅要求学生盲目地死记硬背教本要好得多。

那么，是不是要求背诵在英语教学中就不重要了呢？非也。钱歌川解释道，学生在理解的基础上背诵段落或文章后，今后一看到与背诵内容相似的事物或情境，即能脱口而出相关内容，这便是融会贯通（fusion）的能力体现，也是"直接法"的最终目的（钱歌川，1948）。所以说，不管选用何种教学法，传统的背诵在英语学习的任何时候都是有用的。由此看来，"直接法"作为一种科学的英语教学法具有诸多教学优势。但是，将它在当时的四川中等英语课堂中予以实施却一直都是一个难题：

> 在目前教师荒是一个普遍的问题的时候，这么一位十全十美的教师恐怕不容易找到：尤其难得有一位发音纯正说话流利而又有献身教育的决心的人。本来中国人在国内学习英语，在说话方面很难学到外国人的地步，而内地人的教师更少同外国人接触的机会，他们本身的口语练习，也许就不见得怎么充分……（冯和侃，1942）

鉴于教员在使用"直接法"教学时须说英语，但碍于他们有限的口语水平，用英语无法表达或表达不顺畅的状况便会经常出现，冯氏提出了培养教师、提高师资水平（治本）和允许教师偶尔讲些中文（治标）的方式。但由于上述问题，要完全达到"直接法"的教学效果实属不易。

以上是英语教育专家基于英语"直接法"的一些理论，结合民国后期中等英语课堂的具体情况，对"直接法"的应用提出的一些建议。总的说来，该法虽然被极力推崇，但由于师资水平等原因，"直接法"的全面实施还是面临着诸多障碍。

2 方法创新

民国后期，鉴于"自然法"和"直接法"在具体实践中的一些弊端，英语专家便将之前提到的三种传统方法加以引申，提出了一些创新方法，其中，以"情境教学法"和"眼看、耳听、口说、手写"四步训练法最具代表性。

2.1 情境教学法

该方法是英语专家陆殿扬在"情境原则"的基础上，将"自然法"与

"直接法"加以引申提出的。这种方法也被称为"场合法"，其具体定义为：

> 凡非实物、图画、或动作能表明的语句，用情景教学法最有功效，可以造成刺激（stimulus）和反应（response）的联结（bond），可以养成"用英语思想"的习惯……一过某种情景，立刻可以说出英语某种语言，这就是用英语思想，而不必用内心翻译的功夫了……但须注意者：（一）在第一次教学时，教师不妨用国语说明情景，以后遇同样情景时，不可再用国语说明，以免养成学生依赖国语的习惯；（二）用情景教学以后，教师更应设法创造同一情景，令学生对某种言语反复练习，使联结稳固。语言素材经过情景教学以后，再加上重复性的复习，学生以后遇到相同情景，即可脱口而出。（陆殿扬，1948）

可见，"情景教学法"将"情境原则""自然法""直接法"三者结合，让学生在自然的语言情境中，遵循由浅入深、循序渐进的规律学习英语，符合"情境原则"和"自然法"的基本理念。另外，此法提倡教员在介绍新事物时适当使用国语，但之后则须避免再用，而是用英语取而代之，有别于"直接法"不能说中文的原则。概括来说，"情境教学法"是民国末期英语专家将各种原则及方法相互结合、"取其精华、去其糟粕"而总结出的一种比较先进和前沿的教学方式。虽然它十分注重各种方法间的"取长补短"，但在具体的实践中，此方法的教学效果仍和其他一些方法一样，会受到语境和教员自身水平的制约。就具体地区来说，在当时英语教学水平相对领先的教会学校，如四川的华西协和高中，由于有了"华西坝"这样一个良好的英语语言环境，再配备国外一手教材资料和诸多外籍教员的参与，"情境教学法"实行起来定能达到事半功倍的效果。但在大多数地方，特别是一些偏远落后地区，要将此方法付诸实践，仍然是难以达成的"天方夜谭"。

2.2　"眼看、耳听、口说、手写"四步法

关于教学的具体实施步骤，专家陈永生提出了"眼看、耳听、口说和手写"的读、听、说、写四步法。对第一步"眼看"，陈永生的描述如下：

> 眼看的训练在使学生能看懂所看的东西，无论是教科书，还是参考书，是报纸还是杂志，是公文还是书信，是小说还是诗歌。这种能力的训练一方面在于字量和成语的增加，一方面在于文法和修辞的了解……

训练学生看的能力必须一方面使学生多记单词和成语，一方面要使学生熟谙文法和修辞……我们固然承认在文章已经澈（彻）底了解以后背诵可以使学生得到模仿的基础，然而背诵却不能使学生归纳出文法规则和修辞原理。归纳文法规则和修辞原理是程度较高的文法家和修辞家的工作，而不是程度较浅的学生们所能做的。所以教授外国语如果只教学生背诵文章而不讲文法和修辞，那是一定没有好结果的。（陈永生，1948）

上述"眼看"（即阅读）的练习在注重词汇量增加的同时，也兼顾了对文法和修辞原理的了解和掌握，和"自然法"不求理解只求灵活运用的原则明显相悖。就个人观点来说，鉴于中文和英文在语句构造上的巨大差别，"自然法"又缺乏行之有效的客观外界条件，"眼看"的方式对中国中等学校学生来说应该更具可行性和实用性。

在"耳听"方面，陈永生论道：

耳听能力的训练更费事一点，因为要能听得懂人家的话除了需要单字、成语、文法、修辞四个基础而外，还要有语音学的基础……所以为了训练学生耳听的能力必须教授语音学的知识，并且要使学生勤于查字典，一个学生如果有了语音学的知识，学会了一套音标，又有一本用这样音标注音的大字典，又肯勤于查生字，那么他的发音一定会正确的。不过这儿还有个快慢的问题，听惯了快发音的人听慢发音固然没有问题，可是听惯了慢发音的人一旦听到快发音就发生困难了，所以在课堂里先生们应该在可能范围内尽量训练学生听快发音。（陈永生，1948）

在关于"耳听"的训练中，陈永生提出先学好词汇、文法，进而进行语音的训练，并勤查字典，待掌握了正确发音后再进行听力的训练。这种方式符合英语学习"由浅入深"的基本规律，是行之有效的教学步骤。但是，"尽量训练学生听快发音"的说法有待商榷，毕竟听力训练的过程是系统而又漫长的，必须经历由慢到快、由简单到复杂的过程。如果按照陈氏的说法，一开始即让学生多听快发音，若听不明白，作为初学者的他们便很容易产生挫败感，其学习的积极性也将随之大打折扣。因此，应当选择学生学过的、熟悉的、语言难度适中的内容为听力素材，最好选择学生能够听懂一些的为佳。待他们达到一定的听力水平后，再逐渐提高语速，以免造成"欲速而不达"的后果。但需要提出的是，不管"耳听"步骤设计得多么详尽周全，基于听力练习的特殊性，若学生缺乏系统的、关于特定情境（如商店、车站等）的听力练习，要提高"耳听"能力实为一件十分困难的事。对此，另一位专家张士一特别提出，"在实际教学上，不论哪一种的情境，都是需要充分利用听觉和视官方面的特别设备（Audio-Visual Aids）。例如留声机，无线电，幻灯，电影，等类"（张士一，1948）。在这里，英语专家又一次提出了利用听力设备来训练学生的"耳听"能力，再次证明了有声设备对于提高听力水平所起的重要作用。但由于各中等学校（一些教会学校除外）的资金、条件有限，能使用有声设备的中等学校寥寥无几，因此学生的听力水平大多还是不尽如人意。

第三步"口说"训练方面，陈永生的描述也较为详细：

> 口说的训练是要学生能用英语在口头上表达意思。这种能力所依赖的基础和耳听能力所依赖的一样，就是：单字，成语，文法，修辞，和语音学。单字和成语不够当然意思难以表达；文法不熟则所说的话不通；语音学不熟则字音和语调不能正确；这都是很明显的，在这儿修辞学好像并不重要，因为普通说话的时候是无需过于修饰的。可是实际上修辞好一点的谈话总比较有趣而易于达到说话的目的，就是在日常生活上也是如此，而并不限于在演说和辩论的时候，所以训练口说的时候除了注重发音，文法，字量等而外，也该不时灌输些修辞的知识。（陈永生，1948）

由此看来，对"口说"方面的要求涵盖词汇、文法、语言和修辞，四者缺一不可，因此和"眼看""耳听"相比，要求就更高了。但由于大多数学生缺乏基本的语音训练，"口说"方面的问题就显得尤为突出：

> ……当作者在西南执教的时候发现许多学生勉强能写出几句通顺的英文，但绝对不能操一句流利的英语；说起话来，总是期期艾艾，不能出口。大多数学生在回答我的问题的时候只肯说 Yes 或 No 二字，此后便钳口结舌，有如锯了嘴的葫芦。后来我尽量避免问可以用"是"或"否"回答的问题，结果大家站起来后宛如泥塑木雕一般连声息都没有

了。还有，一般学生读音好的真如凤毛麟角，不可多得。许多人连子音和母音都分不清……在学生的课卷和试卷中，往往可以发现因读音不正确而引起的错误……真是举也举不清，说也说不完。像这类错误，都是由于平时缺乏口语及语音的训练所致。教师平时忽略这方面的训练，使学生成为开口不得的哑巴，此孰之过矣？（冯和侃，1942）

以上列举的实例是当时西南地区中等学校的学生在平时及考试中表现出的英语交流障碍和存在的口语问题，这些"口说"上的问题还导致了学生"手写"时的拼写错误。

最后，对体现英语综合能力的"手写"（即写作）方面，陈永生又谈道：

手写的训练是要使学生能用文字表达意思，就是要学生能写文章。这种写作能力所需要的基础除了字量，成语，文法，和修辞而外，还需要有丰富优美的思想。前四种基础是表达思想所必需的工具，工具好才能充分地表达出思想的内容，可是如果思想的内容不丰美，那么虽有好的工具也表达不出什么来。所以为了训练学生的写作能力，除了使他们善于运用表现的工具而外，还需要培养他们的思想内容，还要选一些可以充实他们思想的文章给他们读，当然充实思想的内容并不能专靠英文文选，可是英文文选如果选得适当，教得也适当，无疑地是充实学生思想的方法之一种，而可藉此增强他们的写作能力。（陈永生，1948）

陈氏在论述对"手写"能力的培养时，特别强调了培养学生丰富的思想内涵及选择适当的英文文选对于提高学生写作水平大有裨益。此外，他也肯定了背诵文章对于提高写作水平的种种好处：

因为能背诵优美的文章或诗篇一方面可以吸收优美的思想，一方面又可以模仿文章的修辞。所以鼓励学生们在课堂以外自动去背诵一些特别值得背诵的文章和诗篇也是应该的。当然要吸收内容和模仿修辞也并不一定非会背诵不可；能了解而再熟读也就可以模仿，也就可以吸收。所以学生如果觉得背诵太机械，那么只要能了解而熟读之也是可以增强自己写作的能力的。（陈永生，1948）

　　陈氏在上述段落中提到，熟读和背诵能让学生吸收文章精髓并模仿文章的各种修辞手法，这些能为写作能力的提升打下较为坚实的基础。此外，他还强调了练习写作的重要性，"为了训练学生手写的能力，一方面就叫学生们熟读可以做模范的文章和诗篇，一方面要分别地有系统的讲授文法和修辞，一方面还要使他们多写多作"（陈永生，1948）。综上所述，可将陈永生关于"手写"（写作）的要点总结如下：除了让学生熟读和背诵好的范文，还要系统地教授他们文法和修辞技巧；在督促他们勤于练习的同时，也不忘尽力充实他们的思想。写作通常是一项学生做起来痛苦，教员批起来头疼的工作。批改过程中，教员不仅要评判文章的结构是否合理，还要注重学生的措辞、句型、修辞、逻辑性及主旨思想，真可谓耗时耗力。但写作作为对学生语言能力评估的权威手段之一，又是不可或缺的。因此，陈氏提出的手写训练原则对英语学习是很有借鉴意义的。

3　总　结

　　可将上述民国后期专家对英语传统教学法的研讨及提出的创新方法总结如下：（1）冯和侃主张在运用"直接法"的同时，适当兼顾"翻译法"，以适应教员水平不够，无法胜任全英语教学的情况。（2）陆殿扬在既有英语教学法的基础上结合"情境原则"，创新性地提出了"情景教育法"，即在特定的语言情境下反复练习，逐渐达到熟练的程度。（3）围绕英语"读""听""说""写"的能力培养，陈永生提倡从背诵、词汇、文法、修辞几方面展开训练，其中"口说"还需兼顾语音训练，"手写"则不能忽视思想内容的充实。由于这四种能力是紧密联系、相互制约的，因此，应该平衡训练，均衡培养，不可避重就轻，顾此失彼。其中，张士一提出的"耳听"需使用视听设备的建议，对提高当时中等学校学生的听力水平具有一定借鉴价值。尽管上述方法和理念在实施中存在困难，效果也有待商榷，但总体来说，它们还是基本遵循了英语学习循序渐进的原则，具有较大的可行性。总而言之，英语学者的观点及建议对民国后期中等英语教育质量的提升提供了很好的理论基础和实践经验。时至今日，上述英语教学理念仍对当今英语教学具有参考和借鉴价值。

参考文献：

陈永生，1948. 我的英语教学经验［J］. 英语教学（1）：59－61.

冯和侃，1942. 内地中学推行"直接英语教学法"之商榷 [J]. 中等教育季刊（4）：8-21.

陆殿扬，1948. 英语教学最高准则——知难行易 [J]. 英语教学（1）：7-9.

钱歌川，1948. 直接法的英语教学 [J]. 英语教学（1）：19-24.

张士一，1948. 一个语言教学的新理论 [J]. 英语教学（1）：2-6.

The Innovative Study of English Teaching Methodology in Late Period of the Public of China

Hu Haosu

Abstract：In late period of the Public of China, experts of English education summed up traditional English teaching methodologies and put forward some innovative ideas and methods based on shortcomings of the previous ones. The most representative are combination of "direct method" and "grammar-translation method" by Feng Hekan, "teaching according to different circumstances" by Lu Dianyang, and "reading, listening, speaking, writing" steps by Chen Yongsheng. Although it was difficult to carry out those ideas and methods and judge their effects, they surely had great influence on theories and practice of secondary English teaching. Even it can be used for reference to current English teaching.

Key words：traditional teaching methodology；innovative ideas and methods；reference

地区单语主义和实践中的多语并进
——比利时语言政策研究

靳倩倩

（四川大学外国语学院，成都 610207）

摘　要：由于历史和现实的原因，比利时的语言状况非常独特：一方面，该国的语言政策适用属地原则，北部的弗拉芒地区和南部的瓦隆地区分别确立了单一的官方语言。它们不仅是政府管理的行政语言，也是公立学校的教学语言；另一方面，实践中各个地区并未囿于法律的限制，通过一系列替代方式尝试施行适合自身发展的政策来契合欧盟提出的让公民掌握多种语言的目标。通过在公立学校实施第二语言教学、在教育体系中引入"内容与语言整合的学习"、在部分私立学校推行双语教学等方式，比利时适度平衡了属地原则造成的语言单一化，强化了公民的多语言能力。基于以上讨论，本文指出比利时的语言政策在理论和现实中存在脱节，未来可以预见该国将继续朝着语言多元化的方向发展。

关键词：比利时；语言政策；属地原则；双（多）语教育

1　比利时的语言状况概述

比利时王国（Kingdom of Belgium），简称比利时，位于西北欧。该国北邻荷兰，东连德国，南部与西部又和法国相接，西北部与英国隔海相望，其地理战略位置十分重要，被誉为欧洲的"十字路口"。布鲁塞尔是比利时的首都和最大的城市，也是欧洲联盟的主要行政机构所在地。在欧洲联盟的四个主要机构中，欧洲理事会、欧盟委员会和欧盟理事会都位于布鲁塞尔，另一机构欧洲议会在布鲁塞尔也有分处，布鲁塞尔因此有了"欧盟首都"的美誉。此外，比荷卢经济联盟及北大西洋公约组织的总部也位于布鲁塞尔。

作为欧洲的十字路口和众多国际组织所在地，比利时吸引了大量的外来移民和外籍人员，再加上自身的历史原因和文化多样性，比利时是典型的多语言、多民族和多文化的社会。比利时的官方语言是荷兰语、法语和德语，此外该国还有多种非官方的少数民族语言和方言。比利时拥有四个语区：弗拉芒语区、法语区、德语区和首都布鲁塞尔双语区。弗拉芒语（一种荷兰语）区约占人口的 60%。法语区约占人口的 40%。东部还有一个小型德语区，约占人口的 1%。首都布鲁塞尔是双语区，使用法语和荷兰语，另外英语也是该区的通用语。此外，比利时曾在 19 世纪 80 年代在非洲刚果殖民，作为前殖民地的宗主国，比利时在 19 世纪就已经是移民迁入国。作为"欧盟首都"，比利时一直对欧盟的难民接收政策持宽容态度，这造成比利时的外来人口人数逐年递增，伴随移民的到来，比利时社会的语言也更加多样。与被一起称为低地国家的荷兰和卢森堡等国一样，比利时也是一个多语言、多民族和多文化的社会。

2　比利时语言政策的属地原则

比利时不同的地域拥有不同行政语言的属地原则（territory principle）是其语言政策适用的原则，具有独特性。所谓语言属地原则指的是将某一地区特定的语言作为该地区的行政语言，该语言是该地区政治生活、司法和公共教育方面唯一使用的语言（De Schutter，2021）。比利时北部和南部的弗拉芒地区和瓦隆地区分别将弗拉芒语和法语确立为该区的官方语言正是使用了这一原则。

具体来说，语言属地原则指的是在单一语区的市镇（municipalities）中，只有一种语言是行政语言：北部弗拉芒地区认同弗拉芒语为单一语言，南部瓦隆地区认同法语为单一语言，设有语言便利设施（language facilities）的市镇除外。所谓语言便利设施，是根据比利时宪法在荷兰语区和法语区分界的地方设立的，给特定语区内说其他语言的人群提供语言服务的设施。比利时的 581 个市镇中有 535 个分别属于荷兰语区和法语区。在荷兰语区的城市如布鲁日（Bruges）、安特卫普（Antwerp）、根特（Ghent）和鲁汶（Leuven），没有公立的法语学校或大学；在法语区的城市如蒙斯（Mons）、那慕尔（Namur）和列日（Liège），没有公立的荷兰语学校或大学。此外，一个语区的公民只能用该语区的语言从大区政府或者联邦政府获取政府文件。民事法庭审理案件使用的语言也是该语区的官方语言。弗拉芒地区私营企业的劳动合同必须用荷兰语起草，在南部瓦隆地区则必须用法语起草。

比利时多语言并存的原因可以追溯到公元前。在历史上，比利时先后经历了罗马人、日耳曼人、神圣罗马帝国、西班牙人、奥地利人、法国人和荷兰人的统治，这造成其语言状况十分复杂。公元前 57 年，恺撒率军向今天的比利时地区发起进攻，征服了该地的部落，并将该地区命名为比利时高卢（Gallia Belgica），比利时之名由此而来。部落被征服后，比利时开始认同罗马的统治，语言逐渐拉丁化。公元 6 世纪初，法兰克人占领了高卢。此时的高卢人口稠密，居民罗马化的程度较高。虽然入侵者冠高卢以"法兰西"之名，但他们却被当地的文明同化。在这种情况下，拉丁语很快发展成为法语（意为法兰克的语言），在法兰克境内通用。比利时日耳曼语/罗曼语系的边界线随着罗马人和日耳曼人的入侵在这一时期确立。

公元 843 年，查理曼大帝的子孙们签署了《凡尔登条约》，将法兰克帝国一分为三。根据这个条约，斯海尔德河（Scheldt）以西部分归属西法兰克，以东部分归属神圣罗马帝国，比利时也因此划分四散。后来，西法兰克的勃艮第公国统一了比利时，将其纳入了自己的版图，并作为嫁妆带到了奥地利的哈布斯堡家族中，这成为今天比利时法语区与德语区的由来。11 至 14 世纪见证了法语在比利时的兴起。实际上在中世纪，几乎在所有欧洲国家，法语都是身份和地位的象征。布鲁塞尔的宗教人士和上层贵族开始使用法语，这是布鲁塞尔法语化的开始。法语取代其他语言逐渐成为唯一的官方语言，但这一时期荷兰语并未完全消失匿迹，并随着弗拉芒人的意识觉醒在比利时的一些城市发展壮大。自 1204 年起，法语取代拉丁语成为官方语言，但在布鲁日、根特等城市，弗拉芒语作为行政语言被保留下来。此外，当时隶属于神圣罗马帝国的布拉班特（Brabant）公国（包括今天的布鲁塞尔和安特卫普）也使用荷兰语，这是因为当地公爵反对使用法语。1302 年，弗拉芒爆发起义反对法国的统治，并打败了法军。这次战役虽不是两种不同语言的国家之间的战争，却使弗拉芒语一跃而起成为弗拉芒郡的官方语言，在民间普遍流行（林，1993）。1404 年，勃艮第公爵约翰要求臣民不再使用法语，改说当地的弗拉芒语。尽管在 15 世纪，勃艮第尼德兰的贵族和上流阶层都使用法语，但一些专门职业从业者如公证人在公共生活中会使用荷兰语进行公证，一些教学资料和文学作品中也会使用荷兰语。当勃艮第公爵大胆查理试图将法语确立为弗拉芒和布拉班特地区唯一的官方语言时，当地群情激愤，这导致他的继承人女爵玛丽只得颁布了大特权来重新确立荷兰语的使用。当地政府有权根据他们所处的地区选择使用当地语言，这为语言属地原则在尼德兰地区的早期发展奠定了基础。16 至 17 世纪，尼德兰处于西班牙哈布斯堡腓力二世的霸权统治之下。1568 年，尼德兰十七省联合反抗西班牙王室，八十年战争爆发。弗拉芒地区的精英纷纷逃往北部，北部最终从西班牙独立，荷兰语随着这些精英的外逃得以保留。但未获得独立的南部的那部分人继续接受倡导使用法语的西班牙王室的统治，荷兰语沦为下层人士使用的语言。18 世纪，在奥地利哈布斯堡家族的统治下，西属尼德兰的行政和司法语言都是法语。但随着有关弗拉芒的立法被翻译成荷兰语，属地原则还在发挥作用，地方官员被要求必须精通荷兰语。拿破仑战争结束后，战胜国将尼德兰南部并入北方，北方的荷兰成为该国实际上的主导。荷兰脱离法国独立后，和今天的比利时、卢森堡组成荷兰联合王国。国王威廉一世（William I）强力推行单一语言政策，还试图在尼德兰南方推行"一国，一语"的政策（Vandenbussche et al., 2006），强制王国全境使用荷兰语进行教学。这引起了瓦隆地区说法语的贵族和产业工人的强烈不满。此外，威廉一世在全国推行新教，这同样激怒了尼德兰南方说荷兰语的弗拉芒人。1830年比利时独立革命爆发，革命者要求脱离荷兰，成立一个新的君主立宪制国家。威廉一世的语言政策在瓦隆、布鲁塞尔和法语化的弗拉芒等地遭到了坚决抵制，这些地区的人们敦促比利时革命者使用法语，以抵抗荷兰人（Witte et al., 2009）。1830 年 6 月独立革命前夕，出现了主张公众使用法语来抗衡荷兰语的"语言自由"（freedom of language）运动，人们希望所有法律条款和合同都享有语言自由，此时的语言自由显然有利于比利时人在公共生活中使用法语。比如，弗拉芒地区的法庭可以应当事人的要求使用法语；当地民众在与政府打交道时，也可使用法语，这一做法在比利时独立后的宪法里也得到了保障。由于比利时刚独立后法语仍在国家事务使用的语言中占据主要位置，该条款意味着法语是比利时的唯一官方语言（Vandenbussche et al., 2006）。此外，这部宪法当时仅以法语起草，荷兰语的版本直到 1967年才出现。但在瓦隆地区，法语被保留为唯一的官方语言。比利时独立后，弗拉芒人担心独尊法语会导致荷兰语的地位继续下降，便开始积极推动弗拉芒运动（Flemish movement），致力消除歧视弗拉芒语的现象。该运动取得的一个很大的成就是 1898 年的《语言平等法》，它让荷兰语取得了和法语平等的官方地位。1932 年行政和教育领域的相关立法将比利时分为荷兰语和法语两大语区及一个双语区。1993 年的宪法第 30 条保障了语言自由，个人可以在私下说他们想说的语言，语言的使用只在某些特定场合受到法律的监管，这些场合包括政府公务、公立教育、法庭诉讼、雇主和雇员之间合同起草和之后的工作联系（Van der Jeught, 2017）。该宪法第 2 条将比利时分为三个社区（communities）：弗拉芒语社区、法语社区和德语社区，而第 3 条将比利时分为三个地区（regions）：弗拉芒大区、瓦隆大区和布鲁塞尔大区。第4条将比利时分为四个语区（language areas）：荷兰语区、法语区、首都布鲁塞尔双语区（法语和荷兰语）和德语区。此外，在语区分界的地方还设有语言便利设施，给特定语区内说其他语言的人群提供语言服务，这样的语言状况维持至今。

总之，比利时的语言政策严格遵循属地原则，赋予了荷兰语和法语平等的官方语言地位，这虽然在较长历史时期内增强了弗拉芒人和瓦隆人对各自的身份认同，对缓解两大语区的语言冲突有利，但一个国家多种语言的现实还是会造成纠纷，特别是在布鲁塞尔双语区。比如，在20世纪60年代，一对居住在布鲁塞尔的讲法语的父母提出诉讼，声称布鲁塞尔没有足够的法语学校。因此他们不得不让孩子就读当地的荷兰语学校，或将他们送到布鲁塞尔周边地区的法语学校，这给他们的生活造成了极大的不便和风险，当地政府这种做法侵犯了公民应有的权利。① 虽然欧洲人权法院没有做出有利于这对夫妇的判决，但实际生活中公民对双（多）语教育的需求不容忽视，这也激励了一些学校做出了双（多）语教学的尝试。

3 比利时教育体系中的双（多）语教学

1963年的《教育语言使用法》（Law on Language Use in Education）规定比利时不同语区的公立学校只能使用该语区的语言（荷兰语、法语或德语中的一种）进行教学，其他语言的学习则以第二语言教学的方式展开。这是属地原则的体现，要求一个语区原则上只能使用该语区的官方语言进行教学。但在实际的外语教学中，比利时和不少欧洲国家一样，在小学阶段就开始尝试双语教育（bilingual education）。所谓双语教育，一般是指用两种或两种以上语言作为教学媒介语（medium of instruction）的教育系统，其由学校承担的那一部分通常称为双语教学，双语教学是实施双语教育的主要手段

---

① 面对这样的陈词，欧洲人权法院坚持语言属地原则的适用。法院指出，所有儿童都有可能通过私立学校接受法语或任何其他语言的教育，语言自由因此得到了保证。法院还指出，《欧洲人权公约》赋予了公民接受教育的权利，这对父母为了让孩子接受法语教育将孩子送到更远的学校，目的是避免他们的孩子接受荷兰语的教育，这是他们自己选择的结果，政府的规定没有侵犯公民的权利。ECHR, judgment of 23 July 1968, plenary court, relating to certain aspects of the laws on the use of languages in education in Belgium, applications no 1474/62, 1677/62, 1691/62, 1769/ 63, 1994/63, 2126/64 [EB/OL]. (2024 – 01 – 08). http://hudoc. echr. coe. int/sites/eng/pages/search. aspx?i = 001 – 57525.

（魏日宁、熊建辉，2010）。荷兰语区和法语区的学生在必须学习荷兰语或法语的基础上再学其他语言，比如英语。虽然不同语区的具体政策不太一样，但基本在初中阶段都实行了双语甚至多语教学，这可以从欧盟统计局2021年的外语学习人数比例的统计数据中找到依据（见图1和图2）。

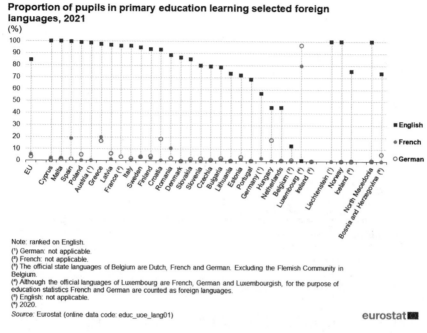

图1　2021年欧盟小学生学习外语的人数比例①

---

① 本节图表均来自欧盟统计局，详见 https://ec. europa. eu/eurostat/statistics - explained/index. php? title = Foreign_ language_ learning_ statistics#Primary_ education。

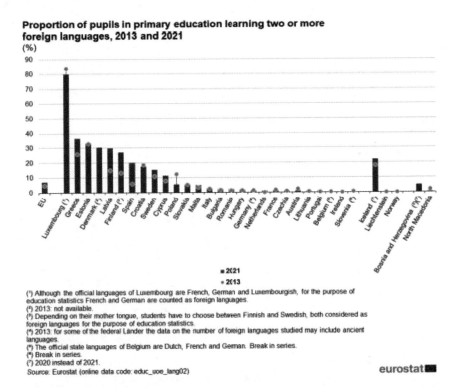

Proportion of pupils in primary education learning two or more foreign languages, 2013 and 2021

(¹) Although the official languages of Luxembourg are French, German and Luxembourgish, for the purpose of education statistics French and German are counted as foreign languages.
(²) 2013: not available.
(³) Depending on their mother tongue, students have to choose between Finnish and Swedish, both considered as foreign languages for the purpose of education statistics.
(⁴) 2013: for some of the federal Länder the data on the number of foreign languages studied may include ancient languages.
(⁵) The official state languages of Belgium are Dutch, French and German. Break in series.
(⁶) Break in series.
(⁷) 2020 instead of 2021.
Source: Eurostat (online data code: educ_uoe_lang02)

eurostat▮

图 2　欧盟小学生学习两门及以上外语的人数比例（2013 年和 2021 年）

如图 1 所示，以英语为例，塞浦路斯、马耳他、西班牙、波兰和奥地利几乎所有的小学生都将英语作为外语学习，列支敦士登、挪威和北马其顿的情况也是如此。这既和英语作为一门国际语言的地位分不开，也是因为英语是大多数学校授课采用的第一外语，具有教学媒介语的作用，因此欧盟大多数国家在小学阶段强制学习英语。在比利时，学习英语的小学生的比例为12.9%，虽然这一比例和上述国家的差距较大，但也反映出比利时语言属地原则的适用并非严实合缝。造成这一比例低下的原因固然是小学生必须学习本国的其他官方语言——荷兰语、法语和德语，这主要取决于他们各自所在的语区。至于在小学阶段学习两门及以上外语的学生人数，比利时的情况显得更为"惨淡"，比例几乎为零，低于欧盟 7.2% 的小学生学习两门及以上外语的水平。

虽然比利时小学生学习英语的比例不高，但在中学阶段，情况大为不同。如表 1 所示，在比利时，学习英语的初中生比例达到 65.9%。相对小学阶段，增幅非常大。此外，初中阶段有超过一半的学生开始学习法语，英语学习能保持这个比例实属不易。值得注意的还有，在 2013 至 2021 年间，欧盟国家中学习外语的初中学生比例增幅最大的是比利时和卢森堡，其中比利时学习英语的学生增加了 19.8 %（见表 1）。此外，2013 至 2021 年间，欧盟学习两门外语及以上的初中生的比例从 58.4% 增加到 60.6%。成员国中增幅较大的有比利时，上升 17.5%，继捷克（23.3%）和法国（21.9%）之后（见图 3）。

表 1　欧盟初中生学习外语的人数比例及变化（2013 年和 2021 年）

Proportion of pupils in lower secondary education learning selected foreign languages, 2013 and 2021

	2013 (%)				2021 (%)				Change 2013 to 2021 (percentage points)			
	English	French	German	Spanish	English	French	German	Spanish	English	French	German	Spanish
EU	96.7	33.9	22.6	12.6	98.3	30.5	22.4	18.2	1.6	-3.4	-0.2	5.6
Belgium (¹)	46.1	52.9	0.8	0.0	65.9	56.3	0.6	0.0	19.8	3.4	-0.2	0.0
Bulgaria	86.8	3.1	7.2	1.5	91.9	1.3	5.0	2.1	5.1	-1.8	-2.2	0.6
Czechia	96.5	3.3	32.4	1.7	98.3	2.4	48.2	3.4	1.8	-0.9	15.8	1.7
Denmark	100.0	9.1	73.6	0.0	100.0	9.4	75.7	0.0	0.0	0.3	2.1	0.0
Germany (²)	97.8	24.4	–	3.7	100.0	21.4	–	6.0	2.2	-3.0	–	2.3
Estonia	97.1	2.7	14.5	0.3	95.5	2.7	9.8	0.4	-1.6	0.0	-4.7	0.1
Ireland	–	61.6	20.9	14.4	–	46.9	18.4	22.1	–	-14.7	-2.5	7.7
Greece	99.0	49.4	44.9	0.1	99.2	47.4	47.2	0.2	0.2	-2.0	2.3	0.1
Spain	99.4	38.7	3.1	–	99.5	40.4	4.9	–	0.1	1.7	1.8	–
France	98.4	–	14.4	37.0	99.5	–	14.5	55.6	1.1	–	0.1	18.6
Croatia	97.6	1.4	42.7	0.1	98.2	1.2	42.4	0.1	0.6	-0.2	-0.3	0.0
Italy	100.0	68.7	8.6	21.3	100.0	59.9	9.5	25.6	0.0	-8.8	0.9	4.3
Cyprus	99.7	90.0	1.3	0.9	99.5	81.6	3.2	1.2	-0.2	-8.4	1.9	0.3
Latvia	95.8	1.0	11.3	0.0	97.1	1.9	13.7	0.5	1.3	0.9	2.4	0.5
Lithuania	97.1	3.4	11.4	0.0	96.8	5.0	13.6	0.2	-0.3	1.6	2.2	0.2
Luxembourg (³)	53.2	100.0	100.0	0.0	64.8	97.6	87.8	0.3	11.6	-2.4	-12.2	0.3
Hungary	68.5	0.5	31.7	0.1	75.7	0.4	28.1	0.2	7.2	-0.1	-3.3	0.1
Malta	100.0	35.1	9.1	7.5	100.0	28.1	13.1	14.7	0.0	-7.0	4.0	7.2
Netherlands	96.6	57.8	51.7	1.9	97.6	64.6	57.1	3.8	1.0	6.8	5.4	1.9
Austria	99.9	5.1	–	1.2	99.8	3.8	–	1.4	-0.1	-1.3	–	0.2
Poland	96.3	3.7	69.0	1.4	98.2	1.5	48.5	4.5	1.9	-2.2	-20.5	3.1
Portugal	93.4	63.3	0.7	24.1	96.1	72.4	1.3	19.5	2.7	9.1	0.6	-4.6
Romania	99.2	85.0	10.3	0.4	99.7	80.6	13.2	0.6	0.5	-4.4	2.9	0.2
Slovenia	100.0	3.2	19.1	2.4	100.0	1.3	19.5	2.2	0.0	-1.9	0.4	-0.2
Slovakia	94.9	2.6	57.7	0.7	97.1	0.9	31.9	0.9	2.2	-1.7	-25.8	0.2
Finland	99.4	5.9	10.5	1.7	99.5	4.8	10.0	4.7	0.1	-1.1	-0.5	3.0
Sweden	100.0	15.6	19.3	43.5	100.0	14.8	17.9	46.0	0.0	-0.8	-1.4	2.5
Iceland (⁴)	99.8	1.8	2.5	2.9	99.4	1.8	1.0	2.4	-0.4	0.0	-1.5	-0.5
Liechtenstein	100.0	97.2	–	0.0	100.0	100.0	–	0.0	0.0	2.8	–	0.0
Norway	100.0	14.0	24.4	31.0	95.2	10.8	22.7	31.8	-4.8	-3.2	-1.7	0.8
Bosnia and Herzegovina (¹)	:	:	:	:	100.0	2.3	76.5	0.0	:	:	:	:
North Macedonia	99.9	50.4	44.9	0.0	100.0	37.0	61.3	0.0	0.1	-13.4	16.4	0.0

Note: the published change between 2013 and 2021 may differ from the apparent change due to rounding.
(¹) The official state languages of Belgium are Dutch, French and German.
(²) Over-coverage: includes double counting for pupils additionally taking voluntary courses or native-language courses.
(³) Although the official languages of Luxembourg are French, German and Luxembourgish, for the purpose of education statistics French and German are counted as foreign languages.
(⁴) 2020 instead of 2021.
(:) not available.
(–) not applicable.
Source: Eurostat (online data code: educ_uoe_lang01)

eurostat ▉

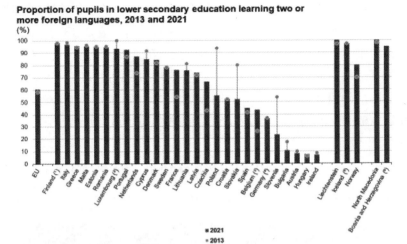

图 3　欧盟初中生学习两门及以上外语的人数比例（2013 年和 2021 年）

　　除了欧盟的统计数据，比利时的双（多）语教育还体现在学生学习第二语言的维度。1963 年的《教育语言使用法》和后续法令对公民在中小学学习第二语言的细则作了规定。第二语言在荷兰语区指的是法语，在法语区指的是荷兰语、德语或英语。在德语区，第二语言指的是法语或德语，这取决于学校自身是否属于法语学校。这些法律允许不同语区从小学 5 年级开始教授第二语言，每周最多 3 个小时。虽然第二语言并不是学生的必修课，但如果家长提出要上，学校则有义务组织教学。在布鲁塞尔的市镇以及一些语区边界市镇如科曼（Komen）和莫埃斯克鲁恩（Moeskroen），第二语言（法语或荷兰语）是必修课。学生从小学 3 年级开始学习第二语言，每周最多 3 个小时。到了 5 年级和 6 年级，第二语言学习的时长增加到每周 5 个小时。在维尔维耶区（Verviers）、巴斯通（Bastogne）和阿尔隆（Arlon），德语是第二语言，但语言之外的其他科目也可以用第二语言教学。最后，在布鲁塞尔，法律允许在 1 年级进行第二语言教学，每周最多 2 个小时，但只能以口语而非书面语的形式进行。

　　此外，比利时有一些教育试点项目或者欧洲学校（European Schools）

推行"内容与语言整合的学习"（Content and Language Integrated Learning，简称 CLIL①）在各大语区的使用，这进一步推动了实践中双（多）语教学的实施。CLIL 是一个拥有双重目标的教育方法，在教学中使用两种（或两种以上）的语言教学，授课内容并非语言本身（Coyle，Hood & Marsh，2010：1）。这契合欧盟倡导公民多语言能力培养的背景。1995 年 3 月 31 日，欧盟出台了第一份关于 CLIL 的政策文件——《欧盟教育部长会议决议》（The Resolution of the Council of Education Ministers），提倡在成员国开展双语教学，即在非语言学科中使用某种外语作为教学媒介语，从而推进欧盟多语言政策的"M＋2"目标。所谓"M＋2"目标，指的是欧盟倡导的让每一位成员国公民都具备多语言的能力，其中"M"指的是公民的母语，"2"是指公民需要学习至少两门其他成员国的语言。同年，欧盟委员会发布《教与学：迈向学习型社会》（Teaching and Learning：Toward the Learning Society）白皮书，进一步细化了成员国公民多语言能力培养的策略，提出应在学前教育阶段开始第一外语的教学，从中学开始，不仅要开展第二外语的教学，还应使用第一外语作为一些非语言科目的教学媒介语。2003 年，欧盟委员会发布《促进语言学习和语言多样性：2004—2006 年行动计划》（Promoting Language Learning and Linguistic Diversity：An Action Plan 2004 - 2006），确认 CLIL 是实现欧盟"1＋2"语言能力目标的重要方式。20 世纪 90 年代，法语区通过一些试点项目在学前教育机构和小学开展双语教育，后来的一系列法令和通告对这种情况进行了微调，双语教育逐渐进入中学。2007 年的《沉浸式语言教学法》相关法令（Décret relatif à l'enseignement en immersion linguistique）规定学校可以在一定的组织和教学条件下，从幼儿园开始提供 CLIL 课程，这些课程的语言可以是英语、德语或荷兰语中的任何一种。从此，法语区提供 CLIL 课程的学校数量持续上升。出于对法语在弗拉芒地区卷土重来从而破坏弗拉芒运动的果实的恐惧，荷兰语区对双语教育持谨慎的态度，在 2007 年才引入 CLIL。此外，CLIL 受到弗拉芒政府严格的监管，仅在中学阶段才能引入。至于语言，荷兰语区的是德语、法语和英语。德语区政府对语言学习十分看重，德语区大多数中学都采用了 CLIL，并且非常鼓励法语的学习。

---

① 在法语区，这一术语是"Enseignement de Matières par l'Intégration d'une Langue Étrangère"，简称"EMILE"。

最后，比利时一些市镇的私立学校很早就开始尝试双（多）语教学，以满足公民的需求。比如位于根特（Ghent）市的"Instituut van Gent"。这所荷兰语学校在幼儿园、小学和中学阶段都提供法语教学，从幼儿园阶段开始在课堂上零星教授法语。到了小学，每天教授法语的时长为 35 分钟。中学阶段有 4 年，除了正常的法语课程外，还开设了"补充法语"课程，最后两年开设"法语文化"课程。虽然这些额外的课程必须由孩子的家长支付费用，但对于居住在荷兰语区的法语家庭或者居住在法语区的荷兰语家庭，这并不是问题。这所学校在 20 世纪 20 年代就引入了浸入式教育/基于内容的语言教学方法（immersion education/content-based language teaching），其中 65% 的课程采用法语授课，35% 的课程采用荷兰语授课。类似的学校在瓦隆地区的列日和布鲁塞尔等城市也存在。总之，虽然法律规定比利时各地区必须使用官方语言教学，但它们并未囿于该限制，而是选择了在公立教育中开展第二语言学习和在教育体系中引入 CLIL 的方式弥补了地区单一语言的"缺憾"。此外，私立学校实施双语教育也有迹可循，有效平衡了比利时地区单语制和多语言现实的差异。

4　余论

历史和现实的原因造成了比利时的语言状况十分特殊，有关语言的立法客观造成了比利时拥有四个语区和三种官方语言。比利时语言政策的一个显著特点是适用属地原则，主要体现在弗拉芒和瓦隆两大地区各自确立了自己的官方语言。这个原则曾在一定的历史进程中缓解了该国这两个地区的语言冲突，促进了不同地区保护自己的语言。虽然法律规定了每个地区只有一种官方语言，但实践中各个地区都在尝试和推行双语乃至多语教学，通过一系列替代方式施行适合自身发展的政策来契合欧盟提出的让公民掌握多种语言的目标。这些方式包括在公立学校实行第二语言教学、在教育体系中引入 CLIL 和在部分私立学校推行双语教学。从这个意义上说，政策上的地区的单语制和实践中的多语言并存的状况存在一定的脱节。然而，这些替代方案也适度弥补了属地原则造成的语言单一化，强化了公民的多语言能力。未来可以预见比利时会继续朝着语言多元化的方向发展。

参考文献：

林金水，1993. 比利时语言问题与佛拉芒运动 ［J］. 世界历史（3）：56 - 61.

欧盟统计局, 2022. 2021 年欧盟学生学习外语的人数比例 [EB/OL]. [2024 - 01 - 09]. https://ec. europa. eu/eurostat/statistics - explained/index. php?title = Foreign_ language_ learning_ statistics#Primary_ education.

魏日宁, 熊建辉, 2010. 欧洲双语教育新进展及其可比性分析 [J]. 世界教育信息 (3): 90 - 95.

COYLE D, HOOD P, MARSH D, 2010. CLIL: content and language integrated learning [M]. Cambridge: Cambridge University Press.

DE SCHUTTER H, 2021. Personality and territoriality in theory and in Belgium [J]. Language problems and language planning, 45 (2): 218 - 238.

ECHR, judgment of 23 July 1968, plenary court, relating to certain aspects of the laws on the use of languages in education in Belgium, applications no 1474/62, 1677/62, 1691/62, 1769/ 63, 1994/63, 2126/64 [EB/OL]. (2024 - 01 - 08). http://hudoc. echr. coe. int/sites/eng/pages/search. aspx?i = 001 - 57525.

VAN DER JEUGHT S, 2017. Territoriality and freedom of language: the case of Belgium [J]. Current issues in language planning, 18 (2): 181 - 198.

VANDENBUSSCHE W, VANHECKE E, WILLEMYNS R, DE GROOF J, 2006. Language policy and language practice in official administrations in 19th century Flanders [M] // BERMUDEZ E, MIYARES L R. Linguistics in the twenty-first century. Cambridge: Scholars Press.

WITTE E, CRAEYBECKX J, MEYNEN A, 2009. Political history of Belgium - from 1830 onwards [M]. Brussels: ASP Academic & Scientific Publishers.

Territorial Monolingualism in Principle and Multilingual Education in Practice
—A Study on Language Policy in Belgium
Jin Qianqian

Abstract: Due to historical and realistic reasons, Belgium's language situation is very unique: on the one hand, the country applies the territorial principle in its language policy by allowing the Flanders in the north and the Walloon in the south to have a single official language respectively. These languages are not only the administrative ones of the government, but also the teaching languages in public schools; on the other hand, in practice, various regions bypass legal restrictions and try to implement bilingual education suitable for their own development through a series of alternative methods to comply with the EU's goal to encourage citizens to master multiple languages. Through the implementation of second language teaching in public schools, the introduction of CLIL in the education system, and the implementation of bilingual teaching in some private schools, Belgium has appropriately balanced the monolingual language situation and strengthened the multilingual ability of citizens. Based on the above discussion, this article points out that there is a disconnection between theory and reality in Belgium's language policy, and it is foreseeable that the country will continue to develop in the direction of linguistic diversification in the future.

Key words: Belgium; language policy; territory principle; bilingual (multilingual) education

大学学术英语写作教学中人工智能的
科学应用与诚信规范

张露露

（四川大学外国语学院，成都610207）

摘　要：本研究旨在探究人工智能（AI）技术在大学学术英语写作教学中的应用现状、效果及科学应用路径。研究采用质性研究方法，通过教学观察和师生访谈，重点考察 AI 应用对学生写作能力的影响，以及在应用过程中的潜在挑战。研究发现，AI 辅助写作工具的引入在提高学生写作兴趣、优化写作过程、改善写作效果等方面发挥了积极作用。然而，AI 应用也面临诸多挑战：学生可能过度依赖 AI，弱化自主学习；AI 反馈的针对性有待提升；部分学生存在滥用 AI、违反学术诚信的风险。为实现 AI 在学术英语写作教学中的科学应用，研究提出了系列建议：一是教师应加强对 AI 工具的把控，将其恰当融入教学设计；二是教师应引导学生将 AI 视为"写作助手"而非"代笔者"，合理利用其优势，同时保持独立思考；三是学生应主动使用 AI 改进写作，但须对其建议加以判断，以 AI 为辅，以人为主。本研究揭示了 AI 在学术英语写作教学中的应用潜力和局限，为教师科学利用 AI 辅助教学提供了实证依据和实践指导。在坚守育人初心的前提下审慎科学合理应用 AI，方能激发学生写作兴趣，提升写作能力，培养诚信品格，助力其全面发展。

关键词：人工智能；学术英语写作；教学应用；科学应用策略；学术诚信

1　引言

在学术领域，英语学术写作不仅是高等教育的基石，也是学生未来职业成功的关键能力。尽管如此，广泛的研究已经揭示了学生在学术写作过程中遇到的众多挑战。对于非英语母语的学生来说，语言障碍尤为显著，包括但不限于高级语法结构的掌握难题、专业术语的不恰当运用，以及对学术写作规范的不足理解。此外，文章逻辑结构的模糊不清和缺乏说服力的论证也普遍困扰着学生，导致他们难以有效地组织思想，合理布局论据。更为关键的是，学生在学术写作中往往缺乏批判性思维，无法展现对材料的深度分析和评价。

在这一背景下，近年来人工智能（AI）技术在教育领域的应用逐渐成为研究热点（文欣月、周琴，2023）。特别是基于大规模语言模型的 AI 技术，其在学术写作教学中的应用潜力引起了教育工作者的广泛关注（师璇、王绽蕊，2023）。AI 技术通过提供个性化的反馈、实时的语法纠错以及写作素材的推荐，在一定程度上提高了学生的写作效率和质量。

然而，AI 辅助学术写作的应用也引发了一些值得关注的问题。部分学生过度依赖 AI 的写作建议和生成内容，出现了抄袭、论文代写等违反学术诚信的行为，引起了教育界的高度重视。这凸显了探讨如何规范、科学地使用 AI 辅助学术写作，防范相关风险的重要性和紧迫性。

本研究旨在回答以下问题：（1）人工智能技术在大学学术英语写作教学中的应用现状如何？（2）AI 辅助写作对提升学生学术写作能力的具体影响是什么？（3）在 AI 应用过程中，存在哪些学术诚信风险，其成因是什么？（4）如何规范使用 AI，引导学生坚守学术诚信，促进其写作能力和学术素养的全面发展？

为回答这些问题，本研究将系统梳理 AI 在学术写作教学中应用的研究文献，以期总结其应用现状和经验教训，为本研究提供理论参考。在此基础上，通过问卷调查、访谈、案例分析等实证研究方法，深入考察 AI 应用对学生学术写作能力的影响，剖析使用过程中的学术诚信风险及成因。最后，本研究将提出规范使用 AI、培养学生学术能力的对策建议。本研究的目的不仅在于发掘 AI 技术在学术写作教学中的积极潜力，更在于引导其健康、有序发展，最终促进学生写作能力和学术素养的全面提升。

2　文献综述

人工智能（AI）在学术写作教学中的应用已成为研究热点。为厘清 AI 辅助学术写作的应用现状、优劣势以及面临的挑战，本部分将系统梳理相关研究成果。

2.1　AI 在学术写作中的应用现状

近年来，AI 技术在教育领域的应用日益增多，特别是在学术写作辅助方面展现出巨大潜力（文欣月、周琴，2023）。研究表明，AI 助手能够为学生提供个性化的写作提示和反馈，激发学习兴趣，提高写作效率和质量（吴晓林、邢羿飞，2023；卢宇等，2023；王佑镁等，2023）。例如，AI 可以帮助学生改善拼写、语法、结构等方面的问题，提升论文的逻辑严谨性和表达精炼度（刘明等，2021；谭云兰等，2021；王飞跃、缪青海，2023）。这些研究表明，AI 技术在应对学术写作挑战方面具有良好的应用前景。

2.2　AI 辅助学术写作的优势与局限

与传统的写作辅助工具相比，基于大规模语言模型的 AI 技术在提供交互性反馈、个性化指导等方面有明显优势（张震宇、洪化清，2023）。学生可以通过与 AI 的对话获取针对性的写作建议，构建个性化学习体验。但同时，当前的 AI 技术在处理专业性较强的学术写作任务时还存在局限。一些研究指出，AI 对学科专业知识的理解和把握还有待加强（王佑镁等，2023）。

2.3　规范 AI 使用，防范学术诚信风险

除了探讨 AI 在提升学术写作能力方面的作用，一些研究也关注到 AI 可能引发的学术诚信问题。过度依赖 AI 的写作建议和内容生成，可能导致学生的独立思考能力和创新能力下降（张震宇、洪化清，2023），催生论文代写、抄袭等违反学术诚信的行为（朱永新、杨帆，2023）。为应对这些挑战，研究者提出要加强学术道德教育，明确 AI 使用边界，引导学生合理使用 AI 辅助工具（吴晓林、邢羿飞，2023；朱永新、杨帆，2023）。这为规范 AI 在学术写作教学中的应用指明了方向。

现有研究虽然探讨了 AI 技术在学术写作教学中的应用现状、优势和局限，但仍存在一些不足。首先，大多数研究采用的是理论分析的方法，缺乏对 AI 应用效果的实证评估。其次，关于 AI 应用可能引发的学术诚信问题，现有研究虽有涉及，但分析还不够深入，对其成因和应对策略的探讨还有待加强。最后，现有研究对如何规范使用 AI、引导学生坚守学术诚信的建议还比较笼统，缺乏可操作性。这些局限性凸显了进一步开展实证研究、深入剖析 AI 应用中的学术诚信问题并提出针对性对策的必要性，这也正是本研究拟重点解决的问题。

3　方法论

3.1　研究设计

本研究采用质性研究方法，旨在通过教学观察和师生访谈，深入探讨 AI 技术在四川大学基础学科拔尖班学术英语写作教学中的应用效果、潜在

挑战以及可行的优化策略。这一研究设计与本研究的目的紧密相连，即在真实教学情境中考察 AI 对不同学科背景学生学术写作能力的影响，剖析 AI 应用中可能面临的问题，并在此基础上提出规范 AI 使用、引导学生合理借助 AI 工具的建议。质性研究方法能够提供丰富、深入的情境化数据，有助于全面理解 AI 在写作教学中的应用体验和优化路径。

3.2　数据收集

（1）教学观察。

研究者在一学期内定期观察学术英语写作课堂，重点关注学生使用 AI 辅助写作工具（如 Scopus，Kimi 等）的情况，包括使用频率、方式、师生互动等，并详细记录观察到的学生写作行为变化和课堂气氛变化等。

（2）师生访谈。

在学期末，研究者分别对授课教师和部分学生进行半结构化访谈。访谈问题围绕学生使用 AI 辅助写作的体验、收获、挑战、对写作能力的影响等主题展开，同时探讨学生在使用 AI 工具过程中对学术诚信的认识和相关挑战。每次访谈时长约 30－60 分钟。

3.3　数据分析

研究者采用主题分析法对观察记录和访谈文本进行质性分析。首先，通过反复阅读文本，对原始数据进行开放性编码，识别与研究问题相关的重要语句或片段。然后，将这些语句或片段进行归类，形成一级主题。在此基础上，进一步分析一级主题之间的关联，形成更高层次的核心主题。整个分析过程遵循持续比较和反思的原则，以确保分析的深度和准确性。

3.4　研究对象

本研究的对象是四川大学基础学科拔尖班的 150 名学生，他们来自文、理、工、医等不同学科背景。这些学生英语基础扎实，具备一定的学术写作经验，同时面临着较高的学术论文写作要求，是 AI 辅助学术写作的理想受众群体。授课教师具有丰富的学术英语写作教学经验，熟悉 AI 辅助写作工具的使用，能够有效引导学生合理利用 AI 优化写作过程。

需要说明的是，本研究是在正常教学过程中进行的，所使用的 AI 工具均为开源工具，不涉及学生隐私等伦理问题。学生在使用 AI 工具的过程中，教师也进行了必要的学术诚信教育和规范引导。因此，本研究不需要额外的伦理审查。

3.5 预期研究价值

通过质性探究，本研究希望深入揭示 AI 技术在真实教学情境中应用的效果和挑战，为优化 AI 赋能学术英语写作教学提供具有针对性的实践指导。研究将重点关注不同学科背景学生使用 AI 工具的体验差异、AI 应用对学生写作能力的影响以及学术诚信意识的培养等关键问题，以期为教师因材施教、有效引导学生合理使用 AI 工具提供参考。同时，本研究也将为后续开展跨学科、大规模的 AI 辅助写作教学实证研究奠定基础。

4 写作 AI 助手应用于学术写作的策略

AI 技术为学术英语写作教学创造了新的可能。然而，在应用 AI 辅助写作的过程中，我们必须始终强调"以人为本"的理念。学生应主动运用 AI 优化写作过程，但同时须坚守学术诚信底线。授课教师则在引导学生科学使用 AI、把握人机协作分寸方面负有重要职责。

4.1 选题与文献综述阶段：AI 助手作为"学术向导"，教师把握方向

学术写作首先要确定研究主题并梳理文献。这一阶段，学生可借助 AI 获取研究背景信息、锁定相关文献，以提高选题和文献综述效率。但 AI 提供的内容终究是"参考"，学生必须批判性地审视，结合自身研究兴趣和学科背景进行取舍，才能确定具有学术价值的研究方向。

授课教师在这一过程中的指导至关重要。教师应鼓励学生独立思考，引导其将 AI 推荐内容与学科前沿、研究兴趣相结合，凝练出有创新性的研究问题。对 AI 筛选的文献，教师要明确要求学生批判性阅读原文，撰写文献综述时须体现自己对前人研究的理解，严禁直接拼凑 AI 提供的文献梗概。教师的专业视角和把控，能确保学生恰当利用 AI 的便利，又不迷失学术探索的方向。

4.2 论文组织与结构规划阶段：AI 助手充当"写作教练"，教师强化逻辑思维训练

论文写作需要合理的结构和清晰的逻辑。学生可请 AI 评估论文提纲的完整性、逻辑性，获取优化建议。针对各章节的写作要点，AI 也可给予相应的指导，如引言部分需点明研究问题、阐明研究意义等。这些建议有助于学生迅速掌握学术论文的基本范式。

不过，教师应向学生明示，AI 给出的写作框架和要点只是"通用模

板"，并非放之四海而皆准。撰写论文时，学生必须根据自己的研究内容对框架进行灵活调整，体现出鲜明的问题意识和论证逻辑。教师通过案例分析、课堂练习等方式，加强对学生逻辑思辨能力的训练，引导其突破 AI 提供的思维定式，以批判性思维组织论文。唯其如此，学生才能真正掌握学术写作的精髓，而不仅仅是依葫芦画瓢地套用 AI 模板。

4.3　论文撰写与修改阶段：AI 助手成为"智能编辑"，教师把控论文质量

论文写作中，AI 最直接的应用是协助语言润色和编辑。借助 AI，学生能及时修正语法、用词等错误，改进论文的表达效果。但教师须明确，AI 的修改建议仅供参考，关键是要通过反复自我检视提高文本质量。对于 AI 生成的内容，教师明确要求学生限制使用，确需引用时须用引号标明并在致谢部分说明，以彰显学术诚信。任何 AI 生成的内容，如若使用都必须明确标识，杜绝任何形式的抄袭、剽窃等违反学术诚信的行为。

在这一阶段，教师采取"一对一"面批方式，引导学生运用学科规范对论文进行多轮修改和打磨。通过师生讨论、同学互评等环节，学生能够审视论文的语言表达、论证逻辑是否符合学科要求，并对论文质量负起全责。教师的审慎把关，能帮助学生避免过度依赖 AI，真正内化学术写作的规范和技能。

在学术英语写作的各个环节中，AI 可以发挥"学术向导""写作教练""智能编辑"等角色，为学生提供切实的帮助。但更为关键的是，学生在教师的引领下，将 AI 视为"辅助工具"而非"代笔者"，坚持独立思考，彰显原创性，严守学术诚信。授课教师帮助学生厘清人机分工，以"AI 辅助，人为主导"的理念把握人机协作的"度"，确保学生在合理利用 AI 便利的同时，更加注重培养自身的学术能力。唯有在师生共同努力下，科学应用 AI 助手，才能激发学生的内生动力，实现从"AI 辅助写作"到"助力学术成长"的跨越。

5　结果

尽管本研究的实验数据收集工作尚未完成，但我们在前期教学实践中初步观察到了 AI 应用对学生学术写作能力产生的一些积极影响。这主要体现在以下几个方面：

5.1　学生写作兴趣和互动热情的提高

在 AI 辅助写作工具引入课堂后，我们明显感受到学生对写作活动的参与热情有所提升。他们表现出了更大的兴趣与 AI 工具进行写作互动，积极尝试利用 AI 反馈优化自己的写作。课堂观察显示，超过 90% 的学生主动使用 AI 工具修改和完善作文，与传统写作教学模式相比，学生的参与度和专注度都有明显提高。

5.2 写作技能的初步进步迹象

通过比较学生在使用 AI 工具前后的写作样本，初步发现了一些写作技能进步的迹象。例如，在语法准确性方面，学生在 AI 的帮助下能及时发现和修正错误，写作样本中的语法错误率呈现出下降趋势。在文章结构方面，学生借助 AI 反馈对文章组织进行优化，文章的逻辑性和连贯性得到了一定提升。当然，这些观察还需要在后续教学中继续跟踪验证。

5.3 师生对 AI 辅助写作的正面评价

为了解师生对 AI 辅助写作的主观感受，我们对部分教师和学生进行了访谈。访谈结果显示，教师普遍认为 AI 工具的引入为写作教学注入了新的活力，学生的写作积极性明显提高。在教师看来，AI 的即时反馈有助于学生及时发现并修正写作问题，而围绕 AI 反馈开展的课堂讨论，则促进了师生互动和协作学习。

学生方面，多数受访者对 AI 辅助写作表现出积极态度。他们认为 AI 的写作建议和反馈具有启发性，能帮助他们优化语言表达、改进文章结构。不过，学生也提到，AI 的反馈有时不够个性化，对专业性较强的写作任务的帮助有限。

尽管目前的研究还处于初步观察阶段，数据的系统性和完整性有待提高，但前期观察到的积极变化以及师生的正面反馈，已初步展现了 AI 技术在学术写作教学中的应用潜力，这为后续研究奠定了良好的基础。

6　讨论

本研究通过前期教学观察和师生反馈，初步揭示了 AI 技术在提升大学生学术英语写作兴趣、优化写作过程、改善写作效果等方面的积极作用。这些发现与现有文献中关于 AI 辅助写作的研究结果大体一致。例如，吴晓林和邢羿飞（2023）的研究同样发现，AI 写作助手能有效激发学生的写作动机，提供个性化的写作支持。卢宇等（2023）的研究也表明，AI 反馈有助于学生及时发现并修正写作中的语法、结构等问题，从而提升写作质量。这些研究结果支持了将 AI 技术引入学术写作教学的尝试，为本研究的发现提供了有力的佐证。

同时，本研究的发现也呼应了建构主义学习理论中强调学习者主动构建知识、注重互动反馈的理念（王毅敏，2003）。AI 为学生提供了互动性更强、更加个性化的写作实践环境，有利于其主动参与写作过程，并通过与 AI 的交互获得针对性反馈，从而更好地构建写作知识和技能。这一发现为理解 AI 辅助写作的理论基础提供了新的视角。

不过，正如本研究师生访谈结果所提示的，AI 反馈的针对性和个性化程度仍有提升空间。未来，随着 AI 技术的进一步发展和教学实践的深入，人机协作有望实现更加精准、高效的个性化写作指导。这需要研究者与教育工作者共同努力，在理论探索与实践检验的基础上，不断优化 AI 在写作教学中的应用模式。

作为一项前期探索，本研究在实证的基础上，提出优化 AI 在学术写作教学中应用的策略，如加强学生 AI 素养培训、明确人机分工、构建 AI 使用规范和学术诚信机制等，为教育实践提供了有益参考。这些策略有助于引导学生合理、有效地使用 AI 助手，发挥其优势，同时避免过度依赖和学术不端行为，对推动 AI 在写作教学中的深度应用具有重要意义。

研究者与教育工作者应携手努力，在更大样本、更长周期的基础上，深入探索 AI 在不同学科、不同任务情境下的应用模式，系统考察其对学生学术写作能力和综合素质的影响。同时，亟须构建科学的 AI 素养培养体系，以及建立健全 AI 辅助学术写作的学术诚信规范体系，明确 AI 使用的边界和红线。唯有二者齐头并进，方能真正实现 AI 在助力学生学术发展的同时，培养其自律诚信、坚守学术操守的意识和能力，探索在真实教学语境下推动 AI 学术写作教学深度融合的实现路径。相信通过理论探索与实践检验的良性互动，人机协同的模式必将不断优化，AI 技术在学术写作教学中的赋能作用也将得到更充分的发挥。

7 结论

本研究以大学学术英语写作教学为背景，通过前期实践观察和师生反馈，初步探讨了 AI 技术在提升学生写作能力、优化写作教学方面的应用价值。研究发现，AI 辅助写作工具的引入，在提高学生写作兴趣、改进写作过程、提升写作效果等方面发挥了积极作用。学生普遍认为，AI 的即时反馈和个性化建议有助于他们及时发现和修正写作问题，改进语言表达，优化文章结构。教师也表示，AI 工具的使用为写作教学注入了新的活力，为师生互动、协作学习创造了更多机会。

这些发现既为 AI 在学术写作教学中的应用提供了实证支持，也为优化 AI 应用实践提供了有益启示。教育工作者应加强对 AI 写作工具的了解，提升应用能力，主动将其纳入教学设计，创设个性化、互动式的写作实践机会。同时，应制定明确的 AI 使用规范和学术诚信要求，加强对学生使用 AI 工具的引导和监督，培养其独立思考、人机协同的意识和能力。

本研究以前期教学实践为基础，从实证的角度揭示了 AI 技术在学术英语写作教学中的应用潜力，为优化 AI 赋能写作教学提供了新的视角和实践路径。尽管研究还存在样本量较小、时间跨度有限等局限，但我们坚信，随着研究的深入和实践的推进，AI 必将与学术写作教学实现更加深度、高效的融合，成为提升教学效果、助力学生发展的重要助手。在此过程中，教育工作者应秉持开放、审慎的态度，在坚守教育初心、弘扬人文精神的基础上积极探索人机协同的最优路径，不断创新教学实践，激发学生写作兴趣，提升写作能力，培养诚信品格，助力其全面发展。

参考文献：

刘明，罗程丹，袁桂琳，2021. 智慧教育时代减轻教师教学负担的创新路径——基于自动出题与个性化写作的研究 [J]. 教师教育学报，8（4）：48 - 55.

卢宇，余京蕾，陈鹏鹤，等，2023. 生成式人工智能的教育应用与展望——以 ChatGPT 系统为例 [J]. 中国远程教育（4）：24 - 31 + 51.

师璇，王绽蕊，2023. ChatGPT 技术影响下的教与学变革研究综述 [J]. Advances in Education（5）：2617 - 2623.

谭云兰，汤鹏杰，张丽，等，2021. 从图像到语言：图像标题生成与描述 [J]. 中国图象图形学报，26（4）：727 - 750.

王飞跃，缪青海，2023. 人工智能驱动的科学研究新范式：从 AI4S 到智能科学 [J]. 中国科学院院刊，38（4）：536 - 540.

王毅敏，2003. 从建构主义学习理论看英语情境教学 [J]. 外语教学（2）：85 - 87.

王佑镁，王旦，梁炜怡，等，2023. "阿拉丁神灯"还是"潘多拉魔盒"：ChatGPT 教育应用的潜能与风险 [J]. 现代远程教育研究，35（2）：48 - 56.

文欣月，周琴，2023. 国内外教育人工智能研究热点之对比——基于 CiteSpace 的文献共词分析 [J]. 教师教育学报，7（4）：104 - 112.

吴晓林，邢羿飞，2023. 知识复制抑或创新激发？——人工智能（ChatGPT）对社科类研究生教育的挑战与机遇 ［J］. 广西师范大学学报（哲学社会科学版），59（2）：66 - 74.

张震宇，洪化清，2023. ChatGPT 支持的外语教学：赋能、问题与策略 ［J］. 外语界（2）：38 - 44.

朱永新，杨帆，2023. ChatGPT/生成式人工智能与教育创新：机遇、挑战以及未来 ［J］. 华东师范大学学报（教育科学版），41（7）：1 - 14.

The Scientific Application and Integrity Norms of Artificial Intelligence in Academic English Writing Instruction in Universities

Zhang Lulu

Abstract：This study aims to explore the current application, effects, and scientific application paths of artificial intelligence (AI) technology in the teaching of academic English writing in universities. Adopting a qualitative research approach, the study focuses on examining the impact of AI application on students' writing ability and potential challenges encountered in the application process through teaching observations and interviews with teachers and students. The findings reveal that the introduction of AI-assisted writing tools has played a positive role in enhancing students' interest in writing, optimizing the writing process, and improving writing outcomes. However, the application of AI also faces numerous challenges：students may over-rely on AI, weakening their autonomous learning；the specificity of AI feedback needs improvement；and some students risk misusing AI and violating academic integrity. To achieve the scientific application of AI in academic English writing instruction, the study proposes a series of suggestions：first, teachers should strengthen their control over AI tools and appropriately integrate them into teaching designs；second, teachers should guide students to view AI as a "writing assistant" rather than a "ghostwriter," leveraging its advantages while maintaining independent thinking；third, students should actively use AI to improve their writing but must exercise judgment towards its suggestions, using AI as a supplement while keeping humans at the forefront. This study reveals the application potential and limitations of AI in the teaching of academic English writing, providing empirical evidence and practical guidance for teachers to scientifically utilize AI in assisted teaching. Only by adhering to the original aspiration of education and applying AI prudently and rationally can we stimulate students' interest in writing, enhance their writing ability, cultivate their integrity, and promote their overall development.

Key words：artificial intelligence；academic English writing；teaching application；scientific application strategies；academic integrity

从心理机械论到幼态持续语言学
——语言习得中的存在哲学

熊培尧

（武汉大学文化遗产智能计算实验室，武汉 430072；

法国勃艮第大学 CPTC 实验室，第戎 21000）

摘　要：法国语言学家古斯塔夫·纪尧姆（Gustave Guillaume）认为，仅仅对语言的表面现象加以研究，即仅仅对话语进行研究是不够的，因为事物的表象或多或少掩盖了其本质。他提出的心理机械论（psychomécanique du langage）遵循透过现象看本质的策略，提出通过话语来研究先于言语行为的心智结构。受心理机械论的影响，萨米尔·巴伊里奇（Samir Bajrić）的幼态持续语言学（néoténie linguistique）也建立在对言语者心智结构的观察之上，并试图揭示语言习得过程中言语者和语言之间的认知关系。在此背景下，一方面，本研究将通过二分法和三分法来阐明语言习得过程中言语者和语言之间的认知关系的变化；另一方面，本研究将从哲学的角度来揭示语言习得中言语者和语言之间的关系构建。总之，语言的习得也就是在已经具备的认知系统中加入一套或另一套思想能够自我捕获的心理机制，语言习得的最高境界为"人言合一"。

关键词：语言习得；心智结构；存在哲学

1　引言

根据柏拉图《查米德斯篇》的记载，在位于德尔菲的阿波罗神庙的入口处刻有三条箴言，其中就有这样一句著名的铭文："*Gnothi Seauton.*"（认识你自己。）① 然而在语言研究的历史里，人们在很长一段时间里将这句名言抛诸脑后，语言的生物属性也长久地被遗忘在角落里。因此纪尧姆（Guillaume，1973：164）指出："我们过分看重语言的社会属性，以至于我们忘记了从人的角度来研究语言（……）。"在此背景下，纪尧姆的心理机

---

① 引自 https://fr. wikipedia. org/wiki/Gnothi_ seauton。访问于 2024 - 02 - 02。

械论应运而生，该理论邀请我们把目光从语言的现象转移至语言的本质，以便探讨和重构言语行为所需要的心智结构。巴伊里奇（Bajrić，2013：39）对此回应道："不论认知功能是先天遗传的还是后天习得的，它都影响着我们语言的产生过程，相反，我们产生的语言（我们所说出的话语）也反映了我们认知功能的内容。"在纪尧姆理论的启示下，巴伊里奇提出的幼态持续语言学也关注语言习得过程中言语者的心智结构变化。在此背景下，本研究的目的在于从心理机械论的角度来理解语言习得过程中言语者与语言之间的关系构建，以便从认知和哲学层面来探讨语言的生物属性。对此，本研究首先将重新界定语言研究里的"认知转向"；然后，本研究将从生物学的角度来探讨人类语言习得过程中的幼态持续现象；最后，本研究将揭示幼态持续语言学的哲学基础。

2　语言研究里的"认知转向"

在注意到言语行为需要一系列心智活动作为前提这一事实之时，一些学者（Bres et al.，2007：32）在国际心理机械论协会举办的第十一届国际学术研讨会上提出了以下问题："心理机械论是前认知语言学吗？它是第一种认知语言学吗？"对于这个问题，让那－玛丽·巴贝里斯（Jeanne-Marie Barbéris）有如下回答："此理论被称为'心理机械论'或者'语言心理机械论'这一事实，足以表明它的目的是实现对'心智活动'的重构。正是得益于这些心智活动，言语者才能构建意义，才能把潜在结构转化成现实结构，并把思想转化为话语。心理机械论认为，语言不仅仅是像费尔迪南·德·索绪尔（Ferdinand de Saussure）定义那样的社会产物：她既是话语的缔造者[①]，又是心智的缔造者[②]。至此，心理机械论提出了一个表达认知活动的动态系统，该系统涉及从语言（langue）到话语（discours）的转换操作。该系统可以以灵活且非二分法的方式来解释语言的使用和语言构建过程以及历时性与共时性之间的衔接。"（Bres et al.，2007：32）

的确如此，首先，从认知神经科学的角度来说，言语行为其实是人类在时间线上展开的一种认知行为，该行为是从电化学层面到动作及语音层面的一种表达实现。传达意义的语句的构建来源于我们认知系统的活动，我们所

[①]　在言语行为层面，语言多表现出它的物质性，也就是符号性。

[②]　更确切地说，语言是心智实现自我表达的认知结构。因此，在心智层面，语言多表现出它的心理性。

陈述的句子，也就是言语，属于认知系统活动的产物。

此外，从哲学的角度来说，法国哲学家亨利·德拉克洛瓦（Henri Delacroix）认为："……思想通过语言来创造语言。"（引自 Guillaume, 1973：245）作为回应，纪尧姆（Guillaume, 1973：245）说道："这（思想通过言语来创造语言）意味着，在思想完成工作的过程中，思想所采取的策略是，在自我构建的过程中，思想不会置身于语言之外。"换言之，至少在言语行为的认知活动中，思想其实和语言已经交织在一起；思想不会下意识去寻找语言来实现自我表达，语言也不会待在某处来等待思想的提取。心理机械论语言学派认为，人们在进行言语活动之时，思想和语言相互促进，以至于不能明显地分离。简而言之，语言就是心智系统与符号系统的交织物。

其次，从现象学的角度来说，心理机械论所提出的对以语言为载体的心智系统的研究，也就是对言语行为潜在层面的研究，的的确确遵循了元语言学①的研究方法。将语言和"超语言世界"联系起来，意味着对先于言语行为的潜在认知结构的探索与挖掘。

最后，从词汇学的角度来说，"（心理机械论）是目前使用最为广泛的的术语，不带连字符②，该术语用于指代纪尧姆的理论及他创立的对语言分析的这一方法。更具体地说，该术语是指对有关心智系统的思想活动的研究，以及对构建语言系统的思想活动的研究。从这个意义上来说，纪尧姆常使用心理机械论（psychosystématique）这一术语，或者简写为机械论（systématique）。他也会使用直觉机制论（mécanique intuitionnelle）来指代他全部的理论，也会使用方位语言学（linguistique de position）来指他的分析方法。"（引自 Boone & Joly, 2004：349）无论如何，这些术语都指向一个事实：纪尧姆的理论是对产生话语的心智结构这一预算系统的探讨。

总之，心理机械论旨在揭示人类产生话语的心智结构，也就是纪尧姆所谓语言（langue）。该心智结构处于潜在状态（état de puissance），在时间线上先存在于话语（discours），后者位于实效状态（état de l'effet），位于实效状态的话语就是言语者从处于潜在状态的具备众多可能性的心智结构中筛选出来的结果。严格意义上来说，该学派提出对人的潜在心智结构的思考这一

---

① 元语言学是研究元语言的一门学科。元语言是指用来分析和描写被观察的语言的一套符号系统。
② 也就是"psychomécanique"，而不是"psycho-mécanique"。

事实，足以表明它是从认知的角度来研究人类的语言。因此，语言研究里的认知转向或许可以提前至诞生于 20 世纪初的心理机械论。

纪尧姆的学生罗西·瓦兰（Roch Valin）（1955：7 - 8）在《心理机制学导言》的开头写道："此外，我们想要（……）强调，如果想要对完整的事实进行细致的观察，研究者需要将目光透过可以触碰的表象，这些表象只不过是事实的一面而已（这对研究者来说并不是最重要的），它们掩盖了事实的真相，并且有可能将研究者引入歧途。语言这一事物跟物理的本质是一样的，直接观察事物并不会获得真理，只能得到或多或少不可靠的下层建筑，人们（需要）在这些下层建筑上建立思辨。"的确，人类说出来的话语往往不能反映语言的本质，语言的上层建筑存在于心智结构中。巴伊里奇也赞同此观点，他重点关注语言习得过程中言语者认知结构的变化情况，并由此提出了幼态持续语言学理论。

3 从生物的幼态持续现象到幼态持续语言学

幼态持续被视为一种特殊的生物现象，即某些物种在其成熟状态还保留着幼年的生长特性。在此背景下，巴伊里奇注意到，生物的幼态持续现象或许适用于人类语言的习得：人类即使已经到了成年阶段，其语言能力还在不断增强。就像安德烈·雅各布（André Jacob）（1970：159，脚注 13）强调的那样："（……）我们不仅明白了永远也达不到完全掌握一种语言这一事实，而且还明白了语言任何时候的使用都取决于人的智力。"因此，语言习得中的幼态持续现象可以解释为人类都是"未成熟言语者"[①]（Bajrić，2013：314），人类从认知生物的身份到言语者的身份的过渡始终伴随着人类的成长。

在学习一种语言或者另一种语言的时候，言语者不断改善语言和自己之间的认知关系。因此，巴伊里奇（Bajrić，2017：62）说道："（……）能够界定一个言语者在学习语言时的修为（在一种语言里的存在程度）的，并不是言语者所遇到的种种语言的时间顺序，而是言语者与这样或那样的语言建立起的认知关系。"换言之，"母语""第一外语""第二外语"等术语并

---

① "未成熟言语者"指不能在该语言里进行自如的思考的言语者，它在法语里叫作"locuteur inachevé"或"locuteur non confirmé"，在英语里叫作"unsettled speaker"。

221

不能精确地定位言语者在一种语言里的存在程度[1]；言语者在一种语言里的存在程度取决于言语者与语言之间构建的认知关系。因此，语言的习得过程，就是言语者和语言的角色转变的过程。

3.1　从言语者的角度来观察认知关系的二元结构

在语言的习得过程中，言语者不可能既存在于一种语言里又不存在于一种语言里。换言之，从言语者的角度来看，言语者和他所学的语言之间的认知关系呈现出一种二元特征：要么言语者能够在这种语言里思考；要么言语者不能够在这种语言里思考。毕竟从共时的角度来说，我们的思维不可能同时沉浸在两套语言系统里[2]，就像巴伊里奇（Bajrić，2007：18）说的那样："认知科学告诉我们，人只有一种意识，这种意识也包含了自我意识。在另一种语言里拥有自我意识，需要以在这种语言里'做自己'的方式来进行一种心理语言学上的适应。"

至此，考虑到术语的严谨性，幼态持续语言学提议抛弃"学习者"（apprenant）、"外国人"（étranger）等传统术语，因为语言的习得以及言语者身份的获取是不受地理边界的限制的；提议抛弃"母语者"（locuteur natif）这一传统术语，因为母语人士可能会在语言成熟的既定门槛[3]之前部分或者完全脱离母语环境，并中断对母语的学习。为优化上述传统术语，巴伊里奇（Bajrić，2006：118）提出将前者换成"未成熟言语者"（locuteur non confirmé），将后者换成"成熟言语者"（locuteur confirmé），并作了如下定义："未成熟言语者是指，不论是由于什么原因，语言的掌握达不到成熟言语者的层次的人。相反，成熟言语者这一术语是用来代指具备良好的语感，并且能够对言语行为中说出的话语进行可行性判断的人。"

总而言之，从言语者的角度来说，在学习一种语言或者另一种语言的时候，随着时间的推移，言语者在不断改善自己与语言之间建立起的认知关系

---

[1]　一种语言的"成熟言语者"能达到人与语言的和谐，能够用这种语言进行思考，也就能够存在于这种语言之中。反之，未能成为"成熟言语者"的人，就不能达到人与语言的和谐，不能够用这种语言进行思考，也就不能够存在于这种语言中。

[2]　当我们学习另一种语言，并且还没有成为这种语言的"成熟言语者"的时候，虽然我们说的是这套语言的符号系统，然而，我们的思维却沉浸在我们是"成熟言语者"的那一套语言系统里，我们只不过是在内心进行了翻译处理。

[3]　"（语言成熟的）既定门槛指语言成年期，在这个年纪之后，我们学习语言的潜意识式学习（aquisition）能力逐渐让位于下意识式学习（apprentissage）能力，语言学家将其定位于10到12岁之间。"（Bajrić，2013：314）

的同时，也完成了角色的转换，即从未成熟言语者变为成熟言语者。当然，言语者在完成角色转换的同时，语言也完成了相应的角色转换。

3.2 从语言的角度来观察认知关系的三元结构

言语者对语言是从"未知阶段"经"已知阶段"到"熟知阶段"。陈嘉映（Chen，2011/2：42）强调了有必要区分两种层次的理解："简单来说，'理解'有两层含义。第一层意思，该词意味着掌握了事物的某些基本原则。第二层意思：洞察事物的意义，（对某事）'有直觉'，'彻悟'某事。"因此，受纪尧姆以三分法的方式来看待法语动词的"时态发生"① 的启发，巴伊里奇（Bajrić，2006：115 - 116）提出以三分法的方式来看待语言的习得过程及其对应的认知关系：

　　- 潜在的语言（langue *in posse*）：言语者几乎不能识别，或者只能识别些许音色的任何自然语言；

　　- 正习得的语言（langue *in fieri*）：言语者能够在不同程度上进行交流，但并不具备良好语感的任何语言；

　　- 内化的语言（langue *in esse*）：言语者拥有相应的语法直觉，并具备良好语感的任何语言。

在此背景下，不论言语者所学的语言是第一语言，第二语言，还是第三语言，只要这种语言能够满足言语者的表达意愿，并且言语者拥有良好的语感，那么这种语言对言语者来说就是一种内化的语言。事实上，刚才提及的三分法并不适用于只说一种语言的人的情况，因为不学习另外一种语言，就不存在上述认知关系的变化；只说一种语言的人的思维沉浸在他已经习得的语言里，该语言对他来说就是一种内化的语言。巴伊里奇（Bajrić，2006：

---

① 在纪尧姆（1984）的著作《时态和动词——体、语式和时态的理论》里，他认为动词与时间的概念紧密相连，时间只有通过空间化处理才能够被理解。他认为法语动词的"时态发生"（chronogénèse）伴随着"时间意象"（l'image-temps）的构建，在"时态发生"的过程中，法语动词的体、语式和时态存在着同构的现象。他提出以三分法的方式来看待法语动词的"时态发生"："内隐时态"（temps *in posse*）对应法语动词的"类名词式"（mode quasi nominal），"类名词式"动词不区分过去、现在和将来，它暗含有虚拟的行为；"伪内隐时态"或者叫"伪外显时态"（temps *in fieri*）对应法语动词的"虚拟式"（mode subjonctif），"虚拟式"动词暗含以回顾或者展望的方式来看待实际发生的行为；"外显时态"（temps *in esse*）对应法语动词的"不定式"（mode infinitif），"不定式"动词区分过去、现在和将来，它包含有实际发生的行为。

116）确认道："单语者（在出生之后只说唯一的一种语言）不存在这些分类，因为他不存在与其他语言接触的情况。"

此外，按照心理机械论的说法，"言说主体"（sujet énonciateur），即言语者，被认为是"思考主体"（sujet pensant）和"讲话主体"（sujet parlant）的结合体。毕竟先有了潜在的心智结构的运算，才能有实际的话语陈述。安妮·博纳和安德烈·乔利（Boone & Joly，2004：417）对此总结道：

> 纪尧姆眼里的"思考主体"和"讲话主体"是不可分割的，因为这两种主体构成了后来被称为"言说主体"的组成部分（Larousse Encyclopédique 于 1968 年首次证实了该表达方式）。至于"受话者"，他是共同言说的必要参与者，因为他就是话语的陈述对象，也是言语者想要施加影响的对象。的确，"言语是受潜在心智活动影响的"，并且常常"我们想要对别人施加快速并且巧妙的影响"。（《法语中冠词问题及其解决办法》，第 36 页）

自《法语中冠词问题及其解决办法》（1919）之后，面对受话者，言说者被认为是心智处理的施动者，该心智处理把潜在的名词（语言里的名词）转换成实效的名词（话语里的名词）。因此，言语者位于语言机制的中心，处于语言（潜在层面）和话语（实效层面）之间。言语者是潜在且稳定的思想和实效且瞬时的思想之间的摆渡者。纪尧姆的创新在于把"言说主体"看成"思考主体"和"讲话主体"的结合体。作为"思考主体"，言语者构成了心智表达的所在地；作为"讲话主体"，言语者处理着话语表达。

"言说主体"在幼态持续语言学里也被认为是"思考主体"和"讲话主体"的结合体，但是它们的关注点不同。巴伊里奇（Bajrić，2017：60）写道："从认知的角度来说，当代的人与语言现象有两种联系。第一种类型是语言内部的联系，即所有人和他们共同的语言之间的联系。当然，这一内部联系可以是多元化的，毕竟'世界上有多少人，就有多少种语言'（Wilhelm von Humboldt）。第二种类型是跨语言的联系，这种联系特指人们是/成为/不再是/再成为'思考主体'和'讲话主体'的方式，与此相对应，言语者掌握/通晓/了解/领会该语言。"

换言之，根据幼态持续语言学的说法，作为"思考主体"，言语者自然而然地沉浸在内化的语言里进行着潜意识的思考，因为言语者是这种语言的成熟言语者，该语言机制也构成了言语者认知系统不可或缺的一部分；当然，在学习另一种语言的时候，未成熟言语者的思维也沉浸在内化的语言里进行着潜意识的思考，他的思维还不能沉浸在他所学的语言的机制里。作为"讲话主体"，成熟言语者处理着内化的语言的表达系统；然而未成熟言语者处理着正习得的语言的表达系统。巴伊里奇确认道（Bajrić，2003：237）："语言的学习者沉浸在正习得的语言的物理表征系统（符号结构）里，但是他理解意义的思维机制（心智结构）却受内化的语言所支配。"

事实上，成熟言语者和内化的语言之间的认知关系可以解释为一种和谐。向一种语言的成熟言语者进发，也就意味着向人与语言的和谐前进。

4　从认知层面到哲学层面

4.1　"人言合一"

当雅各布（Jacob，1970：80）提到言语行为过程中，语言和心智活动之间牢不可破的相互依存的关系之时，他从心理机械论的角度如此解释："仅仅认识到语言是提取现实的工具是不够的。更重要的是，与人类劳动过程中制造工具以便进行外部活动相反，语言进入了人体的内部，语言的语音形态与人类的内部器官形成了不可分割的关系，正是这些内部器官决定着我们的交流。我们能够讲话，就说明我们的心智和发音组织之间存在着联系，发音组织是思想装备物理形态的地方。说话是对经验秩序的重构，没有语言的情况下就只剩下经验的偶然性或模糊性了，因为语言就是面对经验世界而建立起来的思想体系，我们需要找到它的运行机制。"

成熟言语者和内化的语言之间存在着一种和谐，更确切地说，两者之间建立的认知关系达到了和谐的境界。向成熟言语者这一身份靠近，也就是向人与语言的和谐靠近。中式哲学提倡"天人合一"，剑法的最高境界也叫"人剑合一"，阳明心学也提出了"知行合一"，对此，本研究把语言习得的最高境界称为"人言合一"（l'homme et la langue ne font qu'un）。

"人言合一"这一境界可以从以下两个层面来理解：其一，从幼态持续层面来说，在语言习得（不管是母语的学习还是外语的学习）的过程中，成熟言语者可以忽略心智处理并出于本能地说话，达到这一境界的成熟言语者甚至可以忘却该内化的语言在他身体里的存在，因为此时该内化的语言已经成为他身体的一部分（更确切地说，该内化的语言已经成为他心智结构的一部分）。其二，从哲学层面来说，这一和谐强调一种互相靠近，人与语言之间并没有阶级①，有的只是相互融合而已。此时，人存在于语言之中，同时语言也存在于人之中。

至此，言语者与语言之间的阶段性认知关系分布如下：

表1　言语者与语言之间的认知关系分布图
（引自 Xiong，2021：25 或 Xiong，2023：13）

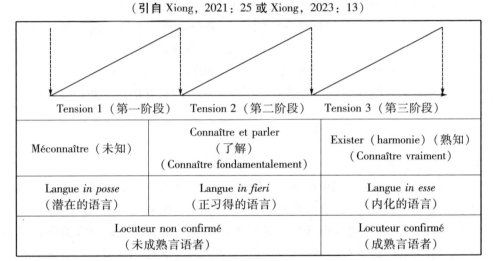

Tension 1（第一阶段）	Tension 2（第二阶段）	Tension 3（第三阶段）
Méconnaître（未知）	Connaître et parler（了解）（Connaître fondamentalement）	Exister（harmonie）（熟知）（Connaître vraiment）
Langue *in posse*（潜在的语言）	Langue *in fieri*（正习得的语言）	Langue *in esse*（内化的语言）
Locuteur non confirmé（未成熟言语者）		Locuteur confirmé（成熟言语者）

如表1所示，在语言学习的前期，言语者与该语言之间的认知关系并未构建完成，言语者还未能理解该语言，或者言语者对该语言一知半解，此时言语者的身份是该语言的未成熟言语者，该语言对言语者来说是潜在的语言，或是正习得的语言。在语言学习的后期，言语者对该语言有了深入透彻的理解，并达到了人与语言的和谐共处，此时言语者的身份是该语言的成熟言语者，该语言对言语者来说是内化的语言。

然而，通常情况下，由于环境的差异以及言语者的自身因素，我们很难对"人言合一"的门槛做出明确的界定，尤其是对于在语言成年期②之后学习另一门语言的这一情况。巴伊里奇自己也承认，正习得的语言和内化的语言之间的界线并不明确。根据瑞士心理学家让·皮亚杰（Jean Piaget）的研究，只说一种语言的儿童能在10到12岁达到人与语言的和谐共处的状态，

① 换言之，人与语言之间不存在"人掌握了语言或者是语言掌控了人（的思维）"的论调。
② 参见222页脚注③。

也就是"人言合一"的境界；自这个年纪之后，言语者能够开始系统地并且有逻辑地解决抽象的问题。

4.2 "我说，故我在"

马丁·海德格尔（Martin Heidegger）（引自 Auroux, Deschamps & Kouloughli, 2004：243）说道："语言是存在的家园（……）。"他认为是语言让世界的界限变得清晰，语言是人的思想的寄宿之地。海德格尔是第一个对语言提出"存在哲学"（philosophie existentielle）的思想家，这一"存在哲学"以另一种方式来看待人与语言之间的关系，即语言是人类的"精神体"（chair spirituelle）的居住之地，这一"精神体"与人的"身体"（chair physique）截然不同。

此外，按照心理机械论的说法，言语行为包含了心智处理过程和将心智处理的结果按照一定顺序言说出来的过程。瓦兰（Valin, 1955：79，注释1）描述道："语言的构造可以让人想起一栋房子的形象，我们将从语言的内部来构建我们想要的房子，并且任何时候都不会停止在里面居住。"换言之，人类的言语行为意味着人类将置身于事先建立起来的语言系统，以此来构建他们想要的话语。

作为回应，巴伊里奇（Bajrić, 2013：44）写道："（……）说一种语言，就意味着存在[①]于该语言之中。"的确如此，当言语者讲另一种语言的时候，该语言让言语者以另一种方式来看待这个世界，并让言语者以另一种方式存在。巴伊里奇（Bajrić, 2013：43）因此又说道："另一种语言让我们拥有了另一种世界观，另一种存在方式。"这一"存在"的境界，意味着言语者在进行言语活动的过程中，几乎无意识地按照语言想要自我表达的方式去说话。每一种语言都有自己"预先设定"[②]，巴伊里奇（Bajrić, 2013：315）将这种"预先设定"解释为"语言通过将所有的心智层面的规则强加在言语者的身上来促使言语者选择这样（语言规定的那样）的说话方式和话语，而不是其他的说话方式或话语"。

若言语者拥有能根据语言的"预先设定"而满足自己表达意愿的言语

[①] 当法语中的"être"具备"存在"的哲学意义时，它和"exister"的意义相近。但需要注意的是，前者的"存在"可以是物理上的存在，也可以是抽象的"存在"；而后者直译为"存在"，但多指物理上的"存在"。

[②] 根据巴伊里奇的术语，语言的"预先设定"在法语里叫作"vouloir-dire de la langue"，在英语里叫作"pre-telling of the language"。

直觉，那么此言语者就能够存在于该语言之中。巴伊里奇将一种语言的成熟言语者也定义为一种语言的"此在言语者"（être-locuteur），"此在言语者"指至少存在于一种语言里的言语者。作为"此在言语者"，"我说，故我在"。

5　结语

　　研究发现，语言研究里的"认知转向"其实可以提前至20世纪初的心理机械论，该语言学派提出的对先于言语行为的心智结构的探索，实质上就是对人类认知结构的探索。语言习得的过程，也就是在我们已经具备的认知结构中，加入一套或者另一套思想能够自我表达的心理机制，即以语言作为载体的心智结构；语言让思想具备了自我捕获和自我表达的能力。"人言合一"为人类语言习得的最高境界，达到这一境界的成熟言语者能够沉浸在该语言里思考，并具备良好的语言直觉。这一沉浸式思考也让语言构成了人类心智的存在之地。因此，语言习得的哲学基础为存在哲学。

参考文献：

AUROUX S, DESCHAMPS J, KOULOUGHLI D, 2004. La philosophie du langage ［M］. Paris：Presse Universitaires de France.

BAJRIĆ S, 2003. Iconicité et diversité des langues ［J］. Le Mot comme signe et comme image：lieux et enjeux de l'iconicité linguistique, Cahiers de linguistique analogique（1）：230－238.

BAJRIĆ S, 2006. Quelle(s) langue(s) parlons-nous? Problèmes de transfert et de traduction de concepts ［J］. Syntaxe et sémantique（7）：107－123.

BAJRIĆ S, 2007. Subjectivité, représentation et méta-représentation en linguistique-didactique ［J］. Hieronymus（1）：13－24.

BAJRIĆ S, 2013. Linguistique, cognition et didactique. Principes et exercices de linguistique-didactique ［M］. Paris：Presse de l'université Paris-Sorbonne.

BAJRIĆ S, 2017. Langues et locuteurs：synchronie contre chronologie. Dans：Penser la langue. Sens, texte, histoire ［G］. Paris：Champion：57－64.

BOONE A, JOLY A, 2004. Dictionnaire terminologique de la systématique du langage ［M］. Deuxième édition revue, corrigée et augmentée par André Joly. Paris：L'Harmattan.

BRES J, ARABYAN M, PONCHON T, ROSIER L, TREMBLAY R, VACHON-L'HEUREUX P, 2007. Psychomécanique du langage et linguistique cognitive ［C］.（Actes du XIe Colloque de l'Association Internationale de Psychomécanique du langage, Montpellier, 8 – 10 juin 2006). Limoges: Lambert-Lucas.

CHEN J Y, 2011/2. Cerner la notion du temps [J]. Rue Descartes (72): 30 – 51.

GUILLAUME G, 1973. Principes de linguistique théorique de Gustave Guillaume [M]. Paris/Québec: Klincksieck/Les Presses de l'Université Laval.

GUILLAUME G, 1984. Temps et verbe. Théorie des aspects, des modes et des temps. Suivi de L'Architectonique du temps dans les langues classiques [M]. Paris: Champion.

JACOB A, 1970. Les Exigences théoriques de la linguistique selon Gustave Guillaume [M]. Paris: Klincksieck.

VALIN R, 1955. Petite introduction à la psychomécanique du langage [M]. Québec: Les Presses de l'Université Laval.

XIONG P, 2021. Je suis, je parle, donc j'y suis: étude cognitive et philosophique de la néoténie linguistique [Z]. Actes du colloque international *Cognition et être-locuteur: enjeux et perspective de la néoténie linguistique*, 6 mai 2021, université de Bourgogne (Dijon, France). URL: https://hal. science/hal – 03522735v1.

XIONG P, 2023. Quand dire, c'est être: pour une philosophie existentielle dans l'appropriation d'une langue ou d'une autre langue [Z]. Actes du colloque international *Langue et identité*, 28 – 29 septembre 2021, Université de Zurich (Zurich, Suisse). URL: https://hal. science/hal – 04229781v1.

From Psychomechanics of Language to Linguistic Neoteny: Existential Philosophy in the Appropriation of Languages

Xiong Peiyao

Abstract: Since external phenomena often mask the essence of reality, the French linguist Gustave Guillaume recommended that it would be insufficient to observe external phenomena and linguistic facts. The psychomechanics of language formulated by Gustave Guillaume follows the strategy of observing the essence through external phenomena, recommends studying the mental structures preceding the speech act through speech. Inherited from psychomechanics of language, Samir Bajrić's linguistic neoteny is largely based on the observation of the speaker's mental spaces and seeks to reveal the cognitive relationships between the speaker and the language during appropriation of one language or another language. In this context, on the one hand, we are going to elucidate the mutation of cognitive relations between the speaker and the language during appropriation of language by a binary approach as well as by a ternary approach; on the other hand, we will reveal, in a philosophical way, the construction of the link between language and speaker. In short, the appropriation of language is to add one or another set of psychological mechanisms that can self-capture thoughts into the cognitive system that people already have. The supreme purpose of appropriation of language is explained by "the human being and the language are one".

Key words: appropriation of languages; mental structures; existential philosophy